湖南师范大学
语言与文化研究文库

文明研究 8

英语的崛起

阮炜 著

Civilizational Studies

全球情境中的语言

上海三联书店

总 序

近二十年来，随着中国的崛起，"文明"成为一个高频词。而讲到文明，又很难避开"文明的冲突"这个话题。东方与西方的冲突、中国与美国的冲突、伊斯兰世界与欧美社会的冲突等，更不用说非常容易使人兴奋的贸易战、科技战、金融战等，统统属于文明冲突的范畴，是国际政治、国际经济和军事学的研究对象。文明研究明显不同。它固然对形形色色的文明冲突感兴趣，但也关注文明概念的含义、文明的起源、文明间的力量消长及原因、各文明的精神形态和基本特质。它一直采用一种后来被称为"全球史"的进路，一直重视文明间从古到今的联系和互动。它甚至关注各大文明的未来走势。为此目的，将使用"文明规模""文明力""文化—技术能力"，以及"基本特质"等概念。[1]

贸易战、科技战式的文明冲突（遑论所谓"文明大战"）当然更能吸引眼球，但文明研究不能一味蹭热点，而应有更大的视野、

---

[1] 关于"文明规模""文明力""文化—技术能力"，参见本书"释义"部分的相关条目。

更大的格局。几千年来，各文明之间一直发生着和平交流——技术、理念、习俗和宗教层面的种种交流。这不是热点，不太可能引人注目。但正是在这种交流中，一个文明借鉴并吸纳其他文明的长处，以弥补自己的短板。也正是在这种交流中，人类总体生存状况不断得到提升，得以演进至当今形态。所以，文明研究不同于通常意义上的历史研究、哲学宗教研究、民族史研究、民俗研究、国际政治、国际经济或文化研究等，而是一种跨学科和比较性、综合性的学问。它是长时段的，考察从古到今各大文明的历史、哲学、宗教、社会、政治、文学艺术等的总体状况，或者说，基于既有理念框架，对这一切加以总体性的分析、鉴别和评判，包括价值评判。它当然会利用各领域具体研究的成果，但是主要关注各大文明的基本特质、规模性、从古到今的互动，尤其关注文明要素的扩散、文明间的关系及其对历史大趋势的影响，从中揭示出规律。

很明显，文明研究的根本目的是鉴古知今，使日益走向世界的中国人对世界有一个更深入、更准确的认知和把握。文明研究若能使一特定文明更清楚地认识其他文明，并以之为鉴更清楚地认识自己，丰富自己，提升自己，最终丰富乃至提升人类精神和物质状况，它的目的就算达到了。文明研究也许不像贸易战、科技战等那么刺激，那么直截了当，那么容易把握，而是更深沉、宏阔。但这并不代表它与当下无关。既然中美之间会发生贸易战、科技战，甚至全面"脱钩"的新型冷战（不排除军事冲突甚或"文明大战"的可能性），而这正是其考察对象，它怎么可能与现实无关？刚刚相反，文明研究与当今每个个人及其子子孙孙的生命息息相关。

可是，"文明"究竟为何？它既是一种跨世代的思维—信仰模式，也是一些秉有特定思维和信仰模式的人类集群。换言之，不仅有生命形态的文明，更有共同体的文明。文明是人类进入城市生活阶段的产物，往往有辽阔的疆域、庞大的人口和经济规模，涵括多个族群、多种语言，有发达的宗教、哲学、文字、文学、艺术、科技（不一定是现代科技）传统，更有发达的政治形态、法律体制、经济组织、社会组织和军事组织，以及与这一切相对应的物质表现形式。文明有其意志要表达，有其使命要完成。任何一个文明都有其优长和短板，都应给予恰当评价。现存文明都是一些庞然大物，都由较小的文化—政治实体融合而成，甚至会表现出一种整合为更大的共同体即地缘共同体的趋向。

风物长宜放眼量。判断一个文明的格局大小，不能以一时成败论英雄，而更应看其规模性和潜在力量。曾几何时，亚述人、迦勒底人、马其顿—希腊人、罗马人、匈奴人、蒙古人所向披靡，威震八方，可这并不代表这些民族拥有真正的文明规模和巨大的潜力。作为历史文化共同体的西方固然拥有强大的力量，其军力在18世纪初至20世纪中叶一度大大超过非西方社会，有大量殖民地、多个殖民帝国，攫取了整个美洲、澳大利亚和非洲、亚洲很大一部分土地。甚至直至今日，其基于先进科技的军力仍相当强大。但是，这一切并不意味着今日西方不处在相对衰落、东方不处在持续上升的通道中。今天，历史上存在过的文明大多已不复存在，而更多"原始社会"尚未演变为文明便消失了。我们不可以将它们视为失败者。作为经济、政治和文化实体，它们固已消亡，但其曾经的经济政治活动和文化创造，已然给人类总体演进打上了不可磨灭的印记。甚至在种族意义上，它们也没有真正死去，而仍然活在后起的族群中。在文化和种族的双重意义上，那些看似已不存在的文明或历史实体，实已为人类总体演进做出了重要贡献。没有这些贡献，当今人类和当今世界将面目全非。

尤其不可假定"修昔底德陷阱"不可避免，文明之间、中美之间必有一战。预言往往会自我实现，非常可怕。从人类前途着眼，中国与美国乃至其他国家只能合作，不能翻脸，尤其不能大打出手，鱼死网破。大国之间若彻底撕破脸皮，确保相互摧毁，就是人类末日。人类进化了数百上千万年，创造出了无比辉煌的文化和科技，最终归宿竟是在一场旷世冲突中种属灭绝？地球生态圈及其中的智慧生命如此悲催，发展出了如此神奇的技术，最终命运竟是一触按钮，便自我毁灭？人类竟无一种更高远的使命，如向地外星体扩散，利用目前根本无法想象的恒星能量，形成一个太阳系文明，甚至一个跨星系文明？对于这些问题，文明研究不可能提供一个确切的答案，却能起到警醒作用。

读者也将发现，所谓"文明研究"很大程度上也是"西方研究"，或"西方学"。西方学术语言中有"东方研究""汉学""中国研究"等说法，可迄今为止，汉语中仍不见相对应的"西方研究""欧洲学"或"美国学"等概念的流行。这不公平。之所以如此，最根本原因在于，迄于今日，东西方之间力量仍不对等；也在于新文化运动以来，西方思想及学术大举进入汉语世界，西方观点、方法、价值观被用来观照、阐发和研究中国问题，大大改变了汉语世界的既有认知主体，既扩大了汉语世界中人的思想视域，深化和扩展了其认知框架，也削弱了其本有的精神特质，因而使主客关系发生了混淆和紊乱，以至于时至今日，当西方及其思想、学术比以往任何时候都更应被当作认知客体来对待，比以往任何时候都更不应该被顺从、盲信时，竟难以做到。兹举一例：外国文学研究界的西方文论究竟应是一种基于自身主体性来译介、利用的学术成果，还是汉语世界的一部复读机，变着法子复述西方话语？这里主客关系是不清不楚的，本应该是客体的东西僭居主体地位。

正是在此，"西方研究"这个概念的价值突显出来。西方研究是基于汉语世界中人的认知框架来认识、研究西方及其思想、学术的学问，与产生于西方，貌似客观，却携带着西方价值观、立场、观点和方法的西方思想及学术大异其趣。当然，呼吁使用"西方研究"这个概念，并非意味着在此之前，我国学界不存在这种学问，或者说晚清以来，中国学人从来就没能把西方及其思想和学术当作认知对象来对待，从来就缺乏主体意识，从来就甘当西方话语的奴隶。至少至21世纪初，无数中国学人所做工作大体上仍是基于自身主体性的西方研究。中国学人对西方哲学、宗教、历史、文学、语言、政治、社会、经济、法律和艺术等方方面面的考察、分析，包括笔者本人长期从事的英国小说研究等，正是这样的学问，因认知上的误区，也因国别分类和学科方向等缘故，才未获得"西方研究"之地位。应看到，晚清至民国再至新中国，尽管汉语世界中人的认知结构和知识视域发生了天翻地覆的变化，其精神自主性大体而言是强健的，西方知识大体而言是被置于客体地位的，但大概自21世纪肇始以来，因实行对外开放的总国策已有二十几年，再加上"入世"等因素，国门越开越大，学界（尤其是外国文学研究界）对西方学术话语的接受、认可乃至拥抱也渐渐达到了一种荒谬可笑的程度，以至于全然混淆了主客之别，全然忘记了自身的主体地位，全然忘记了对中国人而言，西方及其思想和学术终究只是认知对象。

所以，从业者不可忘记，西方及其思想和学术终归只是认知客体，只是学习、研究和借鉴的对象，甚至还可不分国别、学科，将其作为一个整体来研究。虽只有入乎其内，才能超乎其外，从业者却不可以在吸纳利用西方思想和学问的过程中，丧失自身主体性，沦为此认知客体的俘虏，而应切实将其作一个对象来对待，对之进行从微观到宏观的解析、观照和把握。从业者尤其不可以价值中立，对认知对象不作价值判断，而应基于中国文化既有的理念和认知框架，对之加以阐释、鉴别和评判，包括价值评判。在国力迅速上升的情况下，这应该不是什么难事，至少比相对孱弱时期容易。这里，宋明新儒家是榜样。周敦颐、张载、程颢、程颐、朱熹、陆九渊、王阳明等出入佛老却不为佛老所制，而是统摄佛老为我所用，借此建构起"新儒学"即理学心学，对后来中国乃至整个东亚思想产生了重大影响，在现代化运动中发挥了关键性作用。总之，从业者要强化自身主体性，要强化自身主体性，又必须切实地把认知对象当作一个对象来对待。但只有切实地把对象当作一个对象来对待了，才能真正强化自己的主体性，提升自己的精神水准，自立于世界学术之林。

目　录

-英文学科与英文教育-

-英语族与英语热-

-译不达意-

-人类语言的深层统一-

释 义

文明

既指一特定人类集群，也指该人类集群所特有的生活方式。具体说来，文明是人类进入国家阶段和城市生活的产物，不仅有特定的社会政治形态、哲学、宗教、语言文字、文学艺术、建筑、习俗等，而且往往拥有较大的人口、经济和疆域规模，往往涵括多个较小的政治实体。

文化

一特定人类群体的生活方式，包括其世界观、信仰、文学艺术、习俗制度、社会规范等。

文明规模

也称"文明的规模性"，指一个文明基于特定自然条件和地理格局所拥有的人口数量、经济体量、疆域面积之可计量的规模性，与其精神成果积累、社会政治整合力、科技创造力和军事力之种种文化-技术能力（详下）的总和。

人口规模

影响一个文明的规模性和总体能力的关键要素；从严格意义上

讲，指在相同或相似价值观和社会政治认同的基础上形成凝聚力的大量人口，而非处在一强权国家的统治下、价值观和社会政治认同并非一致的巨量的"臣民"。

文化-技术能力

指一个文明的精神成果积累、社会政治整合力、科技创造力和军事力的集合，与一个文明数字意义上的规模性即人口数量、经济体量、疆域面积相对。

文明力

指一个文明的规模性中所蕴含的一种类似于"综合国力"的总体能力；意味着其长时段的和潜在的总体力量，不可与表现在特定历史时期的文化-技术能力相混淆。

希伯来主义

英文为 Hebraism，也可译为"希伯来精神"，指古代希伯来-犹太人、三大经书宗教的信徒所特有的思想、精神和行为倾向，包括严格的唯一神信仰、强烈的道德意识、唯我受上帝眷顾的"选民"观，以及相应的非此即彼的思维倾向和真理独占的心理倾向。

叙利亚文明

"叙利亚文明"即通常所谓"希伯来"文明。为何叫"叙利亚"而非"希伯来"或"犹太"？在通常所谓"希伯来"或"犹太"背后，是一个比单一民族即希伯来人、犹太人宏大、深厚得多的历史文化共同体。该文明除了叫"叙利亚"或"希伯来"外，还有"黎凡特""闪米特""巴勒斯坦""迦南""近东""中东"等名称。它并非仅为希伯来人所创造，而是在长期演进和进化中，在汲取此前整个西亚和埃及两千多年文化成果的基础上，由多个民族共同造就的。这些民族中不仅有讲闪米特语的"闪人"（或闪米特族）如亚摩利人、迦南人、腓尼基人、希伯来人（也称犹太人）、亚述人、亚兰人（或阿拉姆人），也有跟闪人毫无血缘关系的非利士人、撒马利亚人、埃及人和赫梯人等。叙利亚文明的发祥地并非局限于现叙利亚国家，而是历史上的大"叙利亚"或"叙利亚-巴勒斯坦"地区，包括现以色列、巴勒斯坦、约旦、叙利亚和黎巴嫩等地。这还只是叙利亚本土。叙利亚文明的覆盖范围还可包括埃及（尤其是尼罗河河谷及三角洲地带）、小亚细亚南部沿海地区、塞普路斯岛、西西里岛，甚至北非现突尼斯沿海地区。与"叙利亚文明"密切捆绑的概念除了"叙利亚宗教"以外，还有"叙利亚社会"。[1]

[1] 阿诺德·汤因比，《人类与大地母亲》（徐波等译），上海：上海人民出版社1992年，156—157页。

导　言

当今时代，有一个事实是不容置疑的，即英语不仅是一种全球通用语，而且是头号全球通用语，其地位很难撼动，不仅现在如此，在可见的将来也如此。

这个事实似乎并不值得深究。可实际上，英语有一个由小到大，由弱小到强健，由单纯到复杂，由卑微到显赫的崛起过程。这一过程充满了跌宕起伏、有时候甚至很不光彩的故事，经历了一种从盎格鲁-撒克逊语到混合语、从部落语到头号全球语的嬗变。不仅如此，与其他区域性乃至世界性的通用语如阿拉伯语、汉语等相比，此变化过程是相对迅速的。

问题是，为什么英语能够从一个偏于一隅、籍籍无名的小语种发展壮大为头号全球通用语？在其兴起之前及兴起过程中，究竟发生过什么？搞清楚这些问题，不仅能使我们更好地认识英语、英语文化和英语国家，更好地认识西方、西方文化乃至整个世界及其文化，也能使我们更好地认识汉语、汉语文化乃至中国文明。

要弄清楚这些问题，我们也得关注英语本身的演变，即它在词汇、语法、语音等方面发生过什么变化。但这只是英语故事的一个部分。严格讲，英语从古英语到中古英语、从中古英语到现代英语的演变尽管非常值得注意，却并不代表英语崛起过程本身，尽管对英语的发展壮大提供了重要助力和额外方便。英语成为全球通用语的一个同样重要甚至更为重要的方面，是作为民族的英国人的空间扩散与人口增长，广而言之，所有英语民族即英国人、美国人、加拿大人、澳大利亚人、新西兰人的空间扩散与人口增长。

简单来说，英语的崛起与英语民族总体力量在相对较短时间内的迅速增长，是相辅相成、相平行的，或者说很大程度上是与英语民族的迅速发展壮大捆绑在一起的。在此意义上，讲英语崛起的故事，必得讲英语民族迅速壮大、狂飙突进的故事。事实很清楚：对英语最终脱颖而出，成为头号全球通用语而言，16 世纪以乃至所有英语民族持续不断的经济增长、工业革命、技术革新、人口增长及其全球扩散是至为关键的原因。

英语领先于西班牙语、法语、汉语、俄语这些区域性通用语，一跃而成为头号全球通用语这个事实固然非常值得关注，但同样值得注意的一个情形是，英语的爆发性崛起主要发生在 18 世纪中叶至 20 世纪中叶这两百年间，而在此之前，英语语言文学在英国（遑论其多个殖民地）并不被视为一个有价值故而值得正式教授的学科，当时被普遍认为唯一有价值的语言学科是拉丁文。与此相应的是，在欧洲大陆，拉丁文占据着同等重要的地位，法国、西班牙、德意志、意大利等地区的地方或民族语言文学同样不被视为有价值故值得正式教授的学科。这种情形跟 20 世纪之前，基于白话甚至方言的汉语语言文学在中华世界并不被视为有价值故而值得正式教授的对象是相似的。

然而，从 18 世纪中叶起，情况开始发生变化。随着欧洲社会经济的发展，大约从 14 世纪开始，民族国家开始兴起，接下来发生了文艺复兴、宗教改革、科学革命、英国革命与启蒙运动、法国大革命、工业革命等一系列重大事态。在这些事态中，包括英语语言文学在内各民族语言文学的重要性不断提升。至 18 世纪中叶，英国的大学开始把英语文学设为正式学科。这就对拉丁语文历史悠久的霸权构成了严重挑战。最终说来，拉丁语的优势地位将被完全颠覆，正如在今日西方国家的大学，拉丁语文已萎缩成为古典学系的科目，而非像 19 世纪前后那样，无论学什么专业（即便是理工科）都是必修课。与此同时，全球化进程正迅速推进，更发生了一波又一波科技革命，故而至 19 世纪下半叶 20 世纪上半叶，英语语言文学开始在其他西方国家和中国、日本等亚洲国家被设立为正式学科。

不得不承认的一个事实是，20 世纪初至今，英语语言文学作为一种现代学科，在英语国家、中国、印度乃至其他大多数国家的教学和研究规模（就所涉及的地域面积与人口数量而言）远超人类历史上任何一种古典语文，如梵文、汉语文言、拉丁文、希腊文、阿拉米文等。之所以如此，根本原因不仅在于如火如荼的全球化，不仅在于英语在全球化情境中所起的头号通用语的作用，也在于英语国家乃至西方在全球力量对比中所占据的优势地位。可以说，这种情形已经改变了人类历史进程，甚至可以说已改变了包括西方、中国、印度等在内的所有文明的既有形态。故此，对英文学科在英语国家的起源、发展、特点和现状等作一个探究，并与其在中国的情形作一个系统性对比，是必要的。

13 世纪初，成吉思汗的蒙古大军横扫亚欧大陆，打通了其东西两端的联系，相互间先前一直未曾直接接触的中国与欧洲开始发生直接交流。在中国游历甚或做过官的马可波罗将其眼中无比富庶的中国的一手信息带回欧洲，使欧洲人大开眼界，点燃了其要跟中国和印度通商交流的欲望，使其无意中"发现"了新大陆，人类文明开始进入一个初期全球整合的新阶段。很快，葡萄牙人直航印度，西班牙人占领整个西印度群岛，而在此之前，规模远大于哥伦布或麦哲伦船队的中国舰队在郑和率领下已七下西洋。这诸多重大事件开启了一场史无前例的"大航海"运动，再加上工业革命、科技革命，人类首次进入严格意义上的全球化时代。1840 年，鸦片战争轰开了中国的国门，貌似原地踏步的中华文明开始被拽入现已由西方主导的全球经济政治秩序，学习包括英语在内的主要西方语言成为时代风气。

20 世纪 70 年代末，暂时关门的中国重新打开国门，进入了改革开放的新时代，英语学习再次成为一种全国性热潮。至新世纪，更出现了中国历史上一种亘古未有、温度极高的英语热。这种积极学习一门外语的全民运动有国家政策的加持，所涉及地域之广，人口之多，持续时间之长，所采取的措施（常常是强制性的）之多，在人类历史上不仅是空前的，也是绝后的，因为机译时代已然来临，相同或相似的现象几乎不可能重演。但是，这种外语热的非理性性质清晰可辨，是荒谬的、可笑的、可悲的。今天，英语固然是头号全球通用语，通过它中国人可以观察世界，认知世界，与世界进行交流，获取前沿科技知识，但用行政手段强迫所有人——不论其专业方向为何，个人秉赋如何，以及是否真正有实际需要——学英语、考英语、使用英语（不管是否真正有能力），显然是极荒谬的，是一种"大跃进"心态。随着国家不断崛起，越来越多国人开始"平视"西方，当年外语热的荒唐高温已明显降温。尽管如此，这种全民非理性行为仍值得警惕和深思。当然，思维健全、尊重常识的中国人都应知道，继续对外开放，继续学习外语，尤其是理性地学习外语，在未来几十年仍然是非常必要的，即使在中国成为经济、政治、科技超级大国后也是如此。

也由于肇始于13世纪的初期全球整合、大航海运动、工业革命、科技革命将人类带入一个严格空间意义上的全球化时代，各种族、民族、国家乃至文明的诸多语言之间发生了一种前所未有的大翻译运动。无论从所涉及的族群、语言数量，还是从所涉及的地域面积和人口规模来看，这种大翻译运动在人类历史上都是第一次。工业革命至今，尤其是进入20世纪后，史无前例的科技进步与不同文明间的激烈互动，更是将全球每个角落的人们前所未有地紧密联系起来，其相互间交往和交流的频繁性、密集性和深度、广度都达到了一种先前完全不可想象的水平，相应的翻译运动的规模也达到了一个史无前例的极高水平。

如我们所知，清末以来，中华民族对于学习西方文化一直怀有巨大的热情，甚至进入迅速"崛起"的21世纪后，这种热情也未见消退。对任何一个民族而言，虚心学习其他民族的精神与物质文化是一种美德，人类文明正是在这种互学互鉴的过程中不断演进、发展和进步的。但向其他文明学习，尤其是学习其所特有的、迥异于我们习以为常甚至以为天经地义的思维方式，就得好好学，准确地学。如何好好学，准确地学？首先必须好好翻译，准确地翻译。考虑到汉语与英语等西方语言并无亲缘关系这一事实，考虑到中国文明与西方文明之间存在巨大的形态差异，这是一项至为艰巨的工作。尽管如此，清末以来，西方语言在汉语世界的翻译取得了有目共睹的巨大成就，西方文明从理念到器物的重要概念都已被翻译成恰当的汉语；甚至可以说，在历时一个半世纪的大翻译运动中，西方人的思维方式已很大程度融入中华民族的思维方式中了。然而这个过程中也存在着很多问题。

由于印欧语系诸多语言与汉语所属的汉藏语系语言之间差异太大，在某些情况下，完全准确的翻译极为困难，可以说几乎是不可能的。于是，译者们往往用主观想象去附会西方概念，用一些似是而非的译名来将就凑合，有意无意遮蔽了一些重要事实，扭曲了原文的本来含义。此即"译不达意"，虽只占极少数，但将导致明显的认知偏差，不加以纠正，汉语世界对西方的认知会一直存在缺陷。问题得解决，错误得纠正，故有相关讨论。

同样因肇始于 13 世纪的初期全球整合、大航海运动、工业革命，尤其是 19 世纪初以降一波波科技进步，分布于全球每个角落的各个种族、民族乃至部落的人们被史无前例、极紧密地连接了起来。这第一次使得人类学家、语言科学家对全球数千种自然语言——包括已然死去和依然存在的语言——进行直接观察，梳理，分析，综合，从中提炼出某种规律成为可能。在这种有利形势下，早在 20 世纪 60 年代，语言科学家们便已认识到，世界各地的人类语言，尽管林林总总，形态各异，差别极大，但在深层结构上是统一的。这一情形恰恰与人类作为同科同属的单一物种这一事实是高度吻合的。既然属于不同种族、民族、国家乃至文明的人类原本就是一个物种，那么最终走向消除种族、民族、国家、文化间畛域的大同世界是必然的，尽管这只可能发生在非常遥远的未来。

探究人类语言在这种深层结构上的统一性，是本书最后一章的内容。通过对表同一和判断与表存在的 Be 型动词进行语义区分，对自然语言表同一及判断的不同方略进行分析，通过对西方语言、汉语以及其他诸多语言中表拥有的 be 动词路径和 have 动词路径进行深入的讨论，人类语言在深层结构上的同源性、统一性得到了可谓实锤的证明。很清楚，只有努力摆脱自己的语言及相应思维方式的束缚，采用差异非常大的域外语言及相应思维方式的视角，才可能更清楚、更深刻地认识自己所熟知的语言及相应思维方式。在认知科学、人工智能以及机器翻译飞跃发展的当今时代，这么做的必要性不言而喻。

英语的崛起

第一章 英语为何能够崛起？

引言

最初，英语是一种默默无闻的部落语，甚至晚至很可能是集体假托的"莎士比亚"时代即16世纪末或"早期现代"，英语仍籍籍无名，只是诸多西欧语言中的一种，使用人口仅430来万，大大少于法语人口的1800万—2000万，[1]遑论汉语人口的1.5亿。但只过了一百多年即18世纪初，英语人口便开始快速增长；又过了约两个世纪，英语跃升为一种全球通用语；至"二战"结束时英语更是从好几种全球通用语中脱颖而出，一举成为头号全球通用语。从长程历史的角度看，尤其是跟中国人、印度人及相应语言比较，英语和英语民族的"做大"非常突然，令人震惊。

这一切究竟是如何发生的？英语兴起之前与兴起过程中究竟发生了什么？究竟是哪些因素使英语得以迅猛崛起？为何是英语而非

---

[1] 熊彬杉（Kellina Hsiung）：《法国大革命前的法国人口（1600—1789）》，载《兴大历史学报》2004年总第17期，第177—206页。据熊彬彬，14世纪至15世纪初，英法百年战争之前法国大约有1600万到1800万人口；及至路易十五时代，达到2000万至2200万，而在1550至1720年期间，法国人口变化趋缓，所以17世纪初，法国人口当在1800万—2000万之间。

西班牙语、法语等最终成为头号全球通用语？近代以来英语民族与英语的影响力在全球地缘政治、经济、科技和文化格局中究竟是如何蹿升的？为什么说英语的崛起实在太突然，以至于可以说它是一种"暴发户"语言？这些问题并无现成答案，在眼下汉语正迅速走向世界，有可能发展成为一种与英语并驾齐驱的全球通用语的情况下，是非常值得探讨的。

可为数众多的英语史著作并不回答上述问题，仿佛它们根本不存在，仿佛英语在世界语言中的相对地位历来就非常高，甚至最高，而且这是一个至为显白、无需论证的事实。六卷本的"*The Cambridge History of the English Language*"[1]（《剑桥英语史》）就是这样的著作。该著作以其权威性、全面性和深度、广度著称，却并不探讨英语迅速兴起成为全球通用语的自然地理条件、政治、科技等诸多非语言方面的原因，只讲英语本身的发展史，如英语的印欧语系日耳曼语族源流、语音与形态、语义学与词汇、句法、地方方言、社会方言、专名学、文学语言等诸方面，以及中世纪英语、早期现代英语、现代英语（含不列颠英语、外海英语、北美英语等）的演变历史，同时也关注英语在全球范围内的传播和影响。遗憾的是，或许出于英语语言学的"学科"定位这一原因，这部公认具有权威性和全面性的英语史著作并未讨论英语兴起过程中非语言因素所起的关键作用。它应该这样做。绝大多数其他英语史著作属于《剑桥英语史》的同一类型，只是侧重点不同，繁简程度和专业化程度（或者说市场接受度）不同而已，如"*The Development*

---

[1] Richard M. Hogg, et al. ed., *The Cambridge History of the English Language*"(6 volumes), Cambridge: the Cambridge University Press, 1992 - 2001，见全书各处。

of Modern English"，[1] "The Mother Tongue-English and How It Got That Way"，[2] "The Story of English"，[3] 以及畅销书"A History of the English Language" 等。[4]

这里不得不提及的一部英语史专著，是"The Secret Life of Words：How English Became English"。[5] 该书聚焦于所谓"借词"（borrowings），以轻松调侃的语气叙述了英语如何从斯堪的纳维亚语、法语、拉丁语、希腊语、希伯来语、西班牙语、德语、印度语言、汉语等语言"借入"大量词汇，从而不断丰富壮大，成为今日人们所熟知的全球通用语，可谓独具特色。该书并不是一部探讨英语成为头号全球通用语之根本原因的专著，但难免给人这么一种印象：英语之所以能够从一种默默无闻的粗陋部落语一变而成为头号全球通用语，很大程度上是因为它能够海纳百川，不断从其他语言中移入词汇为其所用，正如其汉语译名"英语的秘密家谱：英语帝国的源起和兴盛"所暗示的那样。[6] 问题是，当今任何一种有影响力的语言实际上都具有这种能力，比如 19 世纪末之前汉语

---

　　[1] Stuart Robertson（revised by Frederic G. Cassidy），*The Development of Modern English*（second edition），Upper Saddle River（New Jersey）：Prentice Hall，1954.

　　[2] Bill Bryson，*The Mother Tongue-English and How It Got That Way*，New York：William Morrow Paperbacks，1990.

　　[3] Robert McCrum, et al.，*The Story of English*，London：Penguin Books，2002.

　　[4] 参见 Albert C. Baugh and Thomas Cable，*A History of the English Language*，London：Routledge，2002。此书多次再版，1978 年的 Prentice Hall 版是一个较早版本，2001 出版的北京外研社版，2002 年的 Routledge 版已是第五版。

　　[5] Henry Hitchings，*The Secret Life of Words: How English Became English*，London：John Murray，2009，见全书各处。

　　[6] 亨利·希金斯：《英语的秘密家谱：英语帝国的源起和兴盛》，林俊宏译，重庆人民出版社，2017 年，见全书各处。

从印度语言（主要是梵语和巴利语）的大量借入，日语从汉语和主要欧洲语言的大量借入，以及19世纪末以降汉语从日语和主要欧洲语言的大量借入。再如西班牙语不仅从拉丁语、阿拉伯语、希伯来语、法语和意大利语，也从美洲原住民语言输入了大量词汇。甚至有着极力维护其自身"纯洁性"或者说排斥外语之名声的法语，也无可置疑地植入了大量拉丁语（甚至经历过"再拉丁语化"）、凯尔特语（即高卢语）、日耳曼语以及英语、德语等现代语言的词汇。显然，借入外语词汇不能视为英语发展壮大的一个关键性原因，"*How English Became English*"一书并未从根本上探究与英语兴起相勾连的诸多非语言关键因素，简言之，并未回答英语为何能够"做大"这一问题。

而要回答这个问题，必须同时回答英语民族为何能够发展壮大的问题：一个蕞尔小岛上一些人口数量有限的盎格鲁-撒克逊部落为何能够"做大"即由小到大，由弱到强，如何能够从16世纪预备"起飞"，17至18世纪扩散到美洲澳洲等地，"开枝散叶"出美国、加拿大、澳大利亚和新西兰四个新国家，及至20世纪初，英语民族和其他英语使用者已遍布全球，至"二战"结束时英语终于成为头号全球通用语。

相比之下，早在四千多年前的西周时代，中国便已有了相对成熟的国家组织，至秦汉时代已形成了可观的国家规模、文明规模。[1] 可是宋明以降，较之西方世界，中华世界的发展壮大显得相对缓慢，大体上局限在现中华人民共和国国境范围以内。进入19

---

[1] "文明规模"也称"文明的规模性"，指一个文明基于特定自然条件、地理格局所拥有的人口数量、经济体量、疆域面积之可计量的规模性，以及其精神成果积累、社会政治整合力、科技创造力、军事力等种种文化-技术能力的总和。

世纪后，中国更是国运多舛，在与西方国家及日本的战争中屡战屡败，割地赔款，国家主权、领土完整受到了严重威胁，屈辱至极，直到1949年才又重新站立起来。在这种情况下，即使汉语人口数量稳居世界第一，也不可能充当头号全球语。

印度情况更糟糕。从16世纪起，印度相继被葡萄牙人、法国人、英国人殖民。18世纪中叶，印度沦为英国殖民地。在这种情况下，不仅使用人口占总人口45％的印地语不可能成为全球通用语，实际上，甚至在印度内部，印地语的通用语地位——类似于汉语北方话方言在近代以前所发挥的作用——也难以确立，无法让讲其他十几种主要南亚语言的印度人欣然接受并使用；在今日印度，不同族裔（包括家庭内的不同族裔）之间仍不得不把英语作为区域内乃至家庭内的通用语来使用。

与中国人、印度人相比，英语民族明显是后来者居上，英语几乎摇身一变即成为全球通用语。从19世纪初起，英语作为一种潜在的全球通用语开始追赶法语、西班牙-葡萄牙语等使用广泛的重要西欧语言。至1945年"二战"结束时，美国工业产值在世界上占比50％，经济实力远超所有其他国家，英语自然行情看涨，地位跃升。至1991年冷战结束苏联解体，俄语的通用语地位急剧下滑，英语作为头号全球语的地位终于板上钉钉。

然而英语与英语民族的兴起是一个非常复杂的现象，所涉及因素不仅仅是一个英国，甚至不仅仅是英国再加美国、加拿大等一群"盎撒"国家。这些国家的历史文化也并非晚至5世纪德意志北部的日耳曼人对不列颠岛的入侵才开始。在英语国家及其历史文化背后，是一个大得多的西欧文明。这个文明历史悠久，源远流长，可上溯到两河流域、埃及、小亚等地的上古文明，不仅有犹太教-基督教之宗教底色，古希腊罗马之哲学、艺术和科学要素，更由于优越的地理位置基本不受草原游牧民族侵扰，得以在长达千年的时间里持续发展，率先获得现代性的先进生产力及相应价值观。从16、17世纪起，西欧文明更是占尽先机，在历史上率先发展出现代资本主义，至19九世纪中叶更率先开出了工业文明。

回头看去，在11世纪中叶，正当东亚宋朝文化灿烂辉煌之际，英格兰人口仅只100来万，及至很可能是假托代名的"莎士比亚"时代，也不过430来万；甚至晚至17世纪英国革命及18世纪美国革命时代，仍无任何迹象显示，英语最终会成为头号全球语。可是，到了19世纪末20世纪初，英语的崛起显然已不再是什么迹象，而已然成为事实，尽管还需等到"二战"结束甚至冷战结束苏联解体后才最终板上钉钉。

一个清楚的事实是，由于率先发展出现代资本主义，率先实现工业化，18世纪中叶至20世纪中叶，西方人相对于美洲原住民、中国人、印度人、俄罗斯人乃至伊斯兰世界的穆斯林，拥有明显的优势。这意味着，即使英语由于种种原因没能成为头号全球通用语，也必然会有另一种欧洲语言扮演相似的角色。事实上，西欧其他民族如西班牙人、葡萄牙人、法国人等和相应语言本可能会有与英语民族和英语大致相同的表现。今日西-葡语、[1]法语像英语一

---

[1] 按，西班牙语和葡萄牙语间的语言距离（linguistic distance）或相似性-差异性程度相当小，很可能小于粤语、闽南语等"方言"与北方话方言间的差异，故可以用方言与方言而非语言与语言间关系来描述。西班牙和葡萄牙两国还具有相同的伊比利亚地理自然环境和宗教、历史与社会政治背景，在阿拉伯人统治时期及之后一段时间（1589—1644年）共计约五百年里，二者甚至就是同一个国家，所以这两个国家的文化融合度和一致性非常高。因这两方面的缘故，讲西班牙语者与讲葡萄牙语者间的交流基本不是问题，所以可以将这两种"语言"视为同一种语言的变种，不妨以"西班牙-葡萄牙语"或"西-葡语"称之。

样，也是全球通用语，只是通用程度不如英语而已。

　　问题来了，为什么是英国人而非法国人抑或其他欧洲人在竞争中最后胜出？既然从根本上讲，一种语言的影响力取决于相应民族的影响力，要回答英语为什么最终能够成为头号全球语这一问题，就必须探讨英国主体民族英格兰人（在总人口中占比约83%）是如何由小到大，由弱变强的。以下将讨论英格兰人的来历及在16世纪前的情况；然后将从英国的地形地貌、气候、矿藏、地理位置、政制、工业革命、人口暴增、科技优势、帝国及其语言遗产着手来考察分析英国人何以能够"做大"；接下来将从英国人的早期扩张、如何对待印第安人、与其他西欧民族及语言的比较等多个方面来探讨英语是如何最终成为头号全球语的。作为结语，本文最后将对英汉双语并立的可能性及英语的前景作一个讨论。

一　近代之前的英格兰人及英语

　　回顾历史不难发现，英国人是幸运的。多个盎格鲁-撒克逊部族或部族联盟从现德国北部进入不列颠后，在彼此博弈中，在与原住民即凯尔特人的博弈中，开始走向越来越大的政治整合与统一，逐渐形成了肯特、南撒克逊、西撒克逊、东撒克逊、诺森布里亚、东盎格利亚和默西亚等多个小王国。如果说较小政治体的整合必得有一些"他者"以为刺激，这些日耳曼人部族联盟或小王国实在不乏"他者"，不仅有凯尔特人这一头号他者，而且彼此间互为他者。在数百年里，进入不列颠的日耳曼人不断向北边和西边推进，最终把凯尔特人挤压到贫瘠的威尔士山区、苦寒的苏格兰高地等地。不难想见，当时这些日耳曼人所讲的语言尚未摆脱社会发展程度低下的限制，是简单、粗陋的。

从 8 世纪末起，盎格鲁-撒克逊人又有了另一个他者，即入侵不列颠的维京人（Vikings）。回头看，北欧维京人的侵扰固然造成了动荡和损失，但盎格鲁-撒克逊人在抗击他们的过程中，无疑增强了自身的民族凝聚力和认同感，这对于其政治整合是有利的。维京人的数量因明显少于盎格鲁-撒克逊人，故虽有很大一个比例在不列颠定居下来，甚至有了大型聚落，但最终同化于盎格鲁-撒克逊人，只是时间问题。同化意味着维京人放弃其先前所讲的部落语即斯堪的纳维亚语，或古丹麦语、古诺斯语，转而讲另一种部落语，即后来被学者称作"古英语"的另一种日耳曼语。在词汇方面，维京语对古英语是有贡献的。但这两种语言的混合是必然的。之所以如此，根本原因在于二者均为日耳曼语，相互间的差异相当小。学界普遍认为，讲各自语言的维京人和盎格鲁-撒克逊人交流没问题。

829 年，西塞克斯国王爱格伯特（Egbert，或 Ecgbehrt，约770—839 年）终于将诸多日耳曼人小王国统一了起来，盎格鲁-撒克逊王国就此诞生。自此，这个统一国家便称作"英格兰"。871年至 899 年间，国王阿尔弗雷德（Alfred，849—899）在位。他进行了重要的军事改革，修缮堡塞，成立骑兵部队，组建海上舰队，最后于 878 年击败了盘踞东盎格利亚的维京人，迫使其签订和约，从其手中收复英格兰大多数被占领土，赢得了"伟大国王"或"大王"（the Great King，此即 Alfred the Great，阿尔弗雷德大王）称号。不仅如此，阿尔弗雷德还提升了盎格鲁-撒克逊人的文化和教育水平。此后，定居英格兰的维京人逐渐与盎格鲁-撒克逊人相融合，英格兰的人口体量藉以壮大起来。

即便如此，此时英格兰民族仍相当弱小。这在很大程度上解释为何来自法国北部的诺曼人不仅轻易征服了英格兰，而且还很快稳定政局，迫使英格兰贵族对其称臣，使英语沦为一种下等语言。与此同时，诺曼人建立了一种国王充当最高领主，强迫臣下的臣下也对其效忠的另类封建制度，而在当时，这种制度的集权程度高于欧洲大陆。[1]在盛行于欧洲大陆大多数地区的封建制度中，臣下的臣下只需对顶头上司即其本人的领主效忠，无需对上司的上司或者说领主的领主效忠，故享有很大的自主权。这难免产生不良后果，即封建割据，山头林立，政治统一迟迟提不上议程，经济社会发展相对迟缓。但由于"征服者"威廉一世（William the Conqueror，1027—1087）入侵不列颠之前曾承诺，征服英格兰后将继续臣服于法王，所以在此之后，英格兰人也就随诺曼人依附于法国了。这意味着，在与法国人的关系上，英格兰人作为诺曼领主的臣属，也必须效忠于后者的法国主子。因同样的缘故，后来英格兰人与法国人一道，参与了十字军东侵。可随着时间的推移，占人口绝大多数的英格兰人渐渐恢复了独立自主，所讲语言也自然摆脱了下等语言的命运，恢复了原有地位，而程度较高的权力集中是有利于标准化英语在不列颠推广的。

既然发生了诺曼征服，不列颠岛上语言间的关系也必然发生变化。现在的统治者是诺曼人，其所讲的诺曼法语在被征服民族中自动拥有了权威地位。在武力胁迫下，诺曼法语几乎立即成为官方语

---

[1]　按，在欧洲中世纪的封建制度下，领主一般只要求直接臣属对其效忠，对臣属的臣属则不提这种要求。

言，而之前流行的盎格鲁-撒克逊语即学者所谓古英语几乎立即丧失了其既有地位。这时，不仅盘踞在宫廷里的诺曼统治者讲法语，英格兰贵族和僧侣讲法语，而且在政府机构、法庭、学校等场所，也必须人人讲法语。这就导致了一种新语言——盎格鲁法语或中古英语——的诞生。可是时移世易，到了14世纪前期，不仅社会底层的老百姓统统都讲盎格鲁法语即中古英语，讲这种语言的贵族也越来越多。

及至14世纪中叶，中古英语已经在法庭上使用，尽管法庭的文字记录一如既往，依然使用法语。1347年至1353年，黑死病流行于整个欧洲，超过三分之一的欧洲人死亡。讲法语的诺曼贵族也深受疫病影响。他们本来人数就少，黑死病之后人数更少。这意味着，讲诺曼法语的人数减少了。不仅如此，越到后来讲诺曼法语的人口越少，以至于最后诺曼贵族干脆也不讲法语了——他们丢弃法语，就好像四百年前占领法国北部时丢弃母语斯堪的纳维亚语一样。[1] 至14世纪晚期，在英格兰，日常生活中大体上已不再使用法语。1399年亨利四世加冕时，所用语言竟是英语；其儿子取得英法百年战争中重要的阿金库尔战役大捷回国作演讲时，同样用的是英语。这标志着英格兰人的民族语言已完全摆脱了下等语言的地位。[2] 但此时的英语早已不是纯然的盎格鲁-撒克逊语或古英语，而已是盎格鲁法语或中古英语。无论如何，英语作为一种下等人语言使用了三百多年后，终于恢复了原有的地位。

---

[1] 尼古拉斯·奥斯特勒：《语言帝国：世界语言史》，章璐等译，上海：上海人民出版社，2009年，第431页。

[2] 同上书，第430—431页。

二 有利的地形地貌、气候及矿藏

要回答英语人口如何从 11 世纪的 100 来万发展到 20 世纪初的 1 亿以上，首先需要对英国的地理自然环境及矿藏情况作一个考察。

英国位于北大西洋暖流和北冰洋寒流的交汇处，气候温和湿润，有利于农业与渔业的发展。仅从英格兰来看，其面积约为 13 万平方公里，构成不列颠岛南部的大部。西部和北部为奔宁山脉，海拔 200—800 米，为英格兰与苏格兰的分界线。总体上看，英格兰地势西北高、东南低，但地形平缓，大多数地方海拔在 300 米以下；东南部分为东英格兰平原，海拔在 50 米以下；西南部分为西英格兰平原，为英格兰第一大平原，尽管农业产出率低于东南部。除平原外，英格兰还有丘陵区，如约克郡谷地、西约克郡丘陵、东米德兰丘陵、西米德兰丘陵、北安普顿丘陵等。这些地区的农业产出率相对较低，但畜牧业更发达。英格兰还有泰晤士河、塞文河、埃文河、特伦特河等河流，虽不可与长江、黄河式大江大河相比，却为英格兰人提供了稳定的水资源，在工业革命时期更与大量海湾、运河构成了一个纵横交错的水道网络，从而提供了廉价的运输手段，使大多数英国人受益。[1]

英格兰的气候也相当有利。像西欧其他主要地区那样，英格兰为温带海洋性气候，由于受北大西洋暖流的影响，一年四季都有西南风和西风，年均降水量约 830 毫米，不仅充足而且时空分布均

---

[1] 艾伦·麦克法兰：《现代世界的诞生》，管可秾译，上海：上海人民出版社，2012 年，第 204 页。

匀，尽管较之东南地区，西南地区降水过多。与中国北方的温带大陆性气候和温带季风气候以及中国南方的亚热带和热带季风气候相比，英格兰气候尽管偏冷，却明显更温和、湿润且稳定，大体而言是冬无严寒，夏无酷暑，既无旱灾，也无水灾，农业生产率（或者说单位农地面积的农作物产量）虽不能与中国南方气温更高、降雨量更大的劳动密集型稻作农业相比，却仍可谓"风调雨顺"。在前现代技术条件下，这种气候对于维持较高的农业生产率、繁荣商品经济乃至最后启动工业革命，起到了非常重要的作用。

可是从整个西欧来看，英格兰的"风调雨顺"只是相对的。法国与英国均为直面大西洋的西欧国家，工业革命前两国发展程度大致相当，故不妨以法国为例来说明这一点。法国北部像英格兰一样，也属于温带海洋性气候，全年温和多雨，同样是冬无严寒，夏无酷暑，既无干旱也无水涝，是典型的"风调雨顺"。但法国大多数地区平均气温高出英格兰地区约 7—8 摄氏度。巴黎盆地有西欧"粮仓"之称，最高气温可达 41 摄氏度，最低气温不低于零下 3度，而英格兰最高气温仅 32 度，最低气温却低于零下 10 度。很大程度上，这 7—8 摄氏度的温差解释了为何在历史上大多数时期，法国农业强于英格兰，人口数量为英国的四倍。面积也不可忽视。法国总面积约为 55 万平方公里，其中农业产出率较高的平原占比约 70%，而英国平原占比仅 47%。英格兰 1536 年与威尔士合并，1707 年与苏格兰合并，与爱尔兰的合并则在 1801 年，整合了这三个王国的英国即"大不列颠及北爱尔兰联合王国"总面积也只有24.4 万平方公里，其中农耕条件与法国大致相当的英格兰仅 13 万平方公里。

然而相对寒冷的气候和相对较低的农业生产率并非坏事。一方面，这给英国人的海外扩张带来了更大的动力，而大量殖民地的建立又给予 18 世纪前期开始迅速增长的英国人口以广阔的安置地。另一方面，由于气候寒冷、冬季漫长，英国人早在工业革命前就耗尽了廉价木材的供应，不得不大量开采地下煤炭取暖，而煤炭的大规模使用是工业革命的一个关键诱发因素。正是煤在英国的普遍使用直接导致了高效蒸汽机和燃烧焦炭的高炉的出现。[1] 相比之下，法国气候明显更为温暖，农产更为丰饶，甚至可用作燃料的林木也更茂盛，可是从长远看，优越的自然条件对法国人来说并非福气。法国人因气候温暖而更留恋故土，对于闯荡海外、殖民"新世界"的兴趣明显不如英国人。但严重得多的一个后果是，使法国人想不到将地下的煤大规模地转化成机械能，而这恰恰是工业革命的根本。正是工业革命使英国人口大增，增幅明显超过法国及其他西欧国家，移居海外的英国人也相应增加，于是全球范围内法语人口的增长开始低于英语人口，法语在与英语的竞争中最终落败。

英国（及西北欧其他地区）另一个天然优势，在于对工业革命至关重要的煤矿分布在东北部的纽卡斯尔、北部的利兹、中部的谢菲尔德和南威尔士等地。这些地方的煤矿不仅储量丰富，易于开采，而且恰好与人口密集、商品经济发达地区重合，运输成本十分低廉。[2] 英国的铁矿也分布在离煤矿不远的地方，如中部和北部的谢菲尔德和斯肯索普、苏格兰西南部的沃斯利和西北部的布莱克

---

[1]　见杰弗里·布莱内：《世界简史：从非洲到月球》，李鹏程译，上海：上海三联书店，2018 年，第 362 页；宫崎正胜：《大国霸权：5000 年世界海陆空争霸》，米彦军译，杭州：浙江人民出版社，2020 年，第 140—141 页。

[2]　杰弗里·萨克斯：《全球化简史：地理、技术、制度》，王清辉、赵敏君译，长沙：湖南科学技术出版社，2021 年，第 20 页。

本，以及威尔士。这就与明清时期中国人口密集、商品经济发达，故有资本主义"萌芽"之说的松江、苏州、无锡、常熟一带形成了鲜明对比。[1]中国这几个最有可能发展出现代资本主义的地方既无煤也无铁，这两种引发工业革命的关键性物质远在六七百公里以外的江苏与山东交界之处，甚至远在一两千公里以外的安徽、河北或山西。有论者认为，宋明时代的中国也有市场、贸易、科技知识和煤炭，但煤炭却不像在英国那样容易获得，而这正是英国在工业化方面"击败"中国的一个关键原因。[2]

对比一下英国，不难发现这里煤铁矿恰好就在人口密集、工商业发达地区的近旁。不仅如此，英国还有丰富的石油资源，主要分布在北海和苏格兰地区。北海是西欧最大的油气产区之一，英国在该地区拥有大量油气田；苏格兰也有一些油气田，其中最重要者是位于阿伯丁的邓迪油田。据OGA即英国石油和天然气管理局数据，自20世纪70年代开始在海上开采油气以来，英国迄今已在其本土和大陆架共开采了435亿桶石油当量的油气资源。[3]据OGA对英国大陆架剩余可开采石油资源的估计，截至2019年底，英国油气储量和资源当量仍在100亿—200亿桶之间，包括已经发现和尚未发现的石油资源。[4]油气资源对于工业化进入内燃机时代之后意

---

[1] 巧合的是，气候温暖的意大利、希腊、埃及、肥沃新月地带、地中海东岸、波斯湾等地并无丰富的煤炭资源。见布莱内：《世界简史》，第362页。

[2] 萨克斯：《全球化简史》，第159页；彭慕兰：《大分流：欧洲、中国及现代世界的经济发展》，史建云译，南京：江苏人民出版社，2004年（原文于2000年由普林斯顿大学出版社出版），见全书各处。

[3]《英国现有油气储量能满足未来20年生产需求》，载国家能源局网站，2017年11月2日发布，2023年10月31日下载。

[4]《英国仍有高达200亿桶海外项目有待开发》，载中国石化新闻网，2020年9月16日发布，2023年10月31日下载。

味着什么，无需赘言。

三 有利的地理位置

除地形地貌、气候和矿藏以外，地理位置对于英国人与英语发展壮大的重要性也不可低估。英伦诸岛位于北纬 50—58 度区域，与我国寒冷的黑龙江省和内蒙古自治区大致相当，却因北大西洋暖流和北冰洋寒流在此交汇，长年气候温润，四季分明，十分有利于农牧业和渔业发展。也需注意，英国像西班牙、葡萄牙、法国那样是大西洋国家，与北美隔海相望，为欧洲通往北美的重要门户，具有距离大西洋较远的德国、意大利、波兰等人口大国所不具备的地理便利。此外，英国还拥有广阔的海域，是世界上最大的海洋贸易中心之一。

由于是一座距大陆不太远的中等大小的岛屿，也由于大量良港的存在，英格兰既与欧陆其他国家联系紧密，同时又能与之保持一定的距离（与大陆最近的多佛港距离海峡对岸法国的加来港仅约 38 公里），既能方便地与大陆进行物质、人员及信息交流，又不容易遭受大陆国家的入侵，这样就不必过度中央集权，建立庞大而复杂的官僚机构以抵御外敌，[1] 有限的人力物力资源就能更多用于自身经济社会发展。17 世纪以降，优越的地理位置更使英国能够超越海峡对岸王朝间、国家间的权力争斗乃至战争，这也使它得以将

---

[1] 艾伦·麦克法伦：《文明的体验》，荀晓雅、周钰译，北京：中国科学技术出版社，2022 年，第 79 页。

宝贵的人力物力资源集中于经济与科技发展，率先实现工业化。优越地理位置也使英伦诸岛能更方便地进行海外扩张，最终使英语人口遍布北美、澳大利亚、新西兰、印度及诸多亚非国家，使英语在与法语、西班牙语或西-葡语等的竞争中拥有明显的优势。

尽管在中世纪，英格兰曾遭受过诺曼人的入侵和征服，但由于入侵者人数不多，一两百年后便被同化了，而从 16 世纪起，地理位置便不断给它带来地缘政治利益——由于海洋的阻隔，欧陆国家很难进攻英国。拿破仑法国、希特勒德国都有过进攻英国的计划，但都因跨海作战难度太大或取胜把握不大而放弃。尽管英法间在中世纪发生过战争，但都属于王朝间的争斗，规模相对有限。总体而言，英国人并不觉得有必要卷入大陆国家之间的争斗，毕竟不列颠与欧陆之间隔着海洋。所以早在 16 世纪，伊丽莎白一世便刻意把英国对外政策限制在英伦三岛范围之内，小心翼翼地避免卷入欧洲大陆新教与天主教势力之间的争斗；詹姆斯一世则因国会与国王的激烈冲突而不能参与欧陆的三十年战争；由于同样的原因，查尔斯一世更严格地将注意力限制于国内事务；克伦威尔虽组建了一支强大的常备军并实行对外干涉政策，但他这种做法被普遍视为违背了人民意愿。[1]

随着国力的增长，消极的不卷入政策让位于积极的"离岸平衡"政策，即利用欧陆王朝或国家之间的矛盾，以最小的代价获取最大的地缘政治利益。具体说来，就是在不同时期支持或打压不同的欧陆王朝或国家，不让其中任何一方变得过于强大。例如，在拿破仑战争时期，英国通过与奥地利、俄罗斯、瑞典等结成反法同盟

---

[1] 休·塞西尔：《保守主义》，杜汝楫译，马清槐校，北京：商务印书馆，2021 年，第 25 页。

来对冲法国的势力；在"一战"和"二战"时期，又通过与法国、俄苏、美国等结盟来共同抗击德国。这种"离岸优势"显然是地理位置赋予的。甚至在冷战时期，海外帝国尽丧的英国仍能通过与美国、法国、意大利等结盟来平衡苏联的势力。

四　政制因素

对于英语人口的发展壮大，有利的地形地貌、温湿的气候、优越的地理位置和就近的煤铁矿等所产生的影响是根本性的。缺少这些因素，英语民族和英语不可能有今日的地位。但探讨英语兴起的原因，不可以不探讨这些有利条件所造就的英国政制。

从近代初期的情形来看，至17世纪，在特殊岛国相对稳定的君主制的基础上，英国借乡绅-资产阶级革命（含1642—1651年内战与1688年"光荣革命"）实现了国王与议会权力之间的最佳平衡，社会生产力由此得到明显提高，开始超越法国等欧陆强国。紧接着，英国进入农业革命和工业革命模式，整个社会的生产效率得到空前提升，总体国力乃至人口数量均急剧增长，而国内一时消化不了的多余人口恰好又能通过持续殖民北美以及澳大利亚、新西兰等地得到安置，再加上英国人在加勒比海行区、印度、亚洲其他地方和非洲多个地区的殖民活动，最终英语人口遍布全球。

问题是：为什么在欧洲乃至世界，是英国率先发生了制度性地限制王权直至最终将王权边缘化的现代性革命？为什么在18世纪之前大多数时候，英国一直发生着议会与国王的结构性博弈，最终结果是议会权越来越大，王权则不断受到挤压，不断萎缩，而大多数欧陆国家即使也有自己的议会，却不够强大，以至于在开出现代政体方面落后于英国？

首先来看看包括英国在内的整个西欧的地理格局。这是一个根本性因素。西欧以东，是多个地域广阔的斯拉夫人国家，它们有效抵挡了来自亚欧草原的游牧民族，使西欧无需大规模中央集权、设置庞大而复杂的官僚机构以抵御其入侵，从而能够大体上不受干扰地稳步发展。恰成对照的是，在现代之前两三千年的人类历史上，亚欧游牧民族不断干扰并改变其他农耕社会——华夏世界从西周时期直到明清之交，西亚地中海世界从波斯帝国兴起到西罗马帝国灭亡，南亚从大月氏-贵霜帝国建立到莫卧尔王朝时代——的历史进程。这种格局从根本上来讲是由地理自然条件决定的：游牧民族通常居于苦寒干燥的内陆草原，一遇天灾即别无选择，只能入侵劫掠农耕区域以求生存。地缘因素不可能不影响到英国。如果欧陆国家被统一成一个超大国家，很难说英国还能保持独立，即使在它与大陆之间隔着英吉利海峡。

其次，仅从英国来看，由于它是一个距大陆既非太远又非太近的岛国，在能方便地吸收大陆文化-科技成果的同时，又不太容易遭受外敌入侵。相比之下，任何一个欧陆国家都更容易遭受入侵，或者说很容易陷入与其他国家的战争状态。这样，逐步形成了一种特殊的英国式分权模式：存在一个相对强势中央政府的同时，军事贵族也能保持强大的力量，从而使过度中央集权失去了理由和条件，而这正是世界上大多数国家的历史宿命。[1]

─────────────

[1] 麦克法伦：《文明的体验》，第 79 页；也见艾伦·麦克法伦：《文明的比较》，菊晓雅译，北京：中国科学技术出版社，2022 年，第 117 页。

　　第三，在中世纪早期至中期，西欧普遍实行封建制。这种制度的一个根本特征是分权而治，或者说政治权力是普遍分散而非集中的，这就迥然不同于秦汉的大一统政制。在封建制度下，领主与封臣的关系由契约维系，封臣只要按约履行了对领主的义务，领主就不能提出额外要求；领主如若对封臣有额外要求，必须征得后者的同意。在实行封建制这一点上，英国与欧陆国家大同小异。

　　第四，中世纪初期至中期，包括盎格鲁-撒克逊人在内的整个西欧的日耳曼民族经济社会和政治发展程度仍然低下，国家仍不够发达，氏族民主遗风仍相当强大，所以（较之中华世界以及西亚、南亚）更容易发展出能有效制约君权的政制形式。

　　还有第五个因素：教会。与其他文明区域相比，只有中世纪西欧存在着势力强大的基督教教会势力。作为一种与世俗权力并立对峙的权威来源，教会处处都对世俗君主的权力形成掣肘，这对于制衡君权的议会的兴起、分权式政制的发展非常有利。

　　在盎格鲁-萨克逊时期，国王虽有较大的权力，却也有辅政性质的"贤人会议"多少与之分权。诺曼人1066年征服英格兰后，又出现了功能相似的"大会议"。这两种会议均有氏族民主特征。贤人会议更古老，是一种不定期召开的高级顾问会议，与会者人选虽主要由国王旨意决定，多为世俗贵族与高级教士即"贤人"，但并非不可以视为社会各阶层参与国家管理的议会式民主的开端。13世纪初，好战却无能的约翰王当政，与大贵族和主教们的关系空前紧张。1215年，趁约翰王在对法王的战争中惨败，贵族和主教们联合起来武力胁迫其签署了著名的《大宪章》。这是一份有力限制王权、保障贵族政治独立与经济权益的宪法性文件。通常认为，《大宪章》的签署标志着英国议会制民主的肇始。

　　1258 年，亨利三世为筹措经费召开了一次扩大御前会议，诸多贵族应邀前来与他 parler，即"谈话"或"谈判"。可是贵族们出席会议时不仅全副武装相威胁，更是明确拒绝了国王的要求。1295年，爱德华一世为筹措军费又召集了一次"谈话会"，即Parliament。这就是英语"议会"一词的来源。这次"议会"或"谈判会""谈话会"规模相当大，有 400 名以上世俗贵族、骑士、富裕市民、大主教、主教、修道院院长等出席。此后，英国人以这次议会为"模范"，经常召开议会。可以说至少在形式上，及至此时君权已被关进议会制的笼子了。这就是为何即使在王权明显得到加强的都铎王朝时期，朝野上下的共识仍然是"王在议会""王在法下"，即权力由国王和议会分而享之。即使有所谓国王"至尊"说，那也是国王遵守议会法令这一前提下的"至尊"——未经议会同意，国王不能擅自征税；国王即位或被废、婚娶、离婚等，统统都得由议会以法令的形式予以批准，否则无效。

　　13 世纪以降，国家权力大体上由议会和国王分而享之，两种势力之间形成了一种偶尔紧张但大多数时候平和的博弈关系，逐渐实现了一种议会权力与君主权力二权分立的政治模式，总体而言能够做到斗而不破，即国家不至于因两种权力对峙而陷于分裂。当然，中世纪欧陆主要地区存在类似的议会与君主分权结构，但英国无疑最早将其制度化，实现二权分立下的政治统一。在这种制度下，贵族阶级能长期保持较强的军事、政治和经济实力，通过议会与国王讨价还价，从国王那里争取尽可能多的经济政治利益，甚至包括废旧君、立新君的关键性权力（而这种废旧立新并非过于频繁，故能保持王室血脉连续性）。再加法制较为健全和一直有很大影响力的教会这两大因素，英国人在二权分立的议会-君主制下，能够对王权进行合理的节制，从而使历代英王不至于像某些欧陆君主如法王路易十四那样搞"绝对主义"即不受法律约束的专制主义君权，同时又不至于陷入政治动荡、国家分裂。

五 殖民-贸易股份公司

伴随着现代议会制的兴起，英国人也紧锣密鼓地开展海外殖民贸易活动。比早期殖民者葡萄牙人和西班牙人高出一筹的是，英国更富于创新精神，"发明"了殖民-贸易性质的股份制有限公司。与中国王朝对海外华人势力持怀疑和打压态度形成鲜明对比的是，英国王室对于这种公司是鼓励和支持的，因为王室财政很大程度上依赖于其所营运的资本。

早在1555年，英国就成立了世界上第一家股份制有限公司即莫斯科公司；1600年又成立了世界上第一家永久性股份制公司，即东印度公司。17世纪，英国在北美、印度、现马来西亚和印度尼西亚地区的殖民扩张，都是由殖民-贸易性质的股份制有限公司——如伦敦公司、弗吉尼亚公司、普利茅斯公司、马萨诸塞湾公司等，当然还有更加著名的东印度公司——而非政府来进行的。这种股份有限公司不仅是殖民-贸易行为体，而且拥有军队。除此之外，这种股份公司往往还拥有通常属于国家的种种重要权力，比如贸易垄断权、殖民统治权、司法权、货币发行权等。除了臣属于英国王室、须向其缴税，而且不拥有充分外交权以外，它们几乎就是一个个主权国家（众所周知，在北美，这些股份公司或殖民地发展成为自成一体的"States"，最终摆脱了宗主国的辖制或统治，成为享有充分主权的独立国家）。这种公司将海外殖民与贸易变成一种亏盈可期、赢利可能性极高的商品，通过自身组织的军事化和管理的理性化，通过与荷兰、法国殖民者的战争和对殖民地原住民（如多个印第安部落或部落联盟）的征服而不断壮大。17 世纪中后期至 18 世纪，英国殖民-贸易股份有限公司发展迅速，17 世纪 60 年代英格兰年均贸易总额约为 850 万英镑，1700 年左右为 1220 万英镑，至 1750 年，已达 2010 万英镑。[1] 如此这般，英国本土与其诸多殖民地以及其他国家或地区之间的贸易越做越大，在资本原始积累、原材料生产以及后来产品销售市场扩容等方面为英国工业革命提供了极为重要的动力。

　　非常值得注意的是，1858 年维多利亚女王将印度正式收归王室之前，是东印度公司而非英国政府实际上统治着整个印度。在其鼎盛期，东印度公司拥有一支多达 35 万士兵的庞大军队，就连王室也自愧弗如。[2] 这已不止是什么"富可敌国"，就其所享有的殖民统治之政治地位和雄厚的财力而言，或者说就其所能支配的巨量人力物力资源而言，东印度公司本身就是一个大国。[3] 既然股份制的殖民-贸易公司是英国政府的纳税大户，二者之间有密切的利益捆绑便不足为怪。这也就从根本上解释了英国为何会发动鸦片战争。当时，虽然有很大一批议员出于道义反对万里迢迢去地球另一

[1] 罗伯特·马克利：《追慕与忧惧：英国的远东想象 1600—1730》，王冬青译，北京：生活·读书·新知三联书店，2023 年，第 211 页。

[2] 尤瓦尔·赫拉利：《人类简史：从动物到上帝》，林俊宏译，北京：中信出版集团，2017 年，第 306 页。

[3] 北美的英国殖民地也是一个极好的例子：弗吉尼亚公司、马萨诸塞湾公司等多个英属殖民公司在与法国人、荷兰人、印第安人的战争中不断扩张，最后强大到与母国宣战独立建国。

面发动一场大规模战争，但他们终究敌不过主战派议员，而在这些议员背后鼓噪的又主要是为数不少持有东印度公司股份的商人。[1]在中国禁烟政策使东印度公司商业利益大大受损的情况下，与鸦片贸易紧紧勾连、从中大获其利的英政府不可能无动于衷，因为"用鸦片利润购买的茶叶不仅能偿还东印度公司的债务，还能支付英国皇室的税收。这一税收占英国财政收入的六分之一"。[2]同样，英国对埃及的侵略以及在希腊与土耳其战争中对前者的支持，背后也是资本的逻辑在起作用。[3]

资本，准确地说，殖民-贸易股份有限公司的证券化资本，对英国人与英语的全球扩张起到了极其重要的作用。

六　工业革命与英语人口暴增

除地形、气候、矿藏、地理位置等方面的优势以外，英国还有议会与君主分权制衡下的政治统一之政治传统，17 世纪初以后又建立了大量海外殖民地，而本土与殖民地（以及欧陆国家）的规模性贸易势必加速资本主义原始积累，从而为工业革命提供了不可或缺的金融动力。同样重要的是，英国早于其他西欧国家发生了乡绅-资产阶级或中产阶级革命，率先开出了现代共和政体（尽管仍保留了君主制的形式），社会生产力藉以得到空前提升。正是在这种

---

[1] 魏斐德（Frederic Wakeman, Jr.）：《中华帝国的衰落》，梅静译，北京：民主与建设出版社，2017 年，第 136 页。

[2] 同上书，第 128 页。

[3] 赫拉利：《人类简史》，第 307 页。

情况下，工业革命发生了。工业革命对于英国人乃至英语全球扩张的重要性，怎么估计也不过分。完全可以说，英国人的发迹乃至英语异军突起成为一种最重要的全球语，是从工业革命开始的。

工业革命在 1750 年左右开始于英格兰中部。在此之前，1688 年"光荣革命"后不仅逐渐成形的虚君共和制，使得英国进入一种"政通人和"的状态，乡绅话语权因之得以迅速扩大；也因 17 世纪中后期以后技术革新加速，18 世纪中后期完成了"农业革命"，农业产出率得到了明显增长。这两个因素相结合，使英国人口开始迅速增长，出现了人口过剩的情形。这不仅使得更多的人口移民北美，也为正在到来的工业化提供了廉价劳动力。在工业革命初期及中期，原有工场手工业的劳动生产率已然不能满足市场——主要由数量庞大且购买力强劲的小业主、手工业工人，以及富裕农民构成——的需要，更加激进的技术革新和制度革新被提上了议程，生产规模由此得到急速扩大，出现了劳动力不足的情形。这又导致英国用工成本高于欧洲大陆其他国家，使资本家不得不将更多资源投入技术研发，进一步提高生产率以弥补劳动力的不足。再加上国家实行扶持和奖励技术创新的政策，英国科技水平乃至整体生产水平开始得到突飞猛进的提升。

在这种情况下，再加上有利的知识环境、发达的市场机制，以及保护知识产权的专利制度的不断完善，涌现出了珍妮纺纱机、瓦特蒸汽机等一个又一个技术突破。瓦特蒸汽机尤其使英国人利用矿物能源的方式及规模发生了质变，驾驭大自然的能力飙升，地下蕴藏的巨量化石能源开始被大规模转换成机械能，机械化大规模生产成为可能，劳动生产率获得了史无前例的提高，社会生产力得到了前所未有的释放，人口总量当然也有了相应的增长，所谓"马尔萨斯陷阱"被克服，英国人乃至全世界人类的命运因而被根本改变。

由于率先进入工业革命模式，1750 年至 1900 年期间，英国棉纺织业规模增长了 700 倍以上，煤炭产量增加了 50 倍以上，生铁产量增加了 300 多倍，蒸汽机的使用量扩大了近 2000 倍，所提供动力从 1750 年的 5000 马力暴增到 1900 年的近 1000 万马力；汽船和铁路从 19 世纪初的零迅速发展到数百万吨排水量和数千公里的通车里程。[1] 在工业革命盛期，即 1760 年至 1830 年期间，英国经济增量之巨，一度占整个欧洲的三分之二，所占世界制造业的份额更是从 1.9% 飙升至 9.5%。这时，英国一国以世界 2%、欧洲 10% 的人口，竟占世界工业潜能的 40%—50%、欧洲的 55%—60%。1860 年，英国现代能源即煤、褐煤、石油的消费量为美国和德国的 5 倍、法国的 6 倍、俄罗斯的 155 倍。一个蕞尔岛国，贸易量竟占世界总量的五分之一，其中工业品贸易量更是占世界总量的五分之二。[2]

无论从哪个角度看，这在人类文明史上都是一个闻所未闻、令人震惊的事态。以上数字不可小觑，其所反映的不仅是经济增长的规模，更是英国人口乃至英语人口的明显增长，再加其他重要因素，最终结果便是英语在全球的迅速扩张。不妨对比一下英国人口在工业革命之前与之后的增长情况。在诺曼人征服后的 11 世纪中后期至 12 世纪上半叶，英国人口仅区区 150 来万。据研究，至 16 世纪后期可能是代名的"莎士比亚"活跃的时代，英国人口有约 430 万；至莎

---

[1]　杰克·戈德斯通：《为什么是欧洲：世界史视角下的西方崛起（1500—1850）》，关永强译，杭州：浙江大学出版社，2010 年，第 148—149 页。
[2]　戈德斯通：《为什么是欧洲》，第 469 页；也见萨克斯：《全球化简史》，第 166—167 页。

士比亚去世（1616 年）后四十年的 17 世纪中期，仍只有 500 来万。[1]据另一项研究，晚至 1680 年，英国人口才升至 490 万。[2]

然而从 18 世纪后半叶起，工业革命的爆炸性效力开始显现。这不仅表现在经济总量的快速增长上，更反映在人口的快速增长上。英国人口很快便突破了千万量级，从 17 世纪后期约 490 万升至 19 世纪上半叶的 1150 万，增长了 2.3 倍。然而，与同一时期其他国家相比，英国人口虽增长得最多，却算不上惊天动地。不说与中国人口（19 世纪初已达到 3.6 亿，约占世界总人口三分之一，大致是当时英国人口的 40 倍）相比，即使与同一时期其他西欧国家相比，也不算十分突出。下面这些国家人口的上涨幅度虽低于英国的 2.3 倍，却仍相当可观。如法国人口从 1680 年的 2190 万即英国的 4.3 倍上升至 1820 年的 3050 万即英国的 2.8 倍，增长了 1.4 倍；意大利从 1200 万即英国的 2.4 倍上升至 1840 万即英国的 1.6 倍，增长了 1.5 倍；西班牙从 850 万即英国的 1.6 倍上升至 1300 万即英国的 1.15 倍，增长了 1.5 倍。就连当时仍未政治统一的德意志地区也从 1200 万即英国的 2.8 倍上升至 1810 万即英国的 1.6 倍，增长了 1.5 倍。[3]尽管如此，英国工业革命的效力将继续显现，

----

[1] 马克利：《英国的远东想象 1600—1730》，第 19—20 页。据斯蒂夫·奥尔森，法国人口早在十四世纪初便已达 2000 万。该数字也许并非十分可靠，可即便减半，当时法国人口数量也成倍地高于英格兰。斯蒂夫·奥尔森：《人类基因的历史地图》，霍达文译，北京：生活·读书·新知三联书店，2006 年，第 179 页。

[2] Wrigley, "The Growth of Population in Eighteenth-Century England", in *Past and Present*, 98, Feb. (1983), p. 122.

[3] 此处的资料来源除马克利的《英国的远东想象 1600—1730》外，主要是 Wrigley, "The Growth of Population in Eighteenth-Century England", in *Past and Present*, 98, Feb. (1983), p. 122, 转引自俞金尧：《英国十八世纪人口和发展的学术史回顾》，载《史学理论研究》1995 年第 3 期，第 81—82 页。

最终将使英语人口数量大大超过除西-葡语人口以外讲所有其他欧美语言的人口。

在接下来的八十年（1820—1900 年）里，由于率先实现工业化，英国人口出现了爆炸性增长，很快接近欧洲传统人口大国如法国、意大利以及统一之后的德国的水平。及至 1900 年，英国人口已达到 3050 万，反超西班牙的 2850 万。相比之下，此时法国人口仅约 3850 万，意大利约 3250 万，德国约 4360 万。[1] 英语人口爆炸性增长的故事还未结束。在农业革命业已经完成、工业革命仍在进行中的 19 世纪上半叶，以及工业革命已大体完成的 19 世纪下半叶，经济暴涨所导致的人口暴增使得英国农村人口持续涌入城市，城市人口压力陡增，再加环境恶化等因素，大量英格兰人（以及爱尔兰人、苏格兰人等）不得不移居北美、澳大利亚、新西兰、南非等海外殖民地。

与此同时，因工业革命带来的明显的人口增长效应，整个欧洲包括德国、意大利、法国、荷兰等在内的大量过剩人口持续不断地涌入北美，在 1820 至 1920 年期间，总共有 3600 万欧洲人移居北美，200 多万人移居澳大利亚、新西兰，[2] 再加上殖民地原有英语人口的繁衍，英语获得了在英国本土所根本不可能获得的强大推力，由此实现的爆炸式增长一举奠定了英语作为头号全球语的基础。如果将清初至乾隆时期汉语人口的显著增长视为例外，那么这种讲一种语言的人口数量获得如此迅猛的增长，在人类历史上实属

---

[1] Wrigley, "The Growth of Population in Eighteenth-Century England", in *Past and Present*, 98, Feb. (1983), p. 122, 转引自俞金尧：《英国十八世纪人口和发展的学术史回顾》，载《史学理论研究》1995 年第 3 期，第 82 页。

[2] 宫崎正胜：《大国霸权》，第 171 页。

罕见。至 1900 年美国人口总量已高达 7600 万，再加上加拿大的英语人口，北美的英语人口当在 8000 万左右，不仅为英国本土人口的约 2.7 倍，也明显超过同一时期英国与德国人口的总和。回头看去，伴随工业革命而发生的欧洲人口向北美、澳大利亚等地的大转移，是英语成为全球通用语的一个决定性因素。"二战"结束时英国虽不可逆转地没落了，但拥有 1.4 亿以上人口的美国无缝衔接地继承了其霸权地位；苏联解体后，美国更成为全球唯一超级大国，英语自然水涨船高，稳稳坐上了头号全球通用语的交椅。

七　科技优势

与上述事态密切配合的是，英国科学与文艺复兴以来欧洲大陆的科学彼此呼应，相互促进，产生了从培根、牛顿、达尔文到罗莎琳·富兰克林、克里克等一大批对人类科学进步作出了巨大贡献的科学家。但英国对人类文明所作的更大贡献，还在技术方面。从 18 世纪下半叶瓦特蒸汽机问世起，英国技术革命呈现出一种加速发展的态势。

19 世纪 20 年代，随着工业革命和技术的推进，火车、蒸汽轮船等现代交通工具应运而生，人类的距离和时间概念随之大变，短时间内跨越整个大陆、大洋成为现实。火车出现后仅二十几年，即在 19 世纪 40 年代，便发明了电报这一革命性的通信技术，人类时空概念再次被刷新；1895 年更发明了无线电，通信技术又一次出现了跃进，人类时空概念又一次被改写。稍早一点，在 19 世纪 70—80 年代便发明了内燃机，不仅进一步提高了陆上和水上交通的效率，更

为后来飞机的发明奠定了动力技术基础。1903 年飞机问世以及
1939 年喷气式飞机的发明，更是大大缩短了跨洲跨洋飞行的时间。

尽管死于二战中的人数比死于之前几十个世纪战争中的人数加
起来还多，但在战争的刺激下，两大颠覆性技术出现了：原子能和
计算机。原子能技术一方面给人类带来了一种大规模杀伤性武器即
核武器，另一方面也给人类提供了牲畜力、水能、风能、矿物能等
（近年来更有潮汐能、地热能、生物能、氢能等的开发应用）之外
一种性质迥异的能源形式，一种魔幻般的取之不尽、用之不竭的全
新能源形式；而电子计算机更意味着一场影响至为深远的技术、文
化和社会革命，这将从根本上改变人类加工和利用信息的方式和手
段，不仅大大提高了人类的总体生产力，更将深刻改变人类认知世
界及与世界互动的方式，人类作为一个物种，从此将迥异于以往。
回头看，20 世纪 80 年代山呼海啸而来的互联网技术、即将到来的
万物互联技术，以及眼下如火如荼的人工智能与基因编辑等技术，
只是 19 世纪前半叶主要发端于英美的那场技术革命的一部分。

如果说 13 世纪蒙古人打通亚欧大陆两端，把人类带入一个准
全球化时代，15 世纪初期郑和"下西洋"之远洋航行，稍后葡萄牙
人对亚洲航道的探索，以及再后来西班牙人"发现"美洲，都标志
着严格地理意义上全球化的开始，那么 19 世纪前期以降发生的一
波又一波技术革新则意味着人类开始进入一个充分意义上的全球化
时代。这必然呼唤一种真正的全球语的出现。虽不能说此前并不存
在某种功能与全球语相似而使用范围和影响力尚未达到全球通用语
程度的语言，如阿拉米语、汉语文言文、梵语、希腊语、拉丁语、
阿拉伯语等，但这些语言统统止步于区域通用语。事实上在文明诞
生后三千来年即公元纪元开始前后，随着各区域之内人口的不断繁

衍，经济社会发展水平的不断提高，区域、文明、国家间的技术-文化交流越来越频繁，整合程度越来越高，直至出现了一个个区域性"普遍国家"或帝国与相应的通用语，如东亚的秦汉（及唐宋元明清）王朝与古汉语、南亚的孔雀王朝和笈多王朝等与梵语、西亚的波斯帝国与阿拉米语、地中海东部的希腊人帝国与希腊语、地中海中部的罗马帝国与拉丁语，以及西亚地中海世界的阿拉伯帝国与阿拉伯语等。

但是，这些古代语言最终之所以未能发展成为真正意义上的全球语，是因为当时人类整体经济社会发展水平仍然有限，区域间、文明间和国家间的整合仍然停留在一个较低层次，尚未发生充分意义上的跨大洋全球化，甚至连打通亚欧大陆东西两端的"准全球化"也尚未发生。现在，相对充分意义上的全球化如火如荼，不同地区、宗教、文化、国家或民族背景的人类间的交流越来越多，跨大洋或长距离人员流动越来越密，而与之相对应的信息传播的需求越来越大，越来越强，产生一种真正意义上的全球通用语乃势所必然。既然在开出现代工业资本主义方面西方比其他文明领先一步，其科技、经济的现代化跃升比其他文明领先一步，这种真正意义上的全球通用语便必然是一种西欧语言，如西班牙语、法语或英语。最终，是英语在同其他西欧语言的竞争中脱颖而出，成为头号全球通用语。

八　英帝国遗产

英语之所以能够最终成为头号全球通用语，还有一个众所周知的重要因素，那就是"英帝国"（即 British Empire，一直被不恰当地译为"大英帝国"）。对于英语的国际化，英帝国的作用至关重要。英帝国是一个由英国本土即大不列颠及北爱尔兰、其多个自治领、殖民地和托管地等组成的超大殖民帝国，某种意义上甚至可以视为有史以来最大的帝国，面积最大时竟达惊人的 3400 万平方公里。伴随英国人的全球殖民及英帝国的形成，英语民族的商贸活动也如火如荼，这无疑也非常有利于英语的全球扩张。

从北美看，英国人在与其他欧洲殖民者的竞争中明显更为成功。早在 1664 年，英国殖民者便将荷兰人从宾夕法尼亚、新泽西、特拉华、现纽约州南部驱逐出去。1762 年，在打了一个世纪的英法战争后，法国选择躺平，大体放弃了对新法兰西地区（现加拿大东部）和路易斯安那等地的领土主张。独立战争爆发，北美东部 13 个殖民地于 1776 年正式宣告脱离宗主国，建立美利坚合众国，英语在 1783 年被正式确立为新近独立的 13 个"国"（State）即殖民地的官方语言，但晚至此时美国四分之三的领土名义上仍处在法国、西班牙及英国（俄勒冈西北部）的统治下。1803 年，竭尽全力争霸欧洲的拿破仑为筹集战争经费，竟以极低廉的价格将 260 万平方公里的路易斯安娜卖给美国。1848 年，美墨战争结束时，美国又从墨西哥攫取了近 230 万平方公里土地，包括现加利福尼亚州、新墨西哥州等地在内。几乎与此同时，在英国以及稍后在整个欧洲，工业化高歌猛进，大工业生产在取代旧生产方式的同时，产生了前所未有的大量过剩人口，其中大多数移居美国、加拿大、澳大利亚、新西兰等地，英语人口数量因而得到了前所未有的迅猛增长。

从亚洲看，早在 17 世纪前期，英国人的东印度公司便在马六甲海峡一带与荷兰人展开了角逐。稍晚，英国人又与葡萄牙人、法国人展开了对南亚次大陆的争夺。1757 年普拉西战役后，[1] 东印度公司征服了整个孟加拉及次大陆北部和中部很大一片区域；之后，英国人以东印度公司为依托，不断扩大其在印度的殖民统治范围，至 19 世纪中叶，已将几乎整个南亚变为英殖民地。尤其令人震惊的是，这时英国殖民者仅以区区 5 万人，便对上亿印度人实行了间接统治，即一种以大量享有自治权的"土邦"王公作为代理人的殖民统治。接下来，英国人继续向周遭扩张。在北边，英国人兼并了不丹部分领土，将触角伸向中国西藏；在东边，英国人两次入侵缅甸，最终将阿萨姆并入英属印度，使缅甸沦为殖民地。

几乎与此同时，英国对澳大利亚、新西兰进行了勘测、占领和殖民开发，最终将两地变为过剩人口的安置地、工业原料及农牧产品生产地与工业产品倾销地。从非洲来看，塞拉里昂、尼日利亚、黄金海岸也于 1808 年、1861 年、1874 年相继沦为英国殖民地。这些事态对英语的扩散意味着什么毋庸赘言。澳大利亚面积 769 万平方公里，缅甸面积也相当可观，新西兰同样不小，尼日利亚更是人口超过 2 亿的非洲第一人口大国。尤其令人震惊的是，被英国殖民统治的印度不仅是一个次大陆，还是一个自成一体的文明；今印度、巴基斯坦和孟加拉国三国人口超过 17 亿，比中国还多出 3 亿以上。在殖民时代，甚至在后殖民时代的今天，上述国家的人们要么以英语为母语，如澳大利亚、新西兰等；要么以英语为官方语言

---

[1] 普拉西战役（Battle of Plassey）发生于 1757 年 6 月 23 日，为英国东印度公司与印度孟加拉王公之间的战争，孟加拉方面战败。需注意，当时法国殖民者是孟加拉王公西拉杰·乌德·达乌拉的支持者。换言之，普拉西战争具有英法两国在南亚次大陆争霸的背景。

或第一语言，如尼日利亚、塞拉里昂、黄金海岸、肯尼亚等；要么以英语为最重要的官方语言和事实上的区域通用语，如印度、巴基斯坦、孟加拉国、马来西亚等。

尽管英帝国早在 19 世纪末即已没落，但还得等到"二战"结束后，帝国的旗帜方才最后落下。此时在两次大战中择时介入、只赚不赔的美国已是世界第一强国，不仅在人口数量而且在军事、经济和政治力量上，均已显超英国。也不难发现，在军事、政治、经济、科技总体力量方面，美英此时居世界前一和前三的位置。另一个见怪不怪却着实令人惊讶的事实是，1945 年至今在美、英、苏、中发起成立的联合国的五个安理会常任理事国当中，英语国家竟占两个，这对英语的地位意味着什么无需赘言。不仅如此，美国还控制着权力极大的世界银行、国际货币基金组织、世界贸易组织等全球性机构，更遑论支配西方世界的庞大军事同盟北大西洋公约组织即北约。这对英语的地位有何影响，也不言自明。英美除在政治、军事、经济、金融信贷、生产和贸易领域享有优势地位以外，在科学技术和人文社科领域，在商业、金融业、体育等领域，在诸多国际机构或组织，在制订世界航海航空等行业的国际规则规范方面，都处于主导地位。这必然导致这种情形出现：在众多国际场合，说各自语言的人们彼此间交流，讲英语的几率要比其他语言大得多。在很多情况下，英语成为操各自语言人们的最重要的共同语或通用语，即唯一的一种讲各自语言的人们多少能讲或至少能懂的方便交流工具，尽管法语、西班牙语、阿拉伯语、俄语在较小程度上也发挥了类似作用。这只可能加强英语的地位。

事实上，自二战结束至 20 世纪 60 年代，大多数前英国殖民地虽纷纷独立，但英语作为殖民时期的一个重要遗产却得以保留。不仅如此，由于二战后头号大国美国在世界政治舞台上风头正盛，英语作为极重要的通用语，其地位不仅未遭到削弱，反而得到加强。再加上述种种原因，目前以英语为官方语言的国家或地区达 45 个——除了以英语为母语或第一语言的 6 个国家即英国、爱尔兰、美国、加拿大、澳大利亚、新西兰外，还有以英语为事实上的头号官方语的印度、巴基斯坦、孟加拉、新加坡、回归前的中国香港以及以英语为头号官方语言的尼日利亚、肯尼亚、南非等国，以英语为重要官方语言的菲律宾、马来西亚等 40 来个国家或者地区。据某些研究，世界上以英语为母语或第一语言的人口大约有 4 亿，以英语为主要语言的国家人口大约有 7 亿，全世界有三分之一的人能讲英语，80％的科技信息用英语表达，全球互联网信息的 90％为英语文本。[1]

问题来了：为何来到北美的欧陆各国移民不继续讲自己的母语？实际情况是，即使美国早已由英国人后裔主导，英语早已经是北美的主流语言，可欧陆新来的移民起初仍主要讲母语，如意大利人讲意大利语、法国人讲法语、荷兰人讲荷兰语等。然而，他们丢弃母语只讲英语是迟早的事。姑且不论社会经济因素（不讲英语而只讲母语显然不利于生存发展），从语言间关系或者说"语言距离"（linguistic distance）[2] 来看，欧陆移民的母语与英语非常相近，都属于印欧语系（芬兰语、匈牙利等除外），更不用说英语在"走向

---

[1] 蒋洪新：《关于新时代英语教育的几点思考》，载《外语教育》2018 年 3 月期，第 49 页。

[2] 语言距离（linguistic distance）指两种语言或者方言在词汇、语法、发音等方面的相似性或相异性程度，反映了不同语言之间的亲疏关系。当两种语言在词汇、语法结构、发音等方面存在较多共同点时，它们之间的语言距离就较小；反之，如果差异显著，则语言距离较大。

世界"之前早已罗曼语化，以至于欧洲大陆人讲点英语甚或转而只讲英语并不是什么难事（源自非洲的黑人奴隶别无选择，只能讲主人的语言）。在文化间关系上，以上述语言为母语者的文化与英语文化并没有隔膜，毕竟二者同属于西欧文化或者说西欧基督教文明。此外，英语在北美的扩张，也并不存在一个规范化或标准化的问题（试比较，15 至 17 世纪的英国，由于不同地区的英格兰人讲不同的英语方言，出现了一个英语规范化或标准化的问题），大体而言讲英语的移民走到哪里，规范化的英语就扩散到哪里。除此以外，北美大陆的地形地貌也十分有利。这里有一望无际的广阔平原，即便是山脉也不高，覆盖范围也不大。[1]另外，还有密西西比河这一便于内河航运的大河。有利的地形地貌再加铁路、轮船、电报电话等现代技术的运用，都十分有利于人员和物质交流，十分有利于英语人口的迅速扩散和增长。

回头看，英语人口的增长对于英语最终成为头号全球语至为关键。在诺曼征服前，盎格鲁-撒克逊人只有 100 来万。尽管如此，英语人口已遍布整个不列颠，后来又随着对爱尔兰的殖民统治而扩散到爱尔兰，逐渐取代了原住居民的母语凯尔特语。如前所述，16世纪上半叶即"大航海"时代初期，英国人已扩散到加勒比海地区。17 世纪上半叶，随着对北美的殖民，英语人口扩散到整个北美东部区域。再后来英国农业革命、工业革命时，因生产力提高出现了大量过剩人口，于是英国人开始以更大规模往北美扩散，同时也向澳大利亚、新西兰迁移。怎么强调也不过分的是，美国独立

---

[1] 按，阿巴拉契亚山脉平均海拔仅 300—600 米，洛基山脉平均海拔也只2000—3000 米，低于中国云南省大多数地区，更大大低于青藏高原 4000—5000 米的平均海拔高度。

后，随着英语人口在北美持续不断的空间扩张，随着欧美经济及科技的迅猛发展，北美成为吸收和消化欧洲——后来更有人口众多的亚洲——工业化进程中所产生大量过剩人口的"新世界"。这对于英语的扩散意味着什么不言自明。这是英语国家人口史和英语史上至关重要的一个环节。

九 远非光彩的早期扩张

16 世纪后半叶至 17 世纪前半叶，当英国人开始殖民北美之时，并无任何迹象表明英语民族最终会广布整个北美和大洋洲，英语最终会成为头号全球通用语。不仅如此，当西班牙、葡萄牙、荷兰、法国正大肆海外扩张之时，英王亨利八世及其政绩卓著的女儿伊丽莎白一世并未显示出长远眼光，仅赞助了少许跨大西洋探险，且几无收获。

尽管如此，1564 年，高贵的英女王竟与她的几名枢密院官员联合，对约翰·霍金斯（John Hawkins, 1532—1595）贩卖非洲奴隶的海上生意进行秘密投资，将自己的一艘 700 吨的海船"卢卑克的耶稣"号折合成 4000 镑股份投资于霍金斯驶往几内亚的私掠贩奴船队。[1] 1571 年，伊丽莎白一世再次作为个人投资者，将私掠许可证授予大海盗弗朗西斯·德雷克（Francis Drake, 1540—1596）。[2] 这种事当然不值得大肆炫耀。在今人看来，入股奴隶贸

---

[1] 参见魏斐德：《中华帝国的衰落》；《百度百科》，"约翰·霍金斯"词条。
[2] 尼古拉斯·奥斯特勒：《语言帝国：世界语言史》，章璐等译，上海：上海人民出版社，2009 年，第 441 页。

易船队和海上劫掠股份公司以分红获利，是非常可耻的，可是当时英国人并不这么看。那时，一门心思发财致富的英国人显然尚未表现出两个多世纪后一度表现出的"道德心"[1]（在 18 至 19 世纪波及欧美的废奴运动中，英国曾发挥过"先锋模范"作用[2]）。刚刚相反，在英国王室乃至一般英国人眼里，做"生意"获利——即便以不正当、不道德的手段获利——乃天经地义，讲"体面"或者说规规矩矩做人并不重要。既然德雷克、霍金斯之流是名扬海内的海盗，与他们合作极可能是一本万利，为什么不与他们合作？考虑到当时英国王室财政并不宽裕，甚至债台高筑，简直就是应该。从某种意义上讲，这预示了后来英美在国际舞台上的种种恶俗表现，即屡屡为了一己私利无所顾忌地抛弃其所坚持和标榜的理念。

德雷克尤其没辜负女王的期望，发现了一条极其有利可图的航线，频频袭击西班牙的码头与西班牙、葡萄牙在公海上的船只，截获其所载黄金、白银、瓷器和其他珍宝，最后带回了价值 75 万英镑的战利品！[3] 75 万镑在今天似乎并非太大一笔钱，可在当时却

---

[1]　马修·阿诺德：《文化与无政府状态》，韩敏中译，北京：生活·读书·新知三联书店，2002 年，121—122 页。

[2]　早在 18 世纪初叶，当其他西方民族仍然要么继续贩奴蓄奴，要么处之漠然，见怪不怪时，英国人便本着基督教博爱精神，呼吁各国仁慈地对待黑人奴隶，给他们以人类的尊严，并采取措施改善黑人奴隶的生存状况。这很快发展成为声势浩大的反奴隶贸易运动。至 1807 年，英国已通过了废除奴隶贸易的立法，1833 年更通过了结束殖民地奴隶制度的立法。参见 F. David Roberts, *The Social Conscience of the Early Victorians*, Stanford: Stanford University Press, 2002, p. 275；J. Harry Bennett, "The Society for the Propagation of Gospel's Plantations and the Emancipation Crisis", in Samuel Clyde McCulloch, ed., *British Humanitarianism*, Kingsport: the Kingsport Press, 1950, pp. 15 - 29；Robert Worthington Smith, "The Attempt of British Humanitarianism to Modify Chattel Slavery", in McCulloch, ed., *British Humanitarianism*, pp. 166 - 80。

[3]　萨克斯：《全球化简史》，第 135 页；奥斯特勒：《语言帝国》，第 441 页。

是天文数字，相当于英国年税入的两倍。女王从海上劫掠股份有限公司的分红获利，不仅足以让她偿清了 1581 年的国债，还以其中的 4.2 万英镑成立了黎凡特公司，后者又为 1600 年成立的专门殖民亚洲的东印度公司提供了财政支持。这就是为什么伊丽莎白会降尊纡贵，亲自登船赐予德雷克皇家爵士头衔，后来又授予其海军中将头衔，再后来更是将其封为英格兰勋爵！有德雷克这个"民族英雄"作为榜样，英国海盗们热情高涨，海上劫掠规模急剧扩大，以至于在 1585 年至 1604 年这二十年间，每年至少有 100 艘英国海盗船到加勒比海地区实施抢劫，一年至少尽赚 25 万英镑。[1] 当然，对英国人乃至英语的远大前程来说，英国海盗所起的作用可能并非十分突出，但可以肯定，其海上劫掠为英国资本原始积累与殖民扩张做出了不可忽视的直接贡献，最终说来，也就为英国人乃至英语的全球扩张做出了虽然间接却也十分重要的贡献。马克思所谓资本来到世界，从头到脚，每个毛孔都滴着血和肮脏的东西，不正是当年英国海盗杀人越货、大发横财的写照？

此时中国有何表现？稍早一点，即 15 世纪初期永乐时代，上升时期的大明王朝所做之事跟蕞尔英国刚刚相反：在南海区域以其强大的海军打击源自中国大陆的海盗，毫不留情地摧毁与自己同血脉同文化的海外华人势力。郑和舰队第一次下西洋时，便在现印度尼西亚巨港一带擒获了同样是海盗的华人首领陈祖义，将其押送回国"献俘戮于市"。[2] 一边是英国王室出于一己私利勾结本国海盗打劫外国商旅，大获其利；另一边是中国皇帝"大义灭亲"不惜血

---

[1] 奥斯特勒：《语言帝国》，第 441 页。

[2] 王钺等：《亚欧大陆交流史》，兰州：兰州大学出版社，2000 年，第 211 页。

本剿杀自己的海外同胞，免费为远在天涯海角的域外人类提供其所急需的公共产品，即让大多数人受益的社会政治秩序。这里，对比实在太鲜明了。

凭借在海上劫掠活动中积累起来的原始资本和海军技术，从 17 世纪前期起，英国海上力量开始向正规海军转型，至少海上打劫不像从前那么频繁了。看上去，专事海上抢劫的英国人突然良心发现，要一变而成为体面人了。但这远不是一个迅捷的过程。姑且不论 17 至 18 世纪英国海军"体面"程度究竟多高，依靠一支不再主要干海盗营生的海上力量，英国很快夺得了加勒比海地区多个岛屿：1624 年占领巴巴多斯，1647 年占据巴哈马群岛，1655 年更是夺取了牙买加。再后来，在加勒比海域的活动中，这只"改邪归正"的海军发现，种植甘蔗生产蔗糖比打劫更有利可图，于是又有了从劫掠到工商业的转型，前海盗开始从事生产和贸易，当起了体面的生意人。

英国海盗中的佼佼者亨利·摩根（Henry Morgan，1635—1688）把在委内瑞拉、尼加拉瓜和古巴掠夺的财富投资于购买牙买加的土地，进行蔗糖生产，这样就为英语的海外扩散做出了直接贡献。由于甘蔗种植园需要大量劳动力，而劳动力若是来自英国的合同工，必得继续使用英语；若是来自非洲的奴隶，也必须学会讲英语，因为与家乡的联系已然中断，在劳动和生活中又不得不同英国人交流。[1] 回头看去，英国人及英语的扩张在加勒比海地区并未遇到

---

[1] 奥斯特勒：《语言帝国》，第 442 页。据研究，1680 年至 1786 年，英国在加勒比海地区接收了 200 万来自非洲的奴隶。这些人母语各不相同，一时间难以交流，所以发展出一种基于英语的混合语。不难想见，很久以后，加勒比海地区的人们才开始讲更为"正宗"的英语。参见 Phillip Sherlock, *West Indies*, London: Thames and Hudson, 1966, p. 42, 转引自李亚丽：《英语帝国：从部落到全球 1600 年》，北京：北京大学出版社，2020 年，第 266 页。

太大的阻力，因为在西班牙人入侵并占领加勒比海地区的过程中，大多数土著已然丧生，仅有极少数人活了下来，所以英国海盗、殖民者以及从非洲输入的奴隶犹如进入了一个无人区。[1] 这对英国人和英语的扩散意味着什么，不言而喻。

十　印第安人的悲惨命运

同样值得注意的是，1606 年，詹姆斯一世成立了伦敦公司和普利茅斯公司，目的是在美洲建立殖民据点，以获取当地黄金白银。1607 年，伦敦公司在美洲建立了第一个永久定居点，即詹姆斯敦，从而正式拉开了英国人殖民北美的序幕。这时以及在后来很长一段时期内，英国人不可能意识到，与其他殖民者语言如西-葡语、法语相比，北美殖民地的建立是英语最终成为头号全球通用语所跨出的关键一步。

从种族间关系来看，不难发现，英国人在北美的殖民活动跟西班牙人、葡萄牙人在中美洲、南美洲的殖民活动大不相同。北美并未像拉丁美洲那样，欧洲人进入后很快便与原有居民发生了种族融合。不仅未能出现这种情形，殖民北美的英国人几乎完全剿灭了原住民。几百年后，新英格兰的土著几乎彻底消失了。[2] 就连马萨诸塞的萨莫塞特人和蒂斯夸恩特姆人也未能幸免，而在 17 世纪 30 年代，正是他们给刚来新大陆时饥寒交迫、生存困难的英国清教徒

---

[1]　奥斯特勒：《语言帝国》，第 443 页。
[2]　同上书，第 446 页。

提供了宝贵援助，使他们得以立足新苏格兰地区，不断发展繁荣。可是原住民的土地既然被外来种族占用了，加之双方文化完全不同，爆发冲突是迟早的事。[1]只是此时新英格兰的原住民仍处于新石器时代，怎么可能战胜装备精良、组织严密，更由于移民不断涌入而人多势众的英国人？原住民既然数量有限，英国人甚至不屑于像西班牙人在中美洲和南美洲所做的那样，想方设法使其皈依基督教（如此这般，至少北美印第安人种族能更好地保存下来），而是在发生冲突后或迟或早将其消灭殆尽。再加上殖民者从旧大陆带来的、原住民对之毫无抵抗力的细菌和病毒，最后结果可想而知。

所以早在 17 世纪后期，即英国人在麻萨诸塞建立第一个殖民地之后大约半个世纪，讲麻萨诸塞语的土著已非常稀少。一些主要部落在"菲利浦王战争"（1675—1676）中几乎全军覆没。事实上，这场战争是麻萨诸塞印第安人对英国人扩张所作的最后一次反抗。从理论上讲，任何一个民族人口规模多大，讲相应语言的人口规模就应有多大，两者之间应是一种正相关关系。相关数据清楚地表明，美洲印第安人与白人的人口数量呈触目惊心的此消彼长之势。至 1750 年即英国人来新大陆一个多世纪后，印第安人口已从数千万降至几百万。至旧大陆疾病肆虐北美约三百年后的 1900 年，只剩下几十万美洲土著仍生活在今日美国和加拿大。[2]在今日美国约

---

[1]　奥斯特勒：《语言帝国》，第 444 页。

[2]　参见 William H. McNeill, *The Rise of the West: A History of the Human Community*, Chicago, 1963, pp. 571‑572; William H. McNeill, *A World History*, New York, Oxford: Oxford University Press, 1999, pp. 300‑301; David E. Stannard, *American Holocaust, The Conquest of the New World*, Oxford University Press, 1991, pp. 57‑148; Russell Thornton, *American Indian Holocaust and Survival: A* （转下页）

3.31 亿人口中，印第安人大约有 370 万，占比约 1.1%（2020 年数据）；[1] 在今日加拿大约 3957 万人口中，印第安人口约 180 万人，占比约 4.5%。[2] 不难想见，在这两个国家，印第安人目前大多使用英语，使用印第安语者越来越少。

也不妨和中美洲、南美洲作一个比较。虽然很难确知死于欧洲人带来的疾病的中美洲和美洲土著究竟有多少，但数以千万计的原住民像北美印第安人一样死于欧洲人带来的传染病和其他疾病，是毋庸置疑的。与北美不同的是，拉美原住民的数量后来出现了虽然缓慢但相对稳定的回升，故而今日印第安人在相关国家总人口中的占比明显大于北美。在墨西哥 1.2632 亿人口中，印第安人约有 1180 万—2320 万，占比为 9.2%—18%，为美国的 9—17 倍。[3] 其他拉美国家的数据更能说明问题。同一时期，在危地马拉的 1736 万人口中，印第安人约有 640 万，占比 37%；在玻利维亚的 1224 万人口中，印第安人约有 410 万，占比 33%；在秘鲁 3339 万人口中，印第安人约有 590 万，占比 17%；在智利 1960 万人口中，印第安人约有 210 万，占比约 11%；在厄瓜多尔的 1800 万人口中，印第安人约有 130 万，占比 7.2%；在尼加拉瓜 694.8 万人口中，印第安人约有 44.38 万人，占比 6.39%；而在哥伦比亚的 5197 万

（接上页）*Population History Since 1492*, University of Oklahoma Press, 1987, pp. 15 - 133。也见布莱恩·M. 费根：《大发现四百年：一部文化冲突的历史》，乔苏婷译，上海：上海人民出版社，2023 年，第 151—152 页，第 270—271 页。

[1] "Demographics: Native Americans in the United States", in *Wikipedia*，下载时间 2023 年 11 月 9 日。

[2] "Indigenous peoples of the Americas", in *Wikipedia*，下载时间 2023 年 11 月 9 日。

[3] 同上。

人口中，印第安人约有 190 万人，占比虽只有 3.6%，[1] 也明显高于美国。

以上数据虽不能证明拉丁美洲印第安人生存状况良好，甚至好过美国和加拿大的印第安人，但是可以肯定，在新旧大陆不同种族及语言的对撞中，北美印第安人及其语言是绝对的失败者，而英语民族及其语言是绝对的胜利者。至 20 世纪末，就连残存的一小点印第安人口也基本上不讲本族语了。准确地讲，只剩下不到四分之一的美国印第安人依然在讲本族语——在家讲本族语。[2] 事实上，今日北美印第安人的所有语言均已成为濒危语，与英语（及西班牙语）长期共存的可能性几乎为零。

十一　西-葡语、法语抑或英语？

上文提到一波波技术革命与英语的崛起有着密切的关联。并非巧合的是，大多数技术发明的责任人是英国人、美国人，或在英语国家生活工作的欧洲人。这意味着英语既是技术进步的重要语言媒介，同时也在技术进步和扩散中加强了其作为全球通用语言的地位。这既意味着西方国家——尤其是英语国家——在全球权力格局中占有优势地位，也意味着各大传统区域、各文明在地理"大发现"和大航海的基础上，被进一步连接起来，数千个民族之间的交流骤然大增，超越种族、民族、宗教、国家和文化的全球性整合或

---

[1] 这里的人口数据均采自"Indigenous peoples of the Americas", in *Wikipedia*，下载时间 2023 年 11 月 9 日。

[2] 奥斯特勒：《语言帝国》，第 445 页。

者说新一轮全球化就此提上了议程。怎么强调也不过分的是，人类文明演进了几千年后，在成吉思汗时代与接踵而至的"大航海"时代，便已进入跨区域、跨文明、跨大洋的密切互动或初步整合期，而19世纪初以降，技术革命所引发的全球深度整合或者说真正环球意义上的全球化只是这种较密切互动或初期整合的继续。至此，决出一门头号通用语是必然的，也是必要的——全球范围里讲不同语言的人类频繁密切互动的需要使然。

回头看，或可以说这种头号通用语早在19世纪后半叶就已大致决出，它就是英语。但也必须承认，英语民族及英语的崛起决非孤立现象。不仅英语民族与英语都是西方文明的一部分，而且英语民族及英语的崛起，是与其他西欧民族及语言的崛起同步发生的。就这意味着，假定地球上的智慧生命非得有一种全球通用语不可，它必然是英语或其他西欧语言，即西班牙语或法语，而不可能是19世纪末通用于整个东亚的汉语文言文，也不可能是覆盖了从北非到印尼这一狭长而广阔地带的阿拉伯语，同样不可能是覆盖亚欧大陆很大一部分的俄语（就俄罗斯西部、南部和东部疆域而言，19世纪的俄罗斯帝国几乎继承了成吉思汗帝国的所有版图；其北部和东北部疆域更是蒙古帝国势力未及之地）。既然在世界范围内，西方国家率先开出现代资本主义制度，率先实现了工业化，而且在此过程中（甚至在此之前）扩张到南北美洲、非洲和亚洲等区域，那么某种或某些西方语言成为全球通用语，便是不可避免的。既然西方国家引领了一波又一波技术革命，使不同文明、不同区域、不同大陆的人类实现了前所未有的经济、政治、科技和文化互联，那么某种西方语言而非其他区域的语言崛起成为头号通用语，便是不可避免的。不可能有其他结果。

但在与其他欧洲语言如西班牙语、法语、德语、俄语的竞争中，是英语最终胜出。这里的问题是，为何最终胜出者是英语？为何是英语这一原本偏于一隅，晚至莎士比亚时代使用人口数量仍非常有限的一个小语种，最终成为全球头号通用语？既然至19世纪本可能成为头号通用语的汉语、阿拉伯语早已出局，问题还可以这样问：为何19世纪初以降，不是由西班牙语、法语等西欧语言来充当技术发明和全球贸易的主要媒介，从而最终成为头号全球语？众所周知，西班牙语和法语不仅是西欧的主要语言，而且在英语最终脱颖而出前已然是全球通用语。这两种语言的通用语地位并非空穴来风，而有人口数量、疆域面积的支撑。如果说英语背后是一个"日不落"帝国，西班牙语和法语背后何尝不也是"日不落"帝国。换句话说，近代欧洲至少有过三个"日不落"帝国。为什么这样讲？

首先看看西班牙人及西班牙语或西-葡语。西班牙人、葡萄牙人在与英国人、美国人的殖民竞争中虽然败多胜少，显然不如后者成功，但西-葡殖民地数量之多，分布范围之广，总面积之大（1740年时大约有2000多万平方公里），超过了后来美国与加拿大之和，甚至比美国、加拿大、澳大利亚、新西兰之和也少不了多少，更何况加拿大冻土地带几乎占国土总面积的一半，美国沙漠约占国土总面积的三分之一。尤需注意的是，与历史上亚述人、波斯人、希腊人、罗马人、阿拉伯人、蒙古人、俄罗斯人、中国汉唐元明清朝等建立的区域性帝国相比，西班牙人所建立的，是历史上第一个真正"环球"意义上的全球性帝国。目前，西班牙、墨西哥、阿根廷、智利、哥伦比亚、秘鲁和古巴等23个国家和地区以西班牙语为母语；以西班牙语为主要语言的国家或地区更是多达32个，含安道尔、菲律宾、以色列、波多黎各等。晚至 19 世纪中期，当时还属于墨西哥领土的现得克萨斯州、亚利桑那州、新墨西哥州、加利福尼亚州等地仍然有为数可观的西班牙语人口。今天西班牙语仍是这些地区西班牙裔美国人当中很多人的母语。对这些西班牙裔美国人来说，英语作为官方语言固然重要，但西班牙语在他们当中享有几乎同等的地位，甚至享有某种准官方语言的地位。世界范围内以西班牙语为母语的人口总计约有 4.37 亿，将西班牙语作为第一或官方语言者总计约有 5.7 亿人。这个数字已相当可观，可如若将葡萄牙语国家或地区——2.1 亿以葡萄牙语为母语的巴西人口以及 7000 万以葡萄牙语为官方语言的非洲人口[1]——考虑在内，则西-葡语总人口高达 8.5 亿以上。事实上，西班牙语与葡萄语间的语言距离很小，二者间是一种方言与方言而非语言与语言的关系。同样不可忽略的是，西班牙语与英语、汉语、法语、俄语、阿拉伯语一道，同为联合国六种工作语言之一。

法国人及法语情况相似。早在 17 世纪，法国人便与西班牙人、英国人等展开了海外殖民争夺，但因法国气候温暖，农业生产率相对较高，人口压力相对较小，移民海外者相对较少，再加上历代法国君王（路易十四最为典型）称霸欧洲的野心太大，把大量资源耗费在与欧陆王朝国家的争霸战争中，不可能全力以赴经营海外殖民地，所以法国海外殖民扩张的势头明显不如英国，甚至不如西班牙。可是到了 19 世纪，为了弥补拿破仑战争中的失败，法国开展了规模远超 17 世纪的第二波殖民运动，在很短时间内，便扩张到了西非、中非、北非、中东、东南亚、加勒比海地区、南美（法属

---

[1] "A Language for the World", in *Economist*, May 27th – June 2nd, 2023, p. 73.

圭亚那即在此时成为法国殖民地）和南太平洋，甚至借鸦片战争打劫清朝政府，强迫其签订一系列不平等条约，在上海、天津、汉口和广州建立了法租界。至此，法国跟英国相似，差不多也是一个"日不落"帝国，法语也因之成为一门全球通用语。今天，法语与英语、汉语、西班牙语、俄语和阿拉伯语一样，同为联合国工作语言。当今世界共有40来个国家、6000多万人口以法语为主要语言，以法语为母语的国家虽然主要是法国，以法语为主要语言的人口虽然明显少于以英语或西班牙语为主要语言的人口，但法语国家分布广泛，再加上法国是公认的文化大国，更是联合国安理会"五常"之一，法语的全球影响力不可小觑。

尽管法语、西班牙语或西-葡语同样发挥着全球通用语的作用，但从程度上看，均不如英语。从性质上看，它们同样不如英语——毕竟工业革命发生在英国而非法国或西班牙；毕竟19世纪初以降几乎所有重大技术突破都发生在英语世界。不仅如此，英国人的全球商贸活动比法国、西班牙、巴西更具规模性，所覆盖地域也更广。问题来了：为什么工业革命肇端于英国，然后才扩散到欧陆乃至世界？为什么瓦特蒸汽机、电报、电话、无线电、飞机等重大技术突破未能出现在西-葡语或法语国家，而出现在英语国家？为什么18至19世纪全球商贸活动的主力是英国人，而非西班牙人、葡萄牙人或法国人？这些问题是需要回答的。一旦先于大多数欧洲国家实行现代共和政制（当然是虚君共和制），一旦率先进入工业革命模式，再加上殖民地-贸易股份有限公司制的实行，英美人击败法国人、西班牙人几乎是必然的，英语最终成为头号全球通用语也几乎是必然的。

如果要给英语民族及英语找一个参照系，法国人及法语无疑是首选。晚至 1688 年即"光荣革命"之年这一关键节点，不仅法国比英国人口更稠密，也更富裕，而且当时欧洲人普遍认为，法国政治经济体制也比英国优越得多。然而从"光荣革命"起，英国实现了对法国的赶超，渐渐变得比其所有欧洲对手都更为富有，再后来更是引领了欧洲乃至全世界的工业革命。相比之下，法国经济、财政状况乃至法国式君主制却一直在走下坡路，直到在 1789 年革命中最终崩溃。[1] 毋庸置疑，在英法两国的漫长博弈和竞争中，英国是最终胜出者。与此相应的是法语的地位持续下降，二战后尤其是冷战结束后，更是呈断崖式下降之势。出于民族主义的心理，法国人有意识地强化法语的地位，甚至动用国家力量在全世界推广法语，藉以维护法语的尊严和影响力。这在一定程度上解释了为什么大多数法国博物馆的说明文字仅使用法文，而不使用英文或其他语文。

十二　全球化呼唤全球语

追溯既往，不难发现早在 13 世纪起，全球整合已不再局限于区域或文明内部，不同区域、不同文明间的直接交往和互动便开始了。这里不得不提到蒙古人的崛起。13 世纪开始后不久，人类历史上最大的一个帝国形成了——成吉思汗帝国。无论从疆域面积还是从所涉及的人口数量来看，之前所有帝国——无论是波斯、希腊罗马、阿拉伯帝国，还是秦汉隋唐帝国——都相形见绌。至 13 世

---

[1] 屈威廉：《英国革命》，第 103 页。

纪后期，蒙古人征服了除印度和西欧以外的整个亚欧大陆。广袤的亚欧大陆由此被打通，此前不相往来或仅通过阿拉伯和伊朗商人的中介有限往来的中国与欧洲之间开始了直接交往，人类历史进入了一个跨区域直接互动的时代，一个或可以称为初期全球性整合的新时代。

　　事实上，至 13 世纪初期，此前已吸收了中华世界和伊斯兰世界先进技术的蒙古帝国对中国本部（金朝）、中亚地区、阿拉伯帝国、欧洲东南部等地施加了巨大军事压力，将这些区域逐一征服。统一的蒙古帝国存续时间长达半个世纪，期间以及之后一百来年的"蒙古治下的和平"（Pax Mongolica），使之前亚欧大陆东部、西部、南部及中部几乎互不相通或交往非常有限的中国、中亚、印度、西亚、欧洲第一次被紧密连接起来，不同区域间的地缘政治互动开始了，东方的先进技术加速流向此时仍然落后的欧洲。尽管 1260 年以后成吉思汗帝国分裂为金帐、伊尔、察合台和元朝四大汗国，但因蒙古人积极的工商政策，其治下区域经济繁荣，城市发达，[1]"世界岛"各大文明间交往的深度及广度明显提高了。

　　正是在这种情形下，1274 年远西意大利的马可波罗访问了元大都（现北京），所见所闻让欧洲人大开眼界，成为其地理"大发现"的前奏，或者说，给欧洲人地理"大发现"提供了关键性刺激。两年后，著名旅行家及景教教士拉班扫马奉中国皇帝元世祖忽必烈之诏，赴西亚圣城耶路撒冷访问，之后又受伊尔汗国君主阿鲁浑之命继续前往拜占庭、罗马、法国等地，联络当地君王商谈军事结盟之

---

[1]　参见鲍里斯·格列科夫、亚历山大·雅库博夫斯基：《金帐汗国兴衰史》，余大钧译，张沪华校，北京：商务印书馆，2021 年，第 53—54 页，第 135—146 页。

事以遏制伊斯兰教的势力，在法国逗留期间甚至会见了英格兰国王爱德华一世。从欧洲方面看，为了扩大基督教在华影响，罗马教廷于1289年特派方济各会士孟高维诺来华，后者经陆路长途跋涉，1294年抵达北京，忽必烈给予其很高礼遇。此后，蒙古人仍不断向欧洲派遣使节，欧洲人也不断向东方派遣传教士。[1]

以上都是蒙古人征服亚欧大陆之前闻所未闻的事态。蒙古人的崛起所带来的各文明、各区域之间的直接交往虽然还算不上严格地理或者"环球"意义上的全球化，但就所涉及的广阔地域、巨量人口和较高生产力水平而言，对全球整合的长远意义似乎并非不可与"发现"新大陆相比。蒙古人兴起后，之前仅在局部地区流行的鼠疫及其他疫病的传播范围一下子扩大到整个欧亚大陆来看，[2]其对各大区域的整合也非之前所有建立大帝国的民族能比。14世纪后期，蒙古帝国衰落了，但摆脱了蒙古人统治的俄罗斯崛起，开始向各个方向扩张，至19世纪后期已继承了几乎整个成吉思汗帝国的版图。

接下来发生的事人人耳熟能详：与俄罗斯的崛起几乎同时，葡萄牙和西班牙开始了对美洲、非洲和亚洲的"发现"与殖民。紧接着，荷兰、英国、法国也加入了这场地理大"发现"和人口大扩张的盛宴。随之而来的是欧洲人对所到之地的征服和殖民统治，欧洲语言及文化随之扩散到南北美洲、大洋洲乃至世界其他地区。与西方人的地理"发现"、征服和殖民统治形成呼应和对照的是，在15

---

[1] 本村凌二，《文明的兴衰》吴宇鹏译，北京：中国友谊出版社，2021年，第124—128页。

[2] 约翰·艾伯斯，《瘟疫：历史上的传染病大流行》，徐依儿译，北京：中国工人出版社，2020年，第42—50页，第95页。

世纪前期即西方人地理大"发现"之前七十多年，郑和率领的中国舰队便已七下"西洋"，规模远超哥伦布"发现"新大陆的船队，[1] 中国人足迹因之遍布东南亚、印度沿海、印度洋北岸、红海地区以及非洲东海岸索马里一带（军事实力虽远超沿途各国，却并不武力征服并占领所经之地）；在接下来的几个世纪里，华南沿海地区中国人以可观的规模移民东南亚，总体而言却并不试图征服并统治所到之地，尽管深度参与了当地经济开发与国家建设。

　　凡此种种意味着，至 15、16 世纪，人类进入了跨大洋整合亦即严格空间意义上的全球化时代。在此之前，只有较低水平的全球化或者说准全球化，不同区域、不同文明及不同大陆之间只有少许间接交往（如中国与欧洲的交往需通过伊朗人、阿拉伯人之中介）或根本没交往。在此之后，全球化水平迅速提高，不同区域、不同文明、不同大陆之间开始了有规模、有深度广度和频度的互动。这种情形呼唤一种全球语——一种真正意义上的全球语而非区域性通用语——的出现。在此之前，已活跃着好几种区域性通用语，在区域或文明内不同地区之间发挥着交流媒介的作用，如东亚的古典汉语、南亚的梵语、西亚的阿拉伯语以及欧洲的拉丁语。现在，光有

　　[1]　据研究，郑和第一次"下西洋"有士卒 27800 余人、"宝船" 62 艘，其中大者长 44 丈（126 米）、宽 18 丈（51 米）、8 桅 12 帆，排水量约为 17708 吨，载重量为 8500 吨以上；中者长 37 丈、宽 15 丈，小者长 25 丈、宽 9.4 丈。相比之下，哥伦布"发现"新大陆的船队仅有船只 3 艘，乘员 88 名，旗舰"圣马利亚"号仅宽 8 米、长 38 米，排水量仅 250 吨，仅为郑和宝船大者的 1/70。到达美洲时，哥伦布船队只剩下两艘船，且均已严重损坏。参见席龙飞：《中国造船史》，武汉：湖北教育出版社，2000 年，第 262—273 页；汪昌海、李桂娥等编：《华夏货殖五千年》，武汉：湖北人民出版社，2000 年，第 108—109 页。另据李约瑟，1420 年前后，明朝海军规模"也许超过了历史上任何时期的亚洲国家。甚至可能超过同时代的任何欧洲国家，乃至超过所有欧洲国家海军的总和"。参见李约瑟：《中国科学技术史》，转引自席龙飞：《中国造船史》，第 270 页。

区域性通用语已经不够，必得有一种能沟通所有区域、民族及文化的真正的全球性语言。乍看起来，这种语言非西班牙语或西-葡语莫属，毕竟是西班牙人和葡萄牙人的殖民-商业据点率先遍布全球。可后来的事态表明，真正意义上的全球语最终却是英语，原因如前所述，此处不赘。

直到 19 世纪初，仍不能说与其他西欧语言相比，英语已占优势，可是及至工业革命大致已经完成的 1850 年，英语已享有不小的优势。至 19 世纪末 20 世纪初，英语的优势已相当明显（尽管晚至此时，法语依然强势，仍主要是英语借鉴法语而非相反）。及至 1945 年二战结束时，美国借战胜国之东风成为世界头号强国，联合其他主要西方国家与苏联集团展开"冷战"，在此过程中，英语在西方世界以及某些发展中国家自然成为头号通用语，正如在苏联社会主义阵营里俄语自然成为集团内通用语那样。再后来，冷战结束，苏联解体，苏联-东欧集团轰然崩塌，俄罗斯经济持续低迷，而十一届三中全会以后中国开始拥抱西方市场经济，俄语不再能像在冷战时期那样与英语展开竞争。还有一个因素要注意：80 年代中期以后以英语为主要媒介的全球互联网的迅速普及。在这种情况下，英语如日中天。

十三　为什么说英语是"暴发户"？

假如视界能不局限于英语，而是扩大到整个西方和其他西方语言，不难发现从 15 世纪大航海时代起至 18 世纪中叶这三个世纪里，欧洲人虽占据了南北美洲、澳大利亚、新西兰等地，却因这些地方的殖民地尚未得到充分开发,人口仍太少,经济实力仍有限,诸宗主国大体上仍然蜷缩在亚欧大陆的最西端的西欧,而仍然不能视为一个能够对印度、东亚和伊斯兰教区域产生实质性地缘政治影响的文明。只是18世纪中叶东印度公司开始对印度实施殖民统治后,尤其是19世纪中叶在鸦片战争中英国打败清朝(此后不久印度全境沦为英国殖民地)后,西方才开始真正对全球地缘政治格局产生冲击。相应地,西-葡语、法语、英语也只是在此之后才开始产生全球性影响,而在这三种语言中,英语越到后来越强势。

然而与历史悠久、拥有深厚文献积累的区域性通用语如古典汉语、梵语相比,英语显然是个"暴发户"。作此判断的理由是,一门可望成为全球通用语的发达语言,其背后应该有深厚的哲学、史学、文学等传统以及相应的文献积累,可是晚至16世纪上半叶,与汉语和梵语等区域性通用语相比,英语的文献积累即便不能说仍全然缺失,也非常单薄。事实上晚至8、9世纪,才终于出现了《贝奥武夫》这一很难说真正属于英国人的史诗。[1]晚至11世纪中后期即诺曼征服之后,盎格鲁-撒克逊民族的人口仍只有区区130来万,而此时的古英语或盎格鲁-撒克逊语也只是一种词汇量小、表达力有限的不发达语言,还谈不上什么文献积累。甚至晚至16世纪后期,即后来被炒作成巨星、很可能是假托代名的莎士比亚活

---

[1] 有研究认为,《贝奥武甫》在"知识产权"方面不清不楚,大体上是18、19世纪英国民族主义思潮的产物,亦即,英国人将其他民族的文学作品挪作己用了:"人物是丹麦的、故事是北欧的、历史是瑞典的、宗教是罗马的,还有什么留给了英格兰?"《贝奥武甫》篇幅也明显小于同类作品,"只不过3182行,比《罗兰之歌》少了近1000行(4002行),只及《尼伯龙根之歌》(9516行)的三分之一,是《伊利亚特》(15693行)的五分之一,仅相当于荷马史诗的一个序曲而已。"史敬轩:《被选中的史诗:〈贝奥武甫〉手稿经典化历程考略》,载《现代语文》(学术综合版)2015年第4期,第75页。

跃于剧坛这一时期，英语人口仍只有 430 万或稍多，[1] 根本没法与同时期明朝约 1.5 亿的汉语人口相提并论。这时英国除了在文学上稍有建树外，其他方面仍乏善可陈。

恰成对照的是，汉语背后是西周以来薪火相传，至汉代最终定型的"十三经"——《易经》《尚书》《诗经》《周礼》《仪礼》《礼记》《春秋左传》《春秋公羊传》《春秋穀梁传》《孝经》《论语》《孟子》《尔雅》——以及春秋战国时期出现的诸子经典如《道德经》《庄子》《墨子》《管子》《韩非子》等到宋明理学，从汉魏晋南北朝的诗、赋到唐诗宋词、元曲、明清小说的深厚的哲学、历史和文学传统。及至乾隆时代，正当英语迅速走向世界之时，出现了人类信息传播史上前所未闻的壮举，即编纂《四库全书》这一大型文献集成，分为 44 类 66 属，收书 3461 种，共 75854 卷，总篇幅近 10 亿字。除儒家经典外，中国其他宗教典籍如佛藏和道藏也同样卷帙浩繁。据日本学者岛田虔次估计，1750 年以前，在中华世界印刷出版的书籍，数量远远超过了全世界同时期所有其他语言出版量的总和。[2]

同样，梵语背后是《梨俱吠陀》《娑摩吠陀》《耶柔吠陀》《阿闼婆吠陀》四大吠陀经典以及《摩诃婆罗多》《罗摩衍那》两大史

---

[1] Wrigley, "The Growth of Population in Eighteenth-Century England", in *Past and Present*, 98, Feb. (1983), p. 122，转引自俞金尧：《英国十八世纪人口和发展的学术史回顾》，载《史学理论研究》1995 年第 3 期，第 81—82 页。据另一种说法，莎士比亚时代的英语人口为 500 余万。李亚丽：《英语帝国》，第 241 页。

[2] 参见 José Rabasa, Masayuki Sato, Edoardo Tortarolo, Daniel Woolf, eds., *The Oxford History of Historical Writing*, Vol. 3, Oxford: Oxford University Press, 2015, p. 3，转引自陈恒：《谁在叙述谁的全球史：不对等与历史书写的陷阱》，载《社会科学战线》2023 年第 11 期，第 99 页。

诗经典这一深厚的古典哲学、宗教、历史与文学文化传统，遑论印度教、佛教、耆那教等方面的大量经典。

从欧洲来看，早在 11 世纪末十字军东侵运动开始时，法语便已成为日常生活层面的全欧通用语（宗教、学术、外交上的通用语是拉丁语），这从"Lingua Franca"即通用语一词的字面意思即法国语或法兰克语就不难看出。11 世纪中叶诺曼人征服后，其所讲诺曼法语成为英格兰最重要的语言，一百来年后，古英语已剧变为盎格鲁法语或者说法语化、拉丁化了的中古英语，法语词汇大规模进入英语，在政治、宗教、法律、军事、社交、烹饪等方方面面参与了新英语的形成。尽管 14 世纪末 15 世纪初，脱胎换骨后的英语重返主导地位，但法语词汇借入英语的过程并未因此中断。及至 16 世纪，文艺复兴运动中的法国在文学艺术领域取得了耀眼的成就，出现了拉伯雷、蒙田等杰出人物，法语在全欧洲的地位大大提高，法语词汇因此再度大举进入英语。17 世纪，法国兴起了古典主义文艺思潮，文学艺术空前繁荣，出现了莫里哀和拉辛等著名文学家，[1] 法国成为欧洲的文化旗手，于是英语再次掀起了大规模引入法语词汇的运动。至 18 世纪，随着启蒙运动的展开，法国出现了卢梭、伏尔泰、孟德斯鸠等伟大思想家及文学家，全欧洲紧随法国思想文化的节律而动，法语除了在日常生活层面早已是全欧通用语外，在文学文化、学术和外交层面也成为全欧通用语，这时英国文人政客像所有欧陆文人政客一样以懂法语、讲法语为荣，英国再次出现法语热。甚至晚至 20 世纪，英国作家中的"法粉"仍层出

---

[1] 很可能是假托伪名的莎士比亚也了不起，但起初他在欧洲大陆的影响非常有限，18 世纪时其主要剧作译成德语后才开始走红。

不穷,阿诺德·贝内特、詹姆斯·乔伊斯、塞缪尔·贝克特、艾丽丝·默多克、朱利安·巴恩斯等只是较著名者。

相比之下,晚至 16 世纪中期,在文献积累方面,除了颇具争议的《贝奥武夫》以及《坎特伯雷故事集》外,英语仍乏善可陈。只是到了 16 世纪后期同样有争议的莎士比亚横空出世后,甚至晚至 18 世纪以后,才可以说英语开始形成一个大致可与汉语、梵语甚至法语相比较的文学文化传统,尽管基督教哲学自 6 世纪以来一直为其所用,文艺复兴时期以降又有了古希腊罗马文学、哲学、史学、艺术等的加持。必须承认,17 世纪以降英国科学有了飞速进步,英国人对人类文明做出了令中国人汗颜的重大贡献。也应看到,后来者居上是普遍现象;梵语、汉语、阿拉米语、希腊语、拉丁语、阿拉伯语等虽曾大大领先,却并不等于不能被超越。英语尽管只是晚至两百来年前才开始登上历史前台,却并不等于它不能超越其他历史悠久、有深厚文献积累的语言。

还需注意,在相当长一段时间内,不仅英语只是一种藉藉无名的地方性语言,从全球范围来看,就连强势得多的法语同样也只是一种地方性语言。既然西欧的崛起相对较晚,英语人口数量更得晚至 1820 年才大致达到与法语、西-葡语、意大利语或德语人口大致相当的水平,说英语是一种"暴发户"语言,并不冤枉它。

结语:一语独大,抑或双语并立?

迄于今日,人类语言就像国家、民族那样,相互之间并不存在真正的平等,而这背后是不同民族、国家乃至文明间的总体力量上的差距。至少在目前，英语国家中人仍可以不学外语而走遍全世界。因为非英语国家的人们或多或少能讲英语，或至少能讲一点英语。反过来看，非英语国家中人却不得不花费大量精力和物力学习英语。在人文社科领域，由于语言与所表达的内容、与学术话语紧密捆绑，非英语国家的人们更是明显处于劣势。相比之下，主要以英语为母语的国家（在较小程度上，还有以英语为官方语言或事实上的官方语言的国家，如南非和印度）的人们仅凭所讲的第一语言，便能获得一种非英语国家中人很难企及的语言优势。在很大程度上，这就是为什么在国际上的学术会议以及社会文化交流场合，东亚各国的人们很容易处于"失语"状态，[1] 而拉美、阿拉伯地区、欧洲大陆等地区的人们也明显处于不利地位。[2] 再加上英语民族在经济、科技、军事和政治等方面仍有不小的优势，迄于目前，他们仍在较大程度上享有文化-心理上的优势。尽管如此，由于中国、印度等新兴国家的崛起，由于俄罗斯对西方不再隐忍，由于法国一直不断地表现出独立于美国的战略自主性，英语民族的语言与文化-心理优越地位正在消解。

如果说 1991 年苏联解体前，在庞大的社会主义阵营乃至全球，至少还有另外一种通用语即俄语在与英语竞争，[3] 那么在后苏联时代，英语作为头号全球语，已无任何一种通用语能与之抗衡，故

---

[1] 从我多年来参加国际会议的情况来看，儒家文化背景的日本人、韩国人、越南人英语口头交流能力通常低于中国人，"失语"状态比中国人更加严重，尽管日韩是西方国家的"盟友"。

[2] 当然，这种情形与翻译技术的迅猛发展相结合，很可能会给英语民族带来语言懒惰的问题，使他们缺乏学习外语的动力，从而对非英语国家尤其是非西方国家及相应"国情"认知不足，对其他文明、文化的了解停留在一个粗浅的层次。

[3] 关于俄语作为通用语的地位，参见奥斯特勒，《语言帝国》，第 389—409 页。

而拥有一种看似不可动摇的绝对地位。甚至晚至 21 世纪 20 年代即中国已然崛起的时代，似乎仍无任何一种语言能够挑战英语的头号全球语地位。进入新世纪后，中国在改革开放中一路高歌猛进，其经济、科技、政治及军事力量迅猛提升，甚至大有与美国形成共同引领全球的"G2"关系之势，汉语影响力自然随之增长。但是可以肯定，在短期内甚至在可见的将来，汉语因种种原因，如让人望而生畏的声调，对外国人来说极难学习和掌握的汉字，并不拥有遍布全世界的殖民地等，使用人口不可能像西-葡语和英语那样在全球广为分布；此外，（至少迄于目前）中国政治、经济、科技和文化影响力仍不够大，短期内将不太可能取代英语成为头号全球通用语。还得考虑另一个重要因素：AI 技术的迅猛发展。这将使今天已然相当准确且便宜的机器翻译变得更准确、更便宜，从而大大降低学习外语的必要性，至少可能使外国人在一定程度上丧失学习汉语的动力。相比之下，在约一个世纪前，当英语朝头号全球通用语迅速演变时，讲其他语言的人们学习英语的动力要大得多。

目前，翻译软件已能低成本甚至零成本地将日常汉语翻译成英语及其他重要语言如西班牙语、法语、阿拉伯语、俄语、日语、德语等，反之亦然。随着时间的推移，翻译软件或其他形式的机器翻译将会越来越强大，不仅能进行主要语言间的低成本、无成本翻译，而且最终将实现小语种间的低成本、无成本翻译。再后来，随着翻译软件变得更加强大，还将实现日常语言之外、内容深奥的文本的翻译，最终将实现难度极大的文学文本的低成本、无成本翻译。可短期内，暂时还看不出翻译软件会变得如此强大。更何况机器目前虽然已能做很多类型的翻译，甚至能进行看似十分复杂的翻译，但要完全取代人脑翻译，并非易事。这一定程度上解释了为什么当前学习汉语的外国人在继续增加。

是否可能出现这样一个局面：英语与汉语共同充当最重要的全球通用语？不排除这种可能性。甚至可以说，这种可能性相当大。实际上，历史上早已出现过双语并立的情形。阿黑门尼德波斯人建立波斯帝国后，官方语言有两种，即统治者的波斯语和被统治者的阿拉米语。征服希腊及邻近地区后，罗马帝国的统治者并未对被其征服的希腊人的语言进行打压——像近一二百年来某些欧洲国家出于民族主义心理，针对本国非主流语言所做的那样。这是因为古代并不存在民族主义之意识形态及相应的语言民族主义。由于罗马帝国西部的拉丁文化区域长期通行拉丁语，而东部的希腊文化区域一直以来通行希腊语，所以罗马人征服希腊地区后，不得不将希腊语也用作官方语言。[1] 这显然不是因为罗马人创新出了一个无比英明的政策，而是不得不向现实低头。在古代低下的交通与技术条件下，让分布在广阔范围的数千万被征服者统统改用征服者的语言，是不可能的。不仅如此，某些罗马精英甚至成为希腊语言文化的崇拜者，如政治家兼思想家西塞罗、诗人维吉尔、罗马"始皇帝"奥古斯都、"五贤君"之一的哈德良等。总之，罗马征服希腊世界后出现了两种官方语言即拉丁语和希腊语并用的情形。这种双语并立的局面持续了近千年。

但是，与双语并立相比，英语继续占上风的可能性更大。即使三四十年以后中国与其他主要新兴国家的政治、经济、科技和军事力量已明显超越了英语国家乃至整个西方，仍可能如此。[2] 即使

---

[1] 萨克斯：《全球化简史》，第 90 页。

[2] 不排除这种可能性：英语国家的相对力量下降到一定时候便会大致稳定下来，虽然再也达不到鼎盛时期那种傲视全球的水平，却也不止"小康"。

汉语像一百多年来英语被广泛使用那样，成为一种真正意义上的顶流的全球通用语，其通用程度及所承载的信息量在相当长一段时间内仍可能逊于英语。需要注意的是，弱势群体的语言被强势群体作为通用语使用的情形早已有先例（数十年上百年后英语国家即使衰落了，大概率也只是相对弱势，即不太可能成为真正意义上的弱势群体）。历史上阿黑门尼德波斯人创立了波斯帝国后，其头号官方语言却不是波斯语，也不是波斯语的近亲米底语，而是被其征服的民族即古叙利亚地区北部闪米特人的阿拉米语。而阿拉米语言使用人口众多，属于闪米特语系的北部闪米特语族，与波斯语迥然不同，后者属于印欧语系。这是因为在波斯人称霸之前，阿拉米语一直是西亚世界的通用语。为了以少量波斯人有效地管理一个地域辽阔、人口众多的大帝国，波斯人不得不将其设为头号官方语，甚至主动推广阿拉米语。拉丁语的例子同样有说服力。西罗马帝国于476 年灭亡后，拉丁语在整个欧洲继续被基督教会和世俗学者使用，在使蛮族文明化方面发挥了重要作用。在整个中世纪，拉丁语不仅是西欧普遍使用的宗教和外交语言，也是教育和学术语言，甚至晚至 14 和 15 世纪各民族语言崛起之时，这种情况依然如故。在16 至 18 世纪的科学革命期间，拉丁语又成为欧洲的科学语言，哥白尼的《天体运行论》、牛顿的《自然哲学的数学原理》以及林奈的《自然系统》等划时代巨著都是用拉丁语撰写并流通的。只是到19 世纪末、20 世纪初工业革命已大体完成、大众教育兴起之时，拉丁语才逐渐丧失其既有地位，沦为“古典学”的研究对象和研究古希腊罗马时代的语言工具。

近年来，随着中国国力的迅速提升，更由于廉价或免费翻译软件的普遍可及和应用，我国外国语言文学专业招生量逐年下降，但英语语言文学专业招生量不仅未见减少，甚至仍在增长。还得考虑另一个因素：中国虽已实现了工业化，甚至已被视为一个"超级大国"，但 14 亿以上的人口仍然是一个巨大的数字，就业压力仍然巨大，在全球经济发展速度放缓的情况下尤其如此。今日乃至在未来若干年，如何缓解就业压力仍将是一个问题。这就是为什么有能力也有意愿移民海外者，国家政策并不阻拦。既然要移民海外，不可能只讲汉语不讲外语，而众多外语中最重要者首推英语。这就是出于"双减"目的，一方面国家明文禁止课外培训，另一方面针对海外移民的英语培训机构长盛不衰的根本原因。中国如此，亚洲其他新兴国家或新晋发达国家——如印度尼西亚、马来西亚、泰国、越南、韩国等——的情况多少也如此或相似。这当然是有利于英语维持其既有地位的。

除上述情况外，还需注意以下因素：

一，相对而言，无论从发音、语法、词汇方面看，还是就书写而言，英语都是一种简便易学的语言，较之汉语、阿拉伯语等尤其如此；

二，一个多世纪以来，英语作为一种全球通用语已有深厚基础，是好几亿非"正宗"英语国家人们的主要语言或第二语言，在其职业生涯和日常生活中被广泛使用，早已与其切身利益紧密捆绑，甚至已形成了多个地方变种，即 Englishes；

三，作为头号科学技术及人文社会科学通用语，英语正在被包括中国、俄罗斯等在内的绝大多数非英语国家的科学家、学者和其他职业人士所使用。在国际上，他们除了需借英语跟外界进行一般性交流外，还需用英语来跟踪前沿，获取最新信息，发表成果等。

凡此种种都极可能助力英语继续保持其既有地位，作为最重要的全球通用语继续影响全世界的日常交流和文化、科技、人文知识及商业交流。即使英语国家的相对经济政治地位大大下降，以英语为载体的话语体系、知识体系大大衰落了，即使汉语地位大大提升，成为顶流的全球通用语，仍可能如此。但是有一点可以肯定，即，无论是英语继续占上风（较之汉语，很可能只占微弱优势），还是英汉双语并立，随着新兴国家进一步崛起与翻译技术、人工智能的飞速发展，在可见的将来，既有全球通用语即汉语、西-葡语、法语、阿拉伯语和俄语的地位将会进一步得到巩固而非被削弱。与此同时，这些语言相互之间及相对于英语的地位差别会越来越小。在这一过程中，大量不那么强势的语言很可能会式微，大量弱势语言甚至可能会消亡，[1] 而汉语、英语、法语、西语（或西-葡语）、阿拉伯语、俄语这六种联合国工作语言和全球通用语以及其他重要语言将继续被广泛使用。但是，这六种语言及其他使用人口较多的语言间关系将会变得越来越平等。从长远看，这是必然的。

---

[1] 事实上，成千上万人类语言早已消亡。

附识　脱胎换骨的语言巨变

　　最初，英语只是一种默默无闻的部落语，甚至晚至很可能是集体假托的"莎士比亚"时代，仍只是诸多西欧语言中的一种，使用人口仅约430万，相对地位明显低于法语，甚至可能低于西班牙语或德语。可是从18世纪初起，在大约两百年里，英语迅速成长为一种全球通用语；至二战结束时，更是从好几种重要语言（西班牙语、法语、汉语、俄语）中脱颖而出，一举成为头号全球通用语。较少为人所知的是，在这种急剧的地位变动之前，英语本身也经历了一场巨变。以下从语言学和语言史的角度简单梳理一下英语的来历及演变。

一　中世纪早期的英语

　　公元5世纪初，罗马人结束了对英格兰南半部近五百年的占领。接下来，大约从公元449年起，原本生活在德意志北部的多个日耳曼部落开始大举进入不列颠，这一过程一直持续到7世纪。这些部落中，朱特人、盎格鲁人、撒克逊人最为强势。因后两个部落人数更多，这些日耳曼人后来被统称为盎格鲁-撒克逊人。实际上，早在罗马人统治时代，德意志北部的日耳曼人就作为罗马雇佣兵来到不列颠，跟先前那里的凯尔特原住民作战；最终，凯尔特人被赶到边缘地带即爱尔兰和苏格兰、威尔士的贫瘠山区。

这些日耳曼人所讲的语言，如朱特语、盎格鲁语、撒克逊语等，都属于西日耳曼语的地方方言，相互之间差别不大，分别讲这些方言的人们完全能够进行基本交流。这在很大程度上解释了为何众多地方性方言最终能够融合成大体上一种语言（或方言），即盎格鲁-撒克逊语，或古英语（Old English）。如果把古英语与现代英语进行一个比较，不难发现，两者之间在语音、语法和词汇上的差异极大，仿佛是完全不同的两种语言。相比之下，古英语与现代德语反而更为接近。

由于在原本属于凯尔特人的土地上作战、生活，盎格鲁-撒克逊人与凯尔特人之间必有互动，他们的语言也吸收了凯尔特语的一些词汇。但与后来深刻影响了盎格鲁-撒克逊语的语言——如北欧的丹麦语、拉丁语、法语、希腊语等——相比，凯尔特语在英语中留下的痕迹很有限，而且主要为地名，如 London、York、Leeds、Dover 等。

597 年，基督教正式传入不列颠，"异教徒"盎格鲁-撒克逊人纷纷入教，天主教的官方语言拉丁语因而进入盎格鲁-撒克逊人的生活，而且拉丁字母也被用来拼写盎格鲁-撒克逊语。但这还仅仅是个开头。随着时间的推移，拉丁语及相应基督教文化（文艺复兴后更有古典拉丁文化）将在各个方面深刻影响古英语、中古英语乃至现代英语的演变。

大约从 8 世纪末起，北欧海盗即维京人（Vikings）开始从斯堪的纳维亚即现丹麦、挪威、瑞典侵扰不列颠沿岸，占领了大片土地，形成了规模不小的北欧人定居群落。但由于人数明显然少于盎格鲁-撒克逊人，维京人渐渐地融入盎格鲁-撒克逊人中，最终放弃了自己的丹麦语（丹麦语为一种北日耳曼语，原本就是盎格鲁-撒克逊语的近亲），同时也给英语带来了不少丹麦语词汇。[1]

但是在 11 世纪中期以前，上述诸种外来语似乎并没能使古英语发生根本变化。在此之后，发生了一件深刻影响不列颠语言格局的大事，这就是诺曼人的征服。诺曼人跟维京人一样，原本也是来自斯堪的纳维亚即北欧的海盗。9 至 10 世纪期间，他们侵入法国北部海岸，并定居下来，被法国人称为 Normans，即"北方人"。1066 年，诺曼人在首领"征服者威廉"（William the Conqueror）率领下，登陆不列颠，在黑斯廷斯战役中击败了盎格鲁-撒克逊人，开始全面统治英格兰人。统治者所讲的诺曼法语在被征服民族中立即产生了重大影响：由于这种外来语成为整个不列颠的官方语言，盎格鲁-撒克逊人原先所讲的盎格鲁-撒克逊语即古英语丧失了其主流地位。在这时的不列颠，不仅宫廷、贵族和僧侣讲法语，而且政府机构、法庭、学校等也必须讲法语。

假如不是诺曼人人口大大少于盎格鲁-撒克逊人以及同样讲日耳曼方言的维京人，古英语很可能早已被诺曼法语（这种法语与"中央法语"或巴黎法语不同，当时被视为一种粗俗的北方法语[2]）彻底取代了。实际情况并非如此，盎格鲁-撒克逊语存活了下来，但也发生了极大的变化，甚至可以说发生了质的变化，一变而为盎格鲁法语或中古英语（Middle English）了。[3] 值得注意的

---

[1] 李赋宁：《英语史》，北京：商务印书馆 2005 年，第 69 页，186—190 页。

[2] 同上书，第 191 页。

[3] Dennis Freeborn, *From Old English to Standard English*, Shanghai, Shanghai Foreign Language Education Press, 2015, pp. 83–89；也见奥斯特勒：《语言帝国》，第 422—438 页。

是，在诺曼人统治初期，出现了一种语言史上罕见的一国三语之奇观：一，诺曼法语，其地位最高，是社会上层即诺曼人及与其合作的英国贵族的语言；二，拉丁语，主要是教会和少数学者的语言；三，盎格鲁－撒克逊语或古英语（Old English），地位最低，是一种吸收了不少北欧语词的平民语言。[1]

但三语并用的局面没能持久。由于这三种语言立即发生了混合，古英语很快就变得面目全非，成为一种新的语言。在此过程中，古英语受到了法语的结构性冲击，开始了向盎格鲁法语或者说中古英语的大转变。渐渐地，讲古英语的人越来越少，古英语正在迅速消失。最后，在日常生活中，不再有人使用古英语了。至 14世纪末、15 世纪初，当征服者威廉一世的后裔亨利四世（1367—1413）不得不顺应民意，在正式场合公开使用英格兰民众的日常语言时，这种日常英语已然成为一种事实上的官方语言。[2] 不过，此时的英语早已不是盎格鲁－撒克逊语或古英语，而已蜕变为一种全新的语言——盎格鲁法语（Anglo-French）或中古英语。

二　从古英语到中古英语：词法的急变

这里的问题是，中古英语或盎格鲁法语究竟是如何兴起的？既然古英语并非宫廷、贵族和僧侣们的语言，不允许在政府、法庭和

---

[1] 王雅晴、刘景霞：《论英语的包容性》，载《海外英语》2019 年第 7 期，第 224 页。

[2] 陈才宇：《古英语评述》，载《浙江大学学报》（人文社会科学版）2000 年第 2 期，第 160 页。

学校等使用，就只能在民间使用，在民间发展。与此同时，作为统治者的语言，诺曼法语的语言要素早已全面进入盎格鲁-撒克逊人所讲的古英语，后者要保持原状不变，已断非可能。事实上，诺曼人入侵、法语成为统治者的官方语言后，古英语经历了一种迅速、"无序"甚至"畸形"的发展。[1] 因为这时一般老百姓讲古英语已不可能不夹杂法语词汇。既然古英语和法语是近亲，都属于印欧语系语言（当然分属于不同语族，即日耳曼语族和罗曼语族），讲古英语的老百姓在日常交流中挟带一些法语词汇甚至语法绝不是什么难事，远不像中国人学一门完全不同于汉藏语系的印欧语系语言——如英语、德语或俄语等——那么困难。

　　一般说来，在这种语言混用中，词汇不是什么问题，而语法可能构成更大的麻烦。作为一种具有压倒性权威政治地位的语言，法语在语法方面不可能不影响甚至干扰古英语的语法。那么，究竟该遵从法语还是古英语的语法？虽然二者都属于印欧语系，可法语毕竟属于罗曼语族，而古英语却属于日耳曼语族，彼此之间仍有相当大的差异，将这两种语言的语法完全融合起来并非易事。可是，还有另一个重要法则在起作用，那就是去繁就简之人类天性。既然人性中有这种避繁就简的倾向，在不得不使用两三种语言的情况下，出现一种洋泾浜式的古英语。回头看，抛弃当时古英语、丹麦-挪威语（维京人的语言）以及中古法语极为繁琐的词尾变化几乎是必然的。据相关研究，古英语的"洋泾浜化"最早可能发生在维京人或丹麦-挪威人的聚居地，这里，北欧人因人口较少，很快便放弃了

---

　　[1]　Henry Alexander, *The Story of Our Language* (Revised edition), New York, Anchor Books, 1969, pp. 71-73；陈才宇，《古英语评述》，载《浙江大学学报》（人文社会科学版）2000 年第 2 期，第 160 页。

祖先的古北欧语，转而讲古英语；而古英语或盎格鲁-撒克逊语因诺曼人征服之故，正处在迅速罗马语化（详下）的过程中。[1]这大体上解释了较之古英语，中古英语和接踵而至的现代英语（Modern English）为什么会发生一种可谓脱胎换骨的变化。之后，英语得到极大的简化，这对于它最终成为全球通用语肯定是有利的。

学界现有一个共识，即中古英语盛行期约为 1150—1500 年或 1150—1450 年，即诺曼人征服后的三四百年。在此之前，是古英语时期，即 450—1150（或 1100）年。在此之后，是现代英语时期，即印刷术开始普及的 1500 年至今（现代英语时期又分为 1500—1700 年的早期现代英语时期和 1700 至今的晚期英语时期）。那么，在 1066 年之后的近一百年间，英语究竟发生了哪些变化？简单说来，就是罗曼语化，即从一种标准的日耳曼语族语言迅速演变为一种罗曼语族（该语族包括拉丁语、法语、意大利语、西班牙语等）语言成分占极大比重甚至主导地位的混合语，尽管从基质上看，英语仍是一种日耳曼语。

在语音方面，发生了从 1400 年左右一直持续到 1750 年左右的所谓"元音大推移"（the Great Vowel Shift），即中古英语演变为现代英语时期英语主要元音发生的重要变化。例如中古英语的 [aː] 音首先变为 [æː] 音，随后又变为 [ɛː]，再变为 [eː]，直至最终定形为现代英语的 [eɪ] 音，如"take"或"make"中的"a"。再如中古英语的 [eː] 逐渐转变为现代英语的 [iː]，如"feet"或"meet"中的"ee"。又如中古英语的 [iː] 音最初变为 [əɪ]，再转变为 [eɪ]，

————————

[1] Norman Blake（ed.），*The Cambridge History of the English Language*, *Volume II*, *1066‑1476*，Cambridge(UK)：Cambridge University Press，2002，p. 207；Freeborn, *From Old English to Standard English*，pp. 40‑49，p. 161.

最终定型为现代英语的［aɪ］，如"nice"或"like"中的"i"。[1]

　　但相比之下，语法的变化大得多，也深刻得多，说它是质变也不为过。促成这种变化的原因是多方面的。除了古英语、法语和拉丁语三种语言混用外，还有之前维京人所讲的古北欧语的引入（详下）。这无疑加速了古英语语法的简化过程，即，从依靠名词等的词尾变化向依靠词序和介词的方向转化。这意味着古英语名词的词尾变化迅速减少。[2]这最初反映在日常口语的发音。既然口语中反映词尾变化的发音越来越少，甚至接近于归零，就不得不在越来越大程度上依靠词序和介词来表达语法关系。[3]为了更好地理解这种变化，不妨简单梳理一下古英语名词的词尾变化。

　　首先，古英语名词性的区别，不仅有阳性、中性和阴性，而且很多区分往往不符合自然现象，甚至与常识相反，如 madden（girl）、waif（wife）在古英语中是中性，而在其他印欧语中却普遍是阴性。再如 manna（woman）竟是阳性，原因竟在于其后半部分mann（man）为阳性。又如 stun（石头）、mona（月亮）为阳性，而 dunne（太阳）却是阴性。这都是不符合常识的，也明显不同于其他印欧语系语言如俄语、希腊语、拉丁语等。

　　除了性外，古英语的名词像其他印欧语那样，还有格和数的区

---

[1]　Stuart Robertson（revised by Frederic G. Cassidy），*The Development of Modern English*（second edition），Englewood Cliffs（N. J.）：Prentice Hall, 1954, pp. 93 – 108；Norman Blake（ed.），*The Cambridge History of the English Language*, *Volume III, 1476 – 1776*, Cambridge（UK）：Cambridge University Press, 2002, pp. 72 – 85；李赋宁：《英语史》，第 208—209 页。

[2]　Blake（ed.），*The Cambridge History of the English Language*, *Volume II, 1066 – 1476*, pp. 181, 204, 222；Freeborn, *From Old English to Standard English*, pp. 92 – 96.

[3]　Freeborn, *From Old English to Standard English*, p. 93.

别，或者说，主要有主格（nominative）、属格（genitive，也称"生格"）、宾格（accusative）和与格（dative）（也有人认为，除了这四个格外，还有第五个格，工具格，即 instrumental），以及数即单数和复数的变化。人称代词除复数外，还有双数。这意味着一个名词至少有八种形式。

以下用三个名词、一个代词来说明词尾的变格：

单数

阳性：nama（名字）（主格）　naman（宾格）　naman（属格）naman（与格）

阴性：tunge（舌头）（主格）　tungan（宾格）　tungan（属格）tungan（与格）

中性：ēage（眼睛）（主格）　ēage（宾格）　ēagan（属格）ēagan（与格）

复数

阳性：naman（主格）　naman（宾格）　namena（属格）namum（与格）

阴性：tungan（主格）　tungan（宾格）　tungena（属格）tungum（与格）

中性：ēagan（主格）　ēagan（宾格）　ēagena（属格）ēagum（与格）[1]

---

[1]　参见李赋宁：《英语史》，第41—46页。顺便说一句，复杂的词尾变化是印欧语系各语支的共同特点；希腊语、拉丁语、梵语等的形态变化比古英语更加繁杂；现代俄语相当大程度上仍然保留着古印欧语复杂的语法特征；也见 Alexander, *The Story of our Language*（Revised edition），pp. 59 - 62。

人称代词的变化与名词相似，如第一人称的变化所示：

单数

　　阳性：mín（主格）　　mínne（宾格）　　mínes（属格）

mínum（与格）

　　中性：mín（主格）　　mín（宾格）　　　mínes（属格）

mínum（与格）

　　阴性：mínu（主格）　　míne（宾格）　　mínre（属格）

mínre（与格）

复数

　　阳性：úre（主格）　　úre（宾格）　　　úra（属格）

úrum（与格）

　　中性：úru（主格）　　úru（宾格）　　　úra（属格）

úrum（与格）

　　阴性：úre（主格）　　úre（宾格）　　　úra（属格）

úrum（与格）[1]

　　相比之下，嬗变后的中古英语的名词几乎蜕去了古英语的所有词尾，只有名词复数保留了少许词尾变化（奇怪的是，名词复数竟保留至今，为何不再彻底一点，悉数废除呢），而且即便是这一小点变化也已简化到了极致，绝大多数情况下仅用-s表示；人称代词的词尾变化虽有所保留，但相比从前大大简化了。

----

[1]　李赋宁：《英语史》，第41—46页。

古英语的形容词更麻烦，除了有三个性、四个格与和单复数的不同外，还有所谓"强变格"（strong declension）和"弱变格"（weak declension）的区别。其实，这是所有日耳曼语的一个共同特征，意味着一个形容词有二十几种形式。强变格形容词修饰名词时不带定冠词或其他指示词或物主代词，如 gōd mann（a good man）；弱变格形容词修饰名词时却带有定冠词等，如 sē gōda mann（the good man）。而且这还只是阳性主格单数形容词（及所修饰的名词），另还得乘以 3（因还有其他两个性），再乘以 4（因还有其他三种格），再乘以 2（因单数之外还有复数）。[1] 所以，在从洋泾浜古英语到中古英语或盎格鲁法语的演变中，先前极为繁杂的形容词词尾变化竟一步到位简化为零，是极令人惊讶的。

同样，古英语中相当于现代英语定冠词 the 的定冠词以及相当于现代英语 this、that 的指示代词，也各有基于性、数、格的十几种变化。[2] 如相当于现代英语 the 的定冠词在古英语中有主格阳性 se、阴性 seo、中性 ðæt 之分，属格阳性 ðæs、阴性 ðære、中性 ðæs 之分，与格阳性 ðæm、阴性 ðære、中性 ðæm 之分，宾格阳性 ðone、阴性 ða、中性 ðæe 之分。这还只是各个格的单数，其复数的阳性、阴性和中性又不同，虽无单数那样的性的区别。然而在盎格鲁法语中，定冠词（以及指示代词）先前非常冗繁的词尾变化竟一步到位简化至零，这同样令人惊讶。

最后还有一个重要变化需要注意，即，盎格鲁-撒克逊语的动词分为"弱变化"（变化小故较为规则）和"强变化"（变化大故而

---

[1] Alexander, *The Story of our Language (Revised edition)*, pp. 62-64；李赋宁：《英语史》，第 47—48 页。

[2] 李赋宁：《英语史》，第 48—49 页。

不太规则，如现代英语的 drive, drove, driven; go, went, gone 等）两大类型，可是在中古英语亦即盎格鲁法语中，强变化动词的数量明显减少；而在现代英语中，强变化动词更是由古英语的三百多个锐减至六十来个，绝大多数动词已成为无词尾变化因而极容易掌握的规则动词。[1]

三　从古英语到现代英语：句法的急变

事实上，相对于盎格鲁-撒克逊语，盎格鲁法语或中古英语语法的方方面面发生了如此剧烈的变化，以至于现在其语法功能不再通过性、数、格等的变化来表示，而主要通过词序即语词在句子里的位置来表示（顺便说一句，从古到今，汉语一直主要用词序来表达语法关系）。这就意味着，至少在语法方面，中古英语已可不再被视为典型的印欧语系语言，而已嬗变为一种主要用词序来表达语法关系因而跟汉语较为接近的语言（这对今日学习英语的中国人而言未尝不是一件幸事）。回头看，英语是非常幸运的。古英语在诺曼法语的刺激下之突变为盎格鲁法语或中古英语，实在是中了大彩，不啻是两个冗繁相加，竟得出了一个刚刚相反的结果：简易。再加上英语的语序跟汉语以及亚洲另一种强势语言马来语[2]一样，均为 SVO，即主语-动词-宾语（大致相当于通常所谓"主谓宾结构"），凡此种种，对于英语最终走向世界成为全球语意味着什么，

---

[1]　李赋宁：《英语史》，第 53—57 页。
[2]　马来语为印度尼西亚和马来西亚的主要语言和国语，两国人口加在一起超过 3 亿。

不言而喻。

但以上的讨论仅限于词法，即名词、代词、形容词的形态变化。在句法方面，古英语同样发生了剧烈的变化。这种变化的主要原因是拉丁语句法要素被英语大量吸收，而且此吸收过程持续长达千年，并不局限于 1066 年至 1150 年及 1150 年至 1500 年期间。[1] 因此完全可以说，英语句法在很大程度上是对拉丁语句法的移植，或"山寨"。一个有趣的事实是，至 16 世纪，大多数英语语法（这里指狭义上的句法）书仍然是用拉丁语写成的。还有这种说法：晚至 16 世纪后期，英语语法作为一个独立的体系才开始形成。在这一过程中，无论在形式上还是在内容上，拉丁语都深刻影响了英语。

句法所涉及的主要是动词。一个令人惊讶的事实是，古英语动词只有现在时与过去时两种时态，而现代英语动词竟有 16 种时态。[2] 这显然是受拉丁语极复杂的动词形态变化影响的结果。拉丁语动词像其他印欧语系语言那样，不仅有不定式、分词、动名词等的区别，而且还有其他诸多非常繁复的区分：两种数即单数和复数，三种人称即阳性、阴性、中性，三种语式即直陈式、虚拟式、命令式，两种语态即主动语态与被动语态，以及六种时态，即现在时、未完成时、将来时、完成时、过去完成时、将来完成时。相比之下，古英语动词的形态变化简单得多。现代英语动词的形态变化之明显比古英语丰富，只能用拉丁语的强大影响来解释。

而拉丁语语法对英语句法产生的最突出影响又在分词。拉丁语

---

[1] 李亚丽：《英语帝国》，第 128—129 页。

[2] 英语虽然有 16 种时态，但只有 9 种，即一般现在时、一般过去时、一般将来时、现在完成时、过去进行时、过去完成时、过去将来时、将来进行时、将来完成时，使用频度较高。

分词相当复杂，不仅有现在时、完成时和将来时三种时态，还有主动态与被动态的区别，有表语、定语、状语、宾语补语的语法功能，分别表示时间、原因、结果、条件、让步、方式、手段和伴随状况等。[1] 并非偶然的是，在现代英语中，分词的类型区分和句法功能与拉丁语十分相似（总体而言，拉丁语的句法更加复杂）。这只可能是拉丁语语法影响了英语，而非反之。这一点，对一些含分词成分的拉丁语句子与相应的英语句子作一个比较，即可略知一二：

1. Volventēs hostilia cadāvera amīcum reperiēbant.

   Rolling over the corpses of the enemy, they found a friend. （表时间）

2. Paululum commorātus, sīgna canere iubet.

   After delaying a little while, he orders them to give the signal. （表时间）

3. Longius prōsequī veritus, ad Cicerōnem pervēnit.

   Fearing to follow further, he came to Cicero. （表原因）

4. quī scīret laxās dare iussushabēnās.

   who might know how to give them loose rein when bidden （表场合、时机）

5. Damnātum poenam sequī oportēbat.

   If condemned, punishment must overtake him. （表条件）

6. Salūtem īnspērantibus reddidistī.

   Though you have restored safety, we did not hope (for it). （表

---

[1] 参见雷立柏（Leopold Leeb）编：《拉丁语入门教程 I》，北京：北京联合出版公司，2014 年，第 189—190 页。

让步）

7. Nec trepidēs in ūsum poscenti saevī pauca.

   Be not anxious for the needs of age that demands little. (表特征)

8. Incitātifugā montīs altissimōs petēbant.

   In headlong flight they made for the highest mountains. (表方式、方法)

9. Mīlitēs sublevātialiī ab aliīs māgnam partem itineris cōnficerent.

   The soldiers, helped up by each other, accomplished a considerable part of the route. (表方法、手段)

10. Hōc laudāns, Pompêius idem iūrāvit.

    Approving this, Pompey took the same oath. (表伴随状况)

11. Aut sedēns aut ambulāns disputābam.

    I conducted the discussion either sitting or walking. (表伴随状况)[1]

四 从古英语到现代英语：词汇的剧变

除了句法，英语在词汇方面发生的变化同样剧烈。完全可以说，极大程度上正是由于大量词汇的借入，古英语才突变成中古英

---

[1] 参见 *Allen and Greenough's New Latin Grammar for Schools and Colleges*. Carlisle, Pennsylvania: Dickinson College Commentaries, 2014, https://dcc. dickinson. edu/grammar/latin/uses-participles. 本文对引自该书的一些英语句子译文有所修订。致谢：湖南师范大学外国语学院加拿大籍 David Porter 教授为笔者提供了重要的相关信息，笔者在此谨向他表示诚挚的谢意。

语，不久以后又演变为现代英语。与句法方面对拉丁语的借入相似，词汇方面对罗曼语族语言的借用并非只发生在诺曼人入侵后一两百年，而是从中古英语时期一直持续到现当代。其中相当于拉丁语 qui/quae/quod 的关系代词 who/which 之引入英语，表面上看是词汇的借入，实则在句法上起到了结构性作用。在详述罗曼语词汇对英语所产生的影响之前，不妨顺便看看丹麦语的影响。

早在诺曼人征服盎格鲁-撒克逊人之前，古英语便已吸收了大量北欧语成分。据不完全统计，英格兰东部和东北部的大量地名有丹麦语的痕迹，其中以典型的丹麦语后缀-by（表示城镇）结尾的英语地名就有 700 多个，如 Derby, Rugby, Whitby 等。在人名后面加后缀-son 表示父子关系（一种典型的北欧语构词方式）同样被引入英语，并被广泛使用，如 Johnson, Dickson, Nelson 等。[1] 在基本词汇方面，古英语从丹麦语的借入就更多了，比如名词有 anger, bag, birth, dirt, dregs, egg, cake, gap, husband, kid, knife, law, leg, race, root, seat, sister, skin, sky, slaughter, trust, window 等；动词有 blend, call, cast, die, gasp, get, give, hit, lift, raise, run, scare, seem, take, thrive, thrust, want 等；形容词有 flat, happy, ill, likely, loose, low, meek, odd, rotten, scant, sly, weak, wrong, same 等；甚至有介词 till、fro，连词 though 以及人称代词 they, their, them。据研究，英语从古北欧语引入的词汇一度高达 2000 个，今日英语中古北欧语词汇仍多达 400 个以上。[2] 需要注意的

---

[1] 李亚丽：《英语帝国：从部落到全球 1600 年》，第 43 页。

[2] John Felipe, *The Viking Legacy: The Scandinavian Influence on the English and Gaelic Languages*, David and Charles, 1971, pp. 69-70, 转引自李亚丽：《英语帝国》，第 43 页；也参见李赋宁：《英语史》，第 186—190 页。

是，这些词大多是使用频率极高的单音节词。

相比之下，拉丁语对英语词汇的影响明显比古北欧语更深、更巨。当日耳曼人还未进入不列颠时，其语言便已受到拉丁语词汇的影响，如 oil, vinegar, wine, pear, plum, pillow, kettle, street, colony 等拉丁语词便在此时被各地的日耳曼语吸收。6 世纪末，基督教传入不列颠后，angel, monk, nun, disciple, mass, priest, altar, candle 等与宗教密切相关的拉丁语词汇被借入古英语。在中古时期，尤其是在 14—15 世纪，大量拉丁语词汇通过法语进入英语，如 secular, legitimate, homicide, prosecute, rational, infancy 以及 nervous, summary, magnify 等。1500 年进入现代英语时期后，随着文艺复兴运动在英国的推进，古罗马和希腊语文（即"古典学"）成为教育的主要内容。

16 至 18 世纪，即便英语已是一种地位崇高的民族语言，在文学创作领域尤其如此，思想家、科学家们仍然直接用拉丁语写作，其中最著名者有托马斯·莫尔、弗朗西斯·培根、伊萨卡·牛顿等。以此故，大量拉丁语词汇直接进入英语，如 appeal, benevolence, civil, dedication, education, endeavor, esteem 等，数量上万。据相关研究，大约半数的英语单词直接或间接（即通过法语）来源于拉丁语。不仅如此，文艺复兴以降借入的拉丁语词汇大都具有较强的抽象性、学术性，以及（在欧洲大陆的）直接流通性，这些都是古英语甚至中古英语都不具备的重要特征。尤需注意的是，大量拉丁语（以及希腊语）前缀如 anti-、auto-、bi-、co-、com-、counter-、extra-、inter-、kilo-、multi-、post-、pro-、sub-、super-、tele-、trans-、tri-、under-、uni-等，以及后缀如 -ability、-al、-ance、-ese、-ess、-ism、-ment、-ary/ory、-ish、-ive、-ous/ious、-some、

-ward、-wise 等被引入英语，不仅大大扩展了英语词汇库，更大大增强了英语的构词能力和表达能力。[1]

与丹麦语某些语汇进入英语相比，甚至很大程度上与拉丁语相比，法语词汇对英语的影响更具结构性、规模性。有从法语直接借入的，如 salon, abbe, budget, chauffeur, duke, duchess, countess, baron, baroness, beef, mutton, pork, venison, army, navy, peace, battle, combat, defense, captain, Renaissance, profile, baton, motive, macabre 等；[2] 有用法语前缀如 dis-, bene-, sur- 等与英语语词结合而成的，如 disrupt, benevolent, surpass 等；有用法语后缀如-able, -age, -ity, -ress, -ture 等置于英语语词之后构成新词的，如 sustainable, package, stupidity, heiress, miniature 等；有用英语前缀 un-加在法语单词前构成新词的，如 unimportant, unacceptable, unchangeable, unemployment 等（此类词数量非常大）；有用英语后缀-less, -ful, -dom, -ship 等加在法语单词之后构成新词的，如 homeless, fearless, grateful, shameful, kingdom, freedom, friendship, hardship, membership 等。尤其值得注意的是，法语将数千个拉丁语（及希腊语）单词引入英语，使后者的词汇大大丰富起来，表现力大大提升，相同或者相近的意思往往可以用三个不同的语词来表达，却又带来词义上的细微差别，由此明显扩大了英语的修辞空间和修辞能力，如 fire（英语：火），flame（法语：火焰），conflagration（拉丁语：大火）；rise（英语：升起），mount（法语，爬、安装）和 ascend（拉丁语：攀登）；time（英语：时间），age

----

[1]　此段讨论参考了李亚丽：《英语帝国》，第 112—115 页。

[2]　参见希金斯：《英语的秘密家谱》，第 50—52 页。

（法语：年龄、时代），epoch（拉丁语：时期、时代）；holy（英语：神圣），sacred（法语：神圣、庄严），consecrated（拉丁语：神圣）；等等。[1]

由于诺曼人征服者所讲法语一度是统治阶级的语言，大量法语词汇进入古英语，结构性地参与了盎格鲁法语即中古英语（尤其是中后期的中古英语）的形成，发挥了至关重要的交流作用，反映在当时英国人军事、政治、宗教、法律、文学、艺术、社交、服饰、烹饪、狩猎、娱乐等方方面面的活动中。[2]不妨把 1250—1400 年视为中古英语的盛期，半数以上的法语汇之进入英语，就发生在这一时期。尽管 14 世纪末、15 世纪初，英语（实际上是盎格鲁法语）又重新夺回了主导地位，但法语词汇借入英语的过程并未结束，而是时冷时热地一直持续着。至 16 世纪，因法国受意大利文艺复兴的熏染较早，在宗教、艺术和文学等领域取得了耀眼的成就，更边缘的英国必然受到法国影响，法语词汇因而再次大举借入英语。

在 17 世纪尤其是路易十四在位时期，法国兴起了古典主义文艺思潮，文学艺术空前繁荣，出现了莫里哀、高乃依和拉辛等文学巨头，法国因此成为欧洲文化旗手，英语又掀起一个大规模引入法语词汇的运动。至 18 世纪，随着工业资本主义的迅速发展，欧洲发生了第三次思想解放运动即启蒙运动（前两次思想解放运动为文艺复兴和宗教改革运动），法国出现了卢梭、伏尔泰、狄德罗、孟德斯鸠等伟大思想家，成为整个欧洲启蒙运动当之无愧的中心，英国因而又一次出现了法语热。此时的英国作家大都通晓法语，英国

---

[1] 此段参考了李亚丽：《英语帝国》，第 73 页、第 78—79 页。
[2] 李赋宁：《英语史》，第 190 页。

外交官和政客们更是无人不讲法语，故而法语词汇再次大举进入英语。

直到20世纪，早已崛起的英语仍在继续借入法语词汇，如garage, limousine和camouflage等。[1]绝非偶然的是，英国作家中的法国迷或"法粉"前赴后继，层出不穷。20世纪上半叶有阿诺德·贝内特、詹姆斯·乔伊斯、威廉·萨默塞特·毛姆、塞缪尔·贝克特、格雷厄姆·格林等。甚至晚至20世纪最后二三十年，仍有艾丽丝·默多克、穆莉尔·斯帕克、约翰·福尔斯、安妮塔·布鲁克娜、朱利安·巴恩斯、彼得·艾克罗伊德等著名的"法粉"英国小说家。凡此种种，都不可能不加强法语对英语的影响。这也清楚地表明，数百年来，法国一直是欧洲文化中心，法语在欧洲内部一直是"文化含量"最高，因而影响最大的语言。法语的吸引力甚至在英语早已成为全球头号通用语、英语国家的全球影响力早已超过了法国以后，也仍然十分强大。事实上，从11世纪诺曼人征服起，英语语汇从法语的借入一直未曾中断，再加上直接引入或经由法语间接引入的拉丁语词汇，英语中的罗曼语词汇竟高达60%至70%——究竟有多少罗曼语词汇，是不可能得到精确统计的。这种现象被语言学家称之为"罗曼语化"（应注意，从中古英语时代晚期起，或者说比"罗曼语化"肇始晚两百来年，英语开始引入希腊语词汇；进入现代英语时期后，引入的希腊语词汇就更多了）。

除了主要从法语、拉丁语借用词汇外，英语从其他语言中也引入了不少词汇，如希腊语的 philosophy, logic, mathematics, grammar, archaeology, anatomy, astronomy, polygamy, symmetry,

---

[1] 希金斯：《英语的秘密家谱》，第192—196页。

periscope，以及构词力特别强的前缀 micro-、 （如 microphone, microzoon, micropenis, microanalysis 等）和 后 缀-cracy （如 aristocracy, democracy, bureaucracy, meritocracy 等）等；[1] 希伯来语的 Satan, behemoth, mammon, Passover, Adam's apple, matzo, jubilee 等；[2] 德语的 shale, nickel, quartz, zinc, diesel, objective, subjective, transcendental, world view, standpoint, surplus value, class struggle, blitz, black market, kindergarten, Christmas tree, hotdog, hamburger 等；[3] 直接从西班牙语借入的 bravado, mosquito, cavalier, miser, cape, hurricane, bizarre 等词，以及通过西班牙语引入的美洲原住民语言词汇，如 mangrove, mahogany, savannah, canoe, cocoa, cassava, chilli, coyote, papaya, tomato, guano, puma, jaguar, alpaca, cashew 等；阿拉伯语的 alchemy, alkaly, alcohol, algebra, almanac, algorithm, Qu'ran, Ramadan, syrup, mattress, carcass, cinnamon, crimson, cotton, saffron, scarlet, azure, henna 等；以及从印度语言（包括梵语）借用的 avatar, bungalow, cast, cheroot, cobra, curry, guru, loot, thug, toddy, pyjama, pagoda, sahib, polo, tank, pundit, mantra, Krishna, juggernaut, Nirvana, Karma, yoga, 等；汉语的 chopsticks, cheongsam, chow mien, dim sum, ginseng, kaolin, ketchup, kowtow, kumquat, Kung fu, lychee, mahjong, tea, tofu, taipan, wok 等。[4]

---

[1] 希金斯：《英语的秘密家谱》，第 189—190 页。
[2] 同上书，第 186 页。
[3] 李亚丽：《英语帝国》，第 24—25 页。
[4] 希金斯：《英语的秘密家谱》，第 56—59 页，第 106—107 页，第 235—237 页，第 249—251 页。

需要特别注意的是，以上所举的外来词汇只是在现当代英语中使用频率较高者，希腊语和德语词汇尤其如此。

五　脱胎换骨的巨变

从以上讨论可知，从 11 世纪中叶起，英语经历了一个罗曼语化的过程，一种自然语言所可能经历的至深至巨的变化。因此，完全可以问这么一个问题：中古英语和现代英语仍是一种日耳曼语族语言，抑或是已经蜕经变为一种像法语、西班牙语那样的罗曼语族语言？从根子或"血脉"上看，似乎仍然应该将其视为一种日耳曼语。可如果将英语视为一种跟拉丁语、法语、意大利语等十分相像的罗曼语变种，[1] 似乎也符合事实。

无论如何，因大量罗曼语词汇的注入，也因语法方面所受到的拉丁语的深刻影响，现代英语早已是一种迥然不同于古英语甚至中古英语的语言，而是一种日耳曼语与罗曼语杂合而成的新语言。对于 500 至 1200 年间即盎格鲁-撒克逊时代的英国人而言，中古英语或盎格鲁法语就是一门外语，现代英语更是如此。反过来看，对于 1200 至 1500 年之间和 1500 年以后的英国人来说，盎格鲁-撒克逊语同样是一门外语。一个民族的语言竟能在如此短的时间中经历了如此剧烈的变化，全然变成一门外语，称之为脱胎换骨并不为过。对于习惯了其母语从古到今变化极小（尽管有文言与白话之分）的中国人而言，这恐怕只能用匪夷所思来形容。任何一个受过中学以

---

[1]　奥斯特勒：《语言帝国》，第 423—431 页。

上教育的今日中国人，大体上都能读懂先秦及秦汉之后各时代的汉语文献，无需接受专门的语言训练（尽管精确解读古汉语文献的能力仍需严格的专门训练才能获得），这对以现代英语为母语的人们来说，同样匪夷所思。

事实是，及至 1250 年左右，所谓"英语"不仅已大致完成了语法的重新标准化，而且大批量地甚至近乎整体性地吸收了法语、拉丁语（后来还有希腊语等语言）的词汇，从而变成了一种全新的语言，即中古英语。就是说，古英语即盎格鲁-撒克逊语已发生了蜕变。两百年多后，随着对拉丁语语法和法语、拉丁语词汇的不断吸纳以及其他方面的变化，中古英语进一步演变成为现代英语。但需要注意的是，无论在中古英语还是现代英语中，古英语不少成分仍保留了下来。甚至可以说，从根源或"基因"上看，尤其是在日常口语中，中古英语甚至现代英语仍是一种日耳曼语。尽管如此，在古英语转变为中古英语和现代英语的过程中，不仅词法经历了剧烈简化，不仅大量拉丁语句法成分被引入，更重要的是，词汇已在如此大程度上罗曼语化了，以至于完全可以视其为一种混合语。

几乎与此同时，或稍晚一点，英语语音也发生相当大的变化。至 1750 年，经历了数百年变化的英语语音最终稳定了下来。此即所谓"元音大推移"。之后，虽然英语词汇量仍在扩大，但在语法和语音方面，已稳定下来。相比之下，现代汉语虽在 20 世纪历经了剧变，但其前身汉语白话文与文言文在此前约两三千年里，并无根本变化，从未经历过古英语到中古英语那种脱胎换骨式的巨变。早在唐代甚或更早，汉语白话文便已成形，这从唐代佛教徒的变文和语录是不难看出的。在此后一千多年里，汉语白话文相当稳定，留存至今的大量宋明儒语录、元明清戏曲和小说等与现代汉语相比，并无明显区别。即使在 21 世纪的今日，现代汉语虽在过去一百多年里因外来语的冲击已明显不同于传统白话文，但两者间并无断裂，受过教育的中国人仍能阅读唐代至清末的白话文文献。同样，先秦至今汉语文言文几乎没经历过任何结构性变化，1905 年废科举后虽然不再用作科考、行政和学术语言，但今日受过大学教育的中国人大体上仍能阅读。

英语情况非常不同，在大约六百年时间里，经历了一种至深至巨的蜕变，在古英语基础上，原有词法被大大简化，同时结构性地移植了拉丁语语法，更引入了比例高达 60%—70% 的拉丁语和法语词汇。而经历了如此剧烈变化的现代英语，[1] 是一门相对而言简单易学的混合语。这虽可能并非英语成为当今头号全球语的一个关键原因，却是一个相当重要原因。对于不得不学习和使用英语的其他民族而言，英语不仅相对容易学，容易推广，也容易与当地语言形成"洋泾浜"英语，在特定文化环境中甚至可能形成种种变体，即"Englishes"。相比之下，无论在古代还是当前，其他民族要学习南亚通用语梵语、东亚通用语汉语文言或现代汉语，以及伊斯兰世界的通用语阿拉伯语等，难度明显更大。

六　英语的标准化

尽管至 14 世纪后期，盎格鲁-撒克逊语已翻身，恢复了从前的

---

[1]　如果是专门的科学词汇，这一比例会上升到 90%。参见埃弗里·赫特：《人们今天仍在使用的八种古老语言》，《发现》月刊网站 2021 年 10 月 4 日，载《参考消息》2021 年 10 月 10 日第 7 版。

自主地位，即从一种被统治者讲的下等语言再次成为主流语言，但此时英语的标准化或规范化尚未提上议程。实际上，本章虽然不断使用"古英语"（"盎格鲁-撒克逊语"）和"中古英语"（"盎格鲁法语"）等名称，这并不代表古英语和中古英语是一种统一的语言。事实上，在盎格鲁-撒克逊语和中古英语时期，各地英格兰人仍然讲着各自的方言，更何况这时种种英语方言之间的分化——仅在英格兰，大体上就可分为北、中、南三大方言区——远大于工业化实现之后即19世纪后期至今。当然，越到后来，标准英语即伦敦-牛津-剑桥三角地带的"女王英语"或"国王英语"被普遍认可的程度越高，讲这种英语的人也越多，但在较早时代，任何一种方言都不享有独尊地位。这意味着英语要真正成为英语，还得经历一个标准化过程。标准化英语大约在1450—1500年间或更早一点开始兴起，与现代英语的兴起几乎同步。

回头看，英语标准化相对而言是非常顺利的。之所以如此，有以下几方面的原因。

一，优越的地理条件。英格兰主要地区（东南部、中部和南部）地势平坦，即使有少许起伏，幅度也较小，连浅丘陵也算不上。这种地理条件对于诸多地方方言不断交融、最终合成为一种相对统一的语言即"英语"，是非常有利的（顺便说一句，法国主要区域也为平原和丘陵，地势也相对平坦，这对于法语的标准化同样非常有利）。[1]

---

[1] 这一点，只要比较一下崇山峻岭的巴布亚-新几内亚，便不难看出。在一片仅德克萨斯面积的地方，竟有八百多种语言，全然是一个人类语言大观园。而且这些语言相互间差别非常大，翻过一座山，或到了另一个村子，人们讲各自的语言，便完全无法沟通，交流得依靠一种较为广泛使用、勉强可视为"普通话"（转下页）

二，英国的政治统一程度较高。早在诺曼人征服之前两百多年，即9世纪前半叶的爱格伯特时代，英格兰地区就已大致实现了政治统一。在"阿尔弗雷德大王"时期，即9世纪后期，英格兰地区的统一水平跃上了一个新台阶。诺曼人征服英格兰以后，在既有政治整合的基础上，实行了更高程度的中央集权，政治统一程度位居欧洲前列。尽管如此，贵族与国王的博弈不断，对国王的权力有相当大的制约。但在1455—1485年间，兰开斯特与约克两大贵族家族之间发生了两败俱伤的红白玫瑰战争，由此建立起来的都铎王朝明显提升了英国的中央集权水平——能够威胁国王统治的地方大贵族势力已被明显削弱。凡此种种，对英语的标准化都是有利的。较高程度的政治统一意味着，不同地区的人们能相对无障碍、无壁垒地流动和交往；也意味着，统治阶层使用的语言（因更多涉及语音、词汇，故也可称为方言）更容易成为一种模范语言，即所谓"女王英语"（Queen's English；这里"女王"主要指伊丽莎白一世）或"国王英语"（King's English）。这种英语在统治阶层所在的伦敦城[1]及周边地区自动具有权威性，不仅被当地人积极模仿，也渐渐被更加外围甚至很远地区（尤其是中部地

（接上页）的语言。（参见斯蒂夫·奥尔森：《人类基因的历史地图》，霍达文译，北京：生活·读书·新知三联书店，2006年，第138、144页）原因在于这里多山，从古到今人类群组之间交往不便，故语言进化中的歧义丰富，碎片化情形严重，长期得不到整合。我国西藏地区情况相似。也由于崇山峻岭之故，藏语各大方言长期以来得不到有效的整合，以至于时至今日，不同方言区之间交流仍相当困难。我国江南地区很多地方情况也相似。即使有统一的书面语一直以来在发挥标准语的作用，可是在普通话运动广泛开展前，因山峦连绵之故，在同一个大方言区亦即"吴语"区内部，不同城镇的人们也往往难以交流。

　　[1] 伦敦在诺曼人征服之后成为英格兰的首都。在此之前，可称之为英格兰首都的城市是英格兰南部的温彻斯特（Winchester）。

区）的人们所模仿。[1]

三，印刷术的适时引入。这一有利条件的出现非常及时。作为第一个进入印刷文化时代的文明，中国在秦汉时代就已实现了大范围的政治统一，书同文、车同轨、量同衡和行同伦等措施的推行，使其早早大体上实现了大范围的语文标准化，至少就书面语而言如此，因此北宋时期印刷术在人类文明史上第一次得到大规模应用，对语文标准化所起的作用并不是那么大。然而英国和英语情况大不相同。印刷术从欧洲大陆传入英国的时间为 1476 年，这时恰好是英语标准化的一个关键时刻。印刷术的推广显然有利于书面语（主要涉及拼写）的规范化，而书面语的规范化又必然推动语音、词汇、语法和口头表达方式等方方面面的规范化和统一。[2] 事实上，15 世纪后期，印刷品的大量流通明显加速了英语的规范化进程。随着印刷品数量的增多，也随着民众教育水平的日益提高，印刷品中所主要使用的方言的地位得到了加强。牛津剑桥方言恰好是印刷商们所青睐的方言，而它恰好与国王所讲伦敦方言属于同一个方言区。[3] 也可以说，正由于伦敦-牛津-剑桥三角地带的方言已经具有权威性，印刷商们才使用它，而该方言在印刷品中的大量使用又

---

[1] Norman Blake（ed.），*The Cambridge History of the English Language, Volume II, 1066 -1476*，Cambridge(UK)：Cambridge University Press, 2002, pp. 12 - 13；Dennis Freeborn, *From Old English to Standard English*, Shanghai: Shanghai Foreign Language Education Press, 2015, pp. 239 - 240；李亚丽：《英语帝国》，第 138—140 页。

[2] Blake（ed.），*The Cambridge History of the English Language, Volume II, 1066 - 1476*, p. 7, p. 501；Norman Blake（ed.），*The Cambridge History of the English Language, Volume III, 1476 -1776*，Cambridge(UK)：Cambridge University Press, 2002, p. 29, p. 495, p. 188.

[3] Freeborn, *From Old English to Standard English*, pp. 270 - 276, 280 - 285；也参见奥斯特勒：《语言帝国》，第 434—435 页。

附识 脱胎换骨的语言巨变 | 091

必然进一步加强其权威性。

四，在英语标准化进程中，14 世纪中后期发生的《圣经》译经运动也做出了令人瞩目的贡献。这当然不是一场纯粹意义上的语文运动，而有明确的宗教-政治背景和目的，即清除教会腐败，摆脱罗马教皇控制，反抗教会权威。运动中最令人瞩目的一个人物，是牛津大学神学教授约翰·威克里夫（John Wycliffe, 1320—1384）。从 14 世纪 70 年代起，威克里夫便呼吁将《圣经》翻译成民族语言即英文，而非像之前那样，经文被少数懂拉丁文的神职人员所垄断，广大老百姓和下级教士由于不懂拉丁文而不能阅读《圣经》，直接接触并领会上帝的旨意。威克里夫的一个基本主张是，只要是基督教信徒，便都是上帝的子民，都有权直接阅读《圣经》。1382年，在其组织和指导下，被教会奉为绝对权威的武加大版拉丁文《圣经》（the Vulgate）开始被翻译成英文。考虑到当时民众较低的文化水平，译者并未逐字逐句地直译，而采用了灵活意译的方略，在译文中不仅吸收了当时二百多种方言中的词汇和表达法，而且使用了大量日常生活用语。结果是，含糊晦涩的拉丁文《圣经》经文变得浅显易懂，生动有趣，故而大受欢迎，得到广泛传播。威克里夫译本《圣经》意义深远，为英国乃至全欧洲第一部完整的民族语言《圣经》，促进了英国民族语文的形成和发展，加速了英语的标准化进程，从而为英语统一及标准化做出了重要贡献。[1]

---

[1] 此段讨论参考了 Stuart Robertson. *The Development of Modern English* (second edition, revised by Frederic G. Cassidy), Englewood Cliffs (N. J.): Prentice Hall, ING, 1954, p. 152, 217, 222, 327; Blake (ed.), *The Cambridge History of the English Language, Volume II, 1066 - 1476*, pp. 19 - 20, 145, 413, 438, 458; Blake (ed.), *The Cambridge History of the English Language, Volume III, 1476 - 1776*, p. 2, 221; 李亚丽：《英语帝国》，第 92—93 页。

　　英语标准化进程中还有一个宗教家很值得关注，其知名度明显超过了威克里夫，他就是17世纪最著名布道家、作家约翰·班场（John Bunyan, 1628—1688）。班扬所著《天路历程》（*Pilgrim's Progress,* 1684）一书，讲主人公逃离堕落腐败的尘世，艰辛而勇敢地前往天国的故事，在英语世界广为流传，现被认为是英语文学史上最著名的宗教与社会政治寓言，在英语国家乃至整个西方家喻户晓的程度可能仅次于《圣经》。[1]

　　五，英语文学的快速成长对于英语标准化的贡献同样重要。英语文学起步较晚，根本没法同汉语、梵语和希腊语、拉丁语文学相提并论，但及至8世纪，反映盎格鲁-撒克逊部落生活、长达3000多行的英雄史诗《贝奥武夫》（*Beowulf*）形成了。该史诗是用古英语写成的，通常被认为标志着英语文学的诞生，尽管相关"知识产权"究竟属于英国人还是其他欧洲民族存在着争议。[2] 在中古英语时期，亦即1387至1400年期间，"英语诗歌之父"杰弗里·乔叟（Geoffrey Chaucer，约1340—约1400）受意大利文艺复兴作家薄伽丘的影响，用中古英语写了一部诗体小说集《坎特伯雷故事集》（*The Canterbury Tales*，由24个短篇故事组成），内容为一群从伦敦去坎特伯雷朝拜圣托马斯的香客——家庭主妇、手工艺者、僧侣修女、商人、律师、医生、学者、农夫等——为了解闷而轮番讲故事，语言生动活泼，风格诙谐幽默，淋漓尽致地抒写了当时的世间百态，再现了当时的社会经济状况，对后来英语文学创作产生了深远影响。

---

　　[1] Freeborn, *From Old English to Standard English*, pp. 364-365.
　　[2] 史敬轩：《被选中的史诗》，载《现代语文》（学术综合版）2015年第4期，全文。

在早期现代英语时期（约 1500—1700 年，此后为晚期现代英语时期），发源于意大利的文艺复兴运动涉及英国，对英国文学产生了强烈冲击，使英语文学有了质的飞跃。这时，不仅诗人埃德蒙·斯宾塞（Edmund Spencer, 1552—1599）创作了影响颇大的长篇叙事诗《仙后》（*The Faerie Queene*），而且还活跃着剧作家克里斯托弗·马洛（Christopher Marlowe, 1564—1593）和诗人约翰·邓恩（John Donne, 1572—1631）。然而今天看来，最令人震惊的事态，还是威廉·莎士比亚（William Shakespeare, 1564—1616）的出现，尽管他很可能不存在，而是一集体假托代名的"人物"。考虑到及至此时，仍不能说已然形成了一个强大而深厚的英语文学传统，所以能够出现一个"莎士比亚"仍是一个奇迹。随着英语地位的迅速蹿升，作为英国文艺复兴杰出代表的莎士比亚的代表性剧作如《哈姆雷特》《麦克白》《威尼斯商人》《罗密欧与朱丽叶》《仲夏夜之梦》《第十二夜》《暴风雨》《科里奥兰》等与其《十四行诗集》对英语文学、欧洲乃至世界文学产生了如此巨大的影响，几乎可用前无古人、后无来者来形容。就英语的标准化进程而言，以上介绍的所有作家作品不可能不产生积极作用，在经济大发展、戏剧业大繁荣、印刷术大普及的 16 世纪后半叶更是如此。

还有一个因素促进了英语标准化，那就是词典编纂。比 16、17 世纪英语文学的勃兴稍晚，英国人开始了英语词典编纂工作。以其所追求的标准性和权威性，词典天然具有规范语言的作用，天然有助于拼写和词语用法的规范化、准确化。对英语的统一或标准化来说，这显然是一种十分重要的助力。可以肯定的是，英语词典编纂的兴起受到了拉丁语-英语词汇表的刺激，而在此之前即在中世纪至 16 世纪前期，拉-英双语词汇表或词典便已存在。究竟是谁编写了第一部英语词典？学者们的意见并不一致，尽管约翰·布洛卡（John Bullokar）的《英语解说》（*English Expositour*, 1616）并非不可以视为第一部这样的书。可是，很快又出现了明舒（Minsheu）的《语言指南》 （*Ductor in Linguas, or Guide into the Tongues*, 1617）以及亨利·科克兰（Henry Cockeram）的《英文词典》（*English Dictionarie*, 1623）。在后一部辞书中，dictionary 首次在今天的意义上使用。但这些只是最初的英语辞书，其共同特点是，假定常用词汇的意思人人都知道，所以只解释生僻词汇。但渐渐地，英语词典摆脱了这种局限性，有了更强的包容性和完整性。大诗人约翰·弥尔顿的外甥、诗人爱德华·菲利普斯（Edward Philips）所编《词语新世界：英语大词典》（*New World of Words, or a General English Dictionary*, 1658）与纳桑·贝利（Nathan Bailey）所编《英语词源大词典》 （*Universal Etymological English Dictionary*, 1721）即属于这一类。

　　一大批编纂者与所编词典的出现，说明一个英语词典编纂传统已经形成了。这样，大词典家塞缪尔·约翰逊（Samuel Johnson, 1709—1784）的登台便不难理解了。与之前的词典编纂者不同，约翰逊首先是一个声名斐然的散文家、诗人、文学评论家，其次才是一个词典编纂家。很大程度上因此缘故，其《约翰逊词典》（"约翰逊词典"是一个习惯性简称，原名为 *A Dictionary of the English Language*, 1755）出版以后享有非常高的声誉和权威性，甚至被视为英语史乃至英国文化史上的一项伟大成就。在近两百年时间里，《约翰逊词典》作为最权威的英文词典，地位非常稳固，不可撼动，直到 1928 年多卷本的 *Oxford English Dictionary* 即《牛津英语词典》出齐，才被取代。[1]

最后要注意的一点是，与英语词典的编纂同时兴起的，还有英语语法书的编写、出版和流通。与英语词典一样，英语语法书的编写也继承了中世纪以降拉丁语语法书的编纂范式和传统。其对中古英语、现代英语语法所产生的影响虽不能同英语词典对英语词汇的影响相比，却是相似的（详上），对英语标准化和规范化所起的作用也是相似的。

---

[1] 此段讨论参考了 Robertson, *The Development of Modern English*（second edition, revised by Frederic G. Cassidy）, pp. 335 - 341; Blake（ed.）, *The Cambridge History of the English Language, Volume II, 1066 - 1476*, p. 412; Blake（ed.）, *The Cambridge History of the English Language, Volume III, 1476 - 1776*, p. 8, 334, pp. 336 - 339.

英文学科与英文教育

第二章　英文学科的起源与跨学科性

引言

近年来业内的一个说法，即机译时代已然来临，[1] 人工智能将越来越强大，我国英文学科（全称英语语言文学学科）前景不妙。这种担忧或许不无道理，但很可能是杞忧。因为简单直白、文字质量要求不高的翻译任务虽然的确已能由软件执行，某些领域某些话题的准确率甚至可能达80％以上，但文学翻译，即涉及英语国家乃至整个西方世界的宗教、神话、哲学、历史、政治、法律、经济、社会心理、风俗习惯和方言俚语等的文学文本的翻译，或富含"文化"要素的翻译，短时间内机器是不可能胜任的，而仍将继续

---

[1]　据一项调查，早在 2012 年，就有 40％的语言服务提供商开展了机器翻译和译后编辑业务。2013 年另一项针对译者和语言服务提供商的调查显示，61％的自由职业译者和43％的语言服务提供商都声称在翻译中使用了机器翻译。2018 年，美国微软公司声称，其研发的机器翻译系统首次在通用新闻汉译英方面达到人类专业水平；据麦肯锡的预测，机器将在未来两到三年取代 30％的银行员工。此外，欧洲委员会的日常翻译工作现在已是由机器翻译辅助人工翻译完成的，仅仅依靠人工翻译无法完成欧洲委员会每日巨大的翻译需求。引自朱一凡、管新潮：《人工智能时代的翻译人才培养：挑战与机遇》，载《上海交通大学学报》（哲学社会科学版）2019 年第 4 期，第37—38 页。

由人工执行。这里，"人工"不仅意味着悟性或天赋，更涉及长时间系统、复杂而艰苦的训练。涵括上述方方面面知识的人类精神世界实在太复杂了。既然翻译软件是人类心智的数字延伸，或者说本质上是人类手中的一把工具，那么人脑殊难胜任之事，它也不能胜任，至少就目前技术所能达到的水平而言如此。更何况英文学科的意义远不仅在于通常所谓的翻译。

在很大程度上，正是通过对英语语言文学的学习，清末民初以来国人才得以深刻认识西方这一迥然不同的文明，才得以深深探入西方人的精神世界，几近整体地"舶来"西方知识体系。更值得注意的，是苏联解体以来英语作为全球唯一通用语所享有的重要地位："据统计，全世界 1/3 的人讲英语，45 个国家的官方语言是英语，75％的电视节目用英语播出，80％以上的科技信息用英文表达，全球互联网信息 90％以上是英语文本信息。"[1] 英语本身和英语文学如此重要，我们的学科焦虑是否能够得到纾解？如果仍然为否，不妨作一个反推：英美大学的英文学科、英文系[2]存在学科危机吗？实际上并不存在。既然如此，就很有必要对英美国家英文学科的起源和现状作一个考察，在现实危机和想象的"危机"一个

---

[1] 蒋洪新：《关于新时代英语教育的几点思考》，载《外语教学》2018 年第 2 期，第 49 页。

[2] 所谓"英文系"即 Department of English，是英美大学中一种主要教授与研究英语文学的系科，与作为教学和研究对象的英语语言（English language）本身既紧密勾连，又保持距离。所以，英语中准确的汉译是"英文系"。事实上，英语世界的英文系的主要教学与研究对象是英语文学。英语本身当然也是一个重要的教学和研究方向，但主要在语言学系或"二语"教育类系科中开设。美国研究型大学一般都设有语言学系，英文系一般不再另外开设语言学课程；教学型大学的英文系一般设有语言方向。**致谢：**笔者就美国大学语言学方向课程设置情况咨询了密苏里州立大学英文系曾德琪教授和湖南师范大学外国语学院肖明翰教授，在此谨致以诚挚的谢意。

接一个袭来的今天，更是如此。

一　英文学科的由来

问题来了：为什么当初英美大学一定要将英语文学作为一个科目来教授和研究？为什么英文学科的兴起不早不晚，恰恰在 18 世纪后期至 19 世纪前期？这需要西方文明的历史演进和现代转型中去找原因。

正如在 20 世纪之前，基于白话的汉语语言文学在中国社会并不是一个被普遍认为有价值、值得正式教授的对象那样，在 18 世纪中叶以前，英语语言文学也不被普遍认为是一个有价值、值得正式教授的学科。然而，随着资产阶级和民族国家、民族语言的崛起，欧洲发生了文艺复兴、宗教改革、科学革命、英国革命、美国革命、启蒙运动、法国大革命以及工业革命这一系列重大事态。正是在这些环环相扣的历史运动中，西方人的思维逐渐实现了从基督教占支配地位的封建形态向理性的、世俗主义的现代形态的转变，既有政治和宗教权威统统遭到质疑和否定，自由、民主和平等理念成为主流。英语文学学科正是在这种情况下崛起成为一种学术建制的。具体说来，紧跟着文艺复兴之第一波思想解放运动，具有更明显社会政治指向的第二波思想解放运动即宗教改革运动爆发了。它不仅使一直以来至高无上的罗马教皇威信扫地，也使各地教会权威遭到挑战。接下来发生的是第三波思想解放运动，即启蒙运动。它既是宗教改革之大变局的延续，又明显加剧了这一变局。伴随中产阶级在欧洲各地的兴起，启蒙运动高举反封建、反教会的大旗，高扬理性，高扬自由民主和平等理念，或直接或间接地引发了美国革命和法国大革命。与此同时，工业革命首先在英国然后在其他国家迅猛推进，科技发现和发明层出不穷，不可知论和无神论开始在欧洲流行，甚至出现了一种动摇基督教信仰之根本的理性阐释《圣经》的风气。凡此种种，给了封建专制制度、基督教会及信仰以沉重打击，使世俗主义思维和现代社会政治理念最终成为主流。

这一系列重大历史事态必然在欧美大学学科设置上会有所反映，甚至必然引发一场大学学科概念的革命。先前与宗教信仰和教会组织紧密勾连，经济门槛过高的神学、拉丁语文和希腊语文等，现在不再能独霸讲台，而包括英语、法语等在内的民族语言文学，以及自然哲学、数学、物理学、化学之类的新兴学科则迅速崛起。[1] 属于新兴学科的民族语言文学不仅比传统人文学即希腊拉丁语文更具进步性、现代性，而且也更具现实相关性和实用性。更为重要的是，由于民族语言文学的经济门槛较低，不那么富裕的广大中产阶级家族的子弟甚至下层人士也读得起（恰成对照的是，以希腊语、拉丁语为主的传统人文学对于师资的要求更高，故办学成本更高，对学生经济门槛当然也更高），藉以提升其文化修养与经济、社会地位。伊格尔顿如是说："作为一门科学，'英语文学'不是在大学，而是在机师学院、工人学院和大学附属业校中首先成为常设课程……英语文学实在是穷人的古典文学——它是为英国公学和牛津剑桥小圈子之外的人提供便宜的'人文'教育的

---

[1] 需要注意的是，再后来，"富人的学科"即古典语文学（即基于拉丁语、希腊语的古典语文）渐渐被边缘化，直至龟缩到目前已非常小众的古典学专业和神学专业。

一种方法。"[1]既然是"穷人的古典文学",英语文学从一开始便像基于希腊语、拉丁语的古典语文那样,具有把文学、历史、哲学等打通的跨学科性。

从时间上看,最早设置英文学科教席的学校是爱丁堡大学。1762 年,爱丁堡大学正式设立了 Regius Chair of Rhetoric and English Literature 即"皇家修辞暨英语文学教席"。[2] 这并不奇怪。爱丁堡大学是苏格兰启蒙运动的重镇,是启蒙哲学家大卫·休谟、亚当·弗格森以及进化论集大成者达尔文的母校。另一个重量级启蒙哲学家亚当·斯密也在爱丁堡大学执教过。众所周知,苏格兰启蒙运动影响所及,远远超出了苏格兰,波及英格兰、欧洲大陆乃至美洲大陆。[3] 接下来又有新近成立、锐意进取的伦敦国王学院[4]将英语文学设置为正式教学科目。令人惊讶的是,该学院于 1829 年开校当年,便将英语文学列为正式教学科目。[5] 这背后若无争取自由、民主和平等的社会政治诉求的日益高涨,若无中下阶层人士对于提高自身文化修养的人文教育的迫切需要之推动,[6]是无法解

[1] 特里·伊格尔顿:《二十世纪西方文学理论》,伍晓明译,西安:陕西师范大学出版社,1987 年,第 30 页。

[2] "Regius Chair of Rhetoric and English Literature" 词条,载 *Wikipedia*,下载时间 2022 年 4 月 23 日。

[3] Robert D. Thornton, "The University of Edinburgh and the Scottish Enlightenment", *Texas Studies in Literature and Language*, Vol. 10, No. 3, 1968, pp. 415 - 422.

[4] 国王学院即 King's College,与伦敦大学学院同为现伦敦大学的创校学院。

[5] Alan Bacon, "English Literature Becomes a University Subject: King's College, London as Pioneer", *Victorian Studies*, Vol. 29, No. 4 (Summer, 1986), p. 591.

[6] Franklin Court, "introduction" to *Institutionalizing English Literature: The Culture and Politics of Literary Study, 1750 - 1900*, Stanford: Stanford University Press, 1992, Franklin Court, "Introduction" to *Institutionalizing English Lite-*（转下页）

释的。再后来，更有马修·阿诺德出任牛津大学诗学教授，在英美最高学府堂而皇之开讲英语文学课程。[1]

美国人也不甘落后。1872 年，普林斯顿大学已设置英语文学本科课程；19 世纪 80 年代，圣母大学、达特茅斯学院、爱荷华大学等校相继设立了美国文学本科课程；1891 年，弗吉尼亚大学更是率先开设了美国文学研究生课程。[2]顺便说一句，法语和德语文学之被设为正式学科，与英语文学在英语世界的建制化大致发生在同一时期，有着相同的历史背景和社会政治内涵。早在法国大革命期间的 1795 年，共和三年师范学校[3]便正式将法语文学作为一个科目来教授了。[4]同样地，德语语言文学学科是在 18 世纪末至 19 世纪初德意志世界风起云涌的争取自由、平等和民主的社会政治运动之大背景下，由 Georg Friedrich Benecke、Die Gebruder Grimm 和 Karl Lachmann 创立；从 1810 年起，Friedrich Heinrich von der Hagen 便在柏林担任首位日耳曼语言文学专业教授。[5]

（接上页）rature: The Culture and Politics of Literary Study, 1750 - 1900 (Monograph), Stanford: Stanford University Press, 1992. Availiable from http://oldsite. english. ucsb. edu/faculty/rraley/research/.

[1] 这已是晚至 1857—1867 年间的事，但至今仍被不少人视为英语文学学科建制化的肇始。

[2] 参见 "American literature（academic discipline）" 词条，载 Wikipedia，下载时间 2022 年 4 月 3 日。

[3] 共和三年师范学校（l'école normale de l'an III）成立于法兰西第一共和国（1792—1804）三年，为现法国精英大学巴黎高等师范学校的前身。

[4] C. Desirat et T. Horde, "Les écoles normales: une liquidation de la rhétorique?" in Litterature: Frontières de la rhétorique, mai 1975, numéro 18, p. 1. 致谢：笔者就相关问题与北京大学法语系段映虹教授、湖南师范大学法语系罗芳老师进行了讨论，二位替本文查询了相关信息。笔者谨向二位表示诚挚的谢意。

[5] 参见 Germanistik 词条，载 Wikipedia，下载时间 2022 年 3 月 5 日。致谢：笔者就相关问题与深圳大学德语系陈早博士作了有益的讨论，她替本文查询了相关信息。笔者谨向她表示诚挚的谢意。

应特别注意的是，社会政治立场偏保守的阿诺德在牛津大学开设英语文学课程，目的似乎并非要大力推进自由、民主和平等的时代议程，至少自由主义主流派认为如此。作为19世纪首屈一指的思想家、教育家和诗人，阿诺德有不同于自由主义主流思维的考量。其着力的重点，是要整治在他看来是由文艺复兴、宗教改革、启蒙运动、科学革命、法国革命和工业革命等历史"进步"所导致的信仰破产、道德堕落、政治动荡、社会分裂等。既然教会的合法性已丧失殆尽，既然基督教教义已不再具有从前那种不容置疑的权威性和说服力，那么疗救"野蛮人""群氓""非力士人"之粗鄙灵魂的任务，[1]弥合分裂、维系社会、提振人心的使命，就得由世俗化、现代化的英语"诗歌"即英语文学来完成。

由于被选作教材从而经典化的英国文学文本并不宣扬圣母因圣灵而感孕，耶稣为上帝之子、被钉十字架死去又复活升天之类有违常识的教义，却具有能提升人们精神品质的审美功能，更传承着先前主要由宗教传承的伦理道德教诲，[2]故而将发挥抚慰灵魂，整合社会，摆脱乱局，重归正道的重要作用。在阿诺德那里，"诗歌"就是救赎，意味着"文化"，意味着"温馨与光明"，[3]因而远不止是通常所谓的"文学"，而是一种也包括哲学、历史、宗教及修辞等方方面面的新型人文学。既然人文学从来就是一种跨学科的学问，这种新型人文学不可能不具有跨学科性。

---

[1]　马修·阿诺德：《文化与无政府状态》，韩敏中译，北京：生活·读书·新知三联书店，2002年，第65—95页。

[2]　晚至20世纪四五十年代，剑桥大学英语文学专家、F. R. 利维斯仍然把具有严肃道德关怀与否作为一部英国作品可否归入"伟大传统"的尺度。

[3]　阿诺德：《文化与无政府状态》，第6—40页。

在大学开设英语文学这种新型人文课程，正是广布"诗歌"之福音，给社会带来救赎的一个极其重要且有效的途径（但应看到，"文化"救赎论的出台在当时语境下是一件自然而然的事，似乎并非出于少数个人的远见卓识；任何一个民族的语言文学都既蕴涵艺术价值，也承载该民族所固有的伦理道德意识）。阿诺德的心路历程近乎完美地解释了为什么爱丁堡大学、伦敦国王学院、牛津大学、普林斯顿大学、弗吉尼亚大学等引领潮流的学校会把英语诗歌、戏剧和小说等作为跨学科的传统人文学的一个替代品来教授。基督教既已破产，传承价值和抚慰人心的责任就主要得由英语文学这种新型人文学接管过来。这也意味着，英语文学不仅已成为传统人文学的替代品，在很大程度上也已成为传统宗教的替代品。

二 英美英文学科的课程设置

然而，正如上文所提到的，英文学科建制化的故事还有一个同样重要也许更为重要的侧面：它跟欧洲其他民族语言文学的学科化一样，是文艺复兴、宗教改革、启蒙运动、美国革命、法国革命、工业革命，以及传统信仰破产这一系列重大事态中出现的争取自由、民主和平等之社会政治运动的一个有机组成部分。也就是说，英语文学学科从一诞生起，由于其有着争取自由平等的社会政治诉求和中下阶层人士甚至"穷人"对人文教育的迫切需要这一大背景，故而带有鲜明的进步主义基因，有着强烈的社会政治关怀。

既然如此，英文学科便不可能永远像在其产生之初那样，主要局限于狭义的诗歌、戏剧和小说方面的"经典"文本。它必然是发展变化的，而这种发展变化必然会打破既有学科概念的束缚，摧毁狭义的"纯文学"界限。这在很大程度上解释了为什么当今英美大学的英文系除了设有英语诗歌、戏剧、小说和写作（包括文学创作和论说文、纪实文学的写作）等或可称为"纯文学"的核心课程外，看似不那么"纯文学"的文化研究、批判理论、诗学等理论性课程，以及生态批评、性别政治、媒体研究、后殖民研究、美国非洲裔文学研究、美国拉丁裔文学研究、其他少数族裔文学研究等社会政治指向性强烈的课程同样是标配，或者说是必不可少的基本课程。

其实，仅从名称即可知，这些课程大体就是西方自由主义主流思维的孵化箱、催化剂（暂且不论控制着大学本身乃至整个社会的话语权的左派精英们一方面自诩"进步人士"，动辄挥舞"政治正确"的大棒，另一方面却鄙薄、歧视广大白人下层民众，相当大程度上已背离了传统英文学科所持自由、民主、平等理想[1]）。具体看，除"纯文学"课程外，英美著名大学的英文学科还开设了诸多明显具有社会政治取向和环境关怀的课程。例如：

表1 社会政治性课程[2]

学校	芝加哥大学	耶鲁大学	布朗大学	哈佛大学	剑桥大学
课程名称	种族间现代主义	早期现代生态学：农民、动物和土地书写	美国文学与宪法	建国以来的抗议文学	伦理想象

［1］ Patrick J. Deneen, "Liberalism Has Failed", *Newsweek*, July 24, 2020, p. 17.

［2］ 以上信息源自各相关大学英文系网站，下载时间为2021年8月5日至20日。

致谢：湖南师大外语学院王叶同学为本文查询了英美大学英文系的课程设置情况。笔者谨向她表示诚挚的谢意。

续 表

学校	芝加哥大学	耶鲁大学	布朗大学	哈佛大学	剑桥大学
	独立宣言	启蒙运动至浪漫主义时代的环境诗学	美国梦	种族与法学	视觉文化
	《资本论》第一卷：政治经济学批判	在人类世创造环境	恐怖主义的来龙去脉	气候的十字路口	物质层面的文艺复兴
	非洲电影	文学和科学中的食物	文学与世界末日	超级英雄与权力	
	美国电视的黄金时段	阅读、书写及印刷上帝：1390—1900年的英语圣经	地球诗学：文学与气候变化	小说、科技与正义	
	意识的创发：文学、哲学、心理学	消灭暴君	"启蒙运动与民族文学的兴起"	圣经与艺术	
	数字人文学中的阐释			百老汇：1940年至今	
	科幻小说中的未来			莎剧演出	

此外，爱丁堡大学修英语文学或苏格兰文学的学生，可修古典学、历史、艺术史、哲学、宗教研究、苏格兰民族学、俄罗斯研究、斯堪的纳维亚研究，以及法语、德语、西班牙语、波斯语等课程；[1]

---

[1] Department of English Literature, University of Edinburgh 网站，下载时间 2021 年 8 月 8 日。

在满足一定条件的前提下，剑桥大学修英语文学的学生也可修古典学、凯尔特语文、盎格鲁-萨克逊语文、中世纪语文、斯堪的纳维亚语文等。[1] 很明显，这种课程设置大大超越了"纯"英语文学的界限。

同样仅从课程名称就能看出，上述各大学的英文学科——多数情况下，英文学科就是系统开设一套有明显社会政治取向的基本课程的英文系，有时也会归在比较文学方向——表现出了一种极强烈的跨学科性，所涉及的学科包括历史学、哲学、社会学、政治学、宗教学、伦理学、心理学、媒体学、影视学、法学、科学、医学和环境学，等等。既然从一诞生起，社会政治关怀就刻写在英文学科的基因里，那么坚持一种狭隘的学科身份，即，只认可早已经被经典化或正在被经典化的英语诗歌、戏剧和小说作品这样的"纯文学"，而不是但凡有需要，就跨界到相关学科，英语文学所固有的思想倾向何以得到表达？争取自由民主和平等的社会政治议程何以得到推进？英文学科何以成为其自身？

尤需注意的是，写作课在哈佛、康奈尔等大学的英文学科占有非常重要的地位，不仅开设课程多，而且涉及面广。哈佛大学英文系设有新闻写作、戏剧写作、小说写作、电影剧本写作、科学与环境写作、科幻故事写作、思辨小说写作，甚至鬼怪故事写作等。[2] 有了一套"纯文学"核心课程，有了一套明显具有社会政治意识和环境关怀的基本课程，在此基础上再配套大量写作课，最终必然使

---

[1] Faculty of English, University of Cambridge 网站，下载时间 2021 年 8 月 8 日。

[2] Department of English, Harvard University 网站，下载日期 2021 年 8 月 15 日。

英文学科或英语系毕业生不仅本身就成为自由主义左翼思想的信徒，更成为这种思想意识的忠实传承者和高效传播者。

事实上，英美英文学科的毕业生不仅作为写手充斥于媒体界、文学创作界、文艺评论界和影视界，也作为教师活跃在大中小学的讲台上。他们与大体上受相同思想意识熏染的比较文学、历史学、哲学、社会学、政治学、心理学、法学等专业毕业生协同合作，共同经营并控制着英语世界的话语权，塑造着英语国家乃至整个西方世界人们的社会政治立场。这些大学所开大量写作课不是白开的，而是要把社会政治话语权牢牢掌握在自由主义左派手中，同时维系、传承并不断更新其思想意识。

很难想象，若无跨学科的英文系和为数众多的英文学科毕业生，改变了历史进程的民权运动、男女平权运动、环境保护运动、同性恋权利运动以及历次大规模反战运动等，究竟能否发生；若无这些社会政治运动，今日西方乃至世界将会呈现出何等样貌。也很难想象，若无跨学科的英文系和一届又一届的英文学科毕业生，若无他们在主流媒体、智囊机构和中大小学教育方面所掌握的话语权，约瑟夫·拜登究竟能否赢得 2020 年大选，其较为理性、较乐意对话的对华政策究竟是否可能，特朗普式保守主义的粗蛮做法究竟还会持续多久。

三　英美从业者的研究兴趣

对英美著名大学英文学科的课程设置有了一个大致了解，英美从业者的研究兴趣与其相配套，具有突出的跨学科性，远远超出诗歌、戏剧和小说范围的现象，就不难理解了。这里不妨看看这些大学的英文学科从业者到底做什么研究。

表 2 剑桥大学英文系从业者研究兴趣[1]

教师	Dr. Edward Allen	Dr. Jessica Berenbeim	Dr. Alison Wood	Dr. Joanna Bellis	Prof. Caroline Bassett
研究方向	技术历史（声音装置）	中世纪艺术与建筑	维多利亚与爱德华时代的智识文化与宗教	英法百年战争及其在十六世纪的反映	数字媒体
	物质文化	档案与相关理论	流变中的英国分类学与博物学文化	中世纪/近代叙事中战争与暴力表述	数字人文学
	音乐	哲学史	大学理念的来龙去脉	语言与语源学理论及对政治/国家身份建构的影响	人工智能与知识文化转型
	抒情诗学	书写的审美与材料维度	现代学科史	英法政治与文学的关系	技术与社会权利
		古典接受研究	当代大学政策与大学治理	历史与文学的分野	技术与乌托邦想象
		中世纪不列颠文化史			数字文化的批判理论
		文学与视觉文化的交叉			技术与政治的女性主义思考

---

[1] Faculty of English, University of Cambridge 网站，下载时间 2021 年 8 月 20 日。

教师	Dr. Edward Allen	Dr. Jessica Berenbeim	Dr. Alison Wood	Dr. Joanna Bellis	Prof. Caroline Bassett
					自动化的焦虑
					人工智能的可解释性及与技术和认知文化的关系

表 3　爱丁堡大学英文系从业者研究兴趣[1]

教师	Michelle Keown	Dr. Alex Thomson	David Farrie	Simon Alpas
研究方向	后殖民文学及理论	德里达与阿多诺思想研究	人类世诗学（一种反思人类作为地质动因的作用的新诗学）	欧陆哲学
	毛利人与太平洋书写	启蒙运动以来的苏格兰思想		后现代主义
	后殖民翻译研究	大陆哲学与政治理论中的 19—20 世纪苏格兰文学及思想		文学理论
	后殖民移民群体			浪漫主义
	英美帝国主义与太平洋			17 世纪科学革命以来科学与文

---

[1]　Department of English Literature, University of Edinburgh 网站，下载时间 2021 年 8 月 22 日。

续　表

教师	Michelle Keown	Dr. Alex Thomson	David Farrie	Simon Alpas
				学（含科幻小说）的关系
	后殖民接受理论			复辟时代以降的文学、文化与政治
	医学人文学			

表 4　康奈尔大学英文系从业者研究兴趣[1]

教师	Elizabeth S. Anker	Jeremy Braddock	Caroline Levine	Shirley Samuels	Daniel R. Schwarz	Elizabeth F. Evans	Andrew Galloway
研究方向	政治理论	媒体研究	形式主义	19世纪美国流动性与逃亡叙事	二十世纪美国文化	数字人文学	中世纪的历史书写
	人权	书史	艺术与政治的关系	女性主义批评	犹太人大屠杀研究	文化地理学	中世纪文学文化中的多语现象
	后殖民批评及理论	非裔美国文学	文学与文化理论	美国研究	报纸及其历史	性别与性	中世纪拉丁语文学
	法律与文学	图书馆、档案与信息研究	世界文学	20世纪后期妇女作家与视觉文化	欧洲文化与亚非文化的关系	现代主义研究	中世纪诗歌的听众及语境
			叙事理论	白人性、族裔性和种	维多利亚时代研究	文化研究	文本批评与书籍的

[1]　Department of English, Cornell University 网站，下载时间 2021 年 8 月 22 日。

教师	Elizabeth S. Anker	Jeremy Braddock	Caroline Levine	Shirley Samuels	Daniel R. Schwarz	Elizabeth F. Evans	Andrew Galloway
				族的社会建构			文学文化语境
		侦探小说			纽约研究		
					城市文化		
					欧洲小说的翻译		

表 5　芝加哥大学英文系从业者研究兴趣[1]

教师	Beatrice Bradley	Bill Brown	Rachel DeWoskin	Jacob Harris
研究方向	古典传统与接受	马克思主义	边缘研究	全球资本主义
	性别与性研究	电影研究	跨国经历研究	物质文化
	医学与身体史	城市研究	中国社会景观	城市研究
		视觉文化与图像学	中国诗歌与音乐抒情诗翻译	现代主义
		文学与艺术		十九世纪后期的英语与法语小说

表 6　耶鲁大学英文系从业者研究兴趣

教师	Annabel Patterson	Pericles Lewis	Robert Stepto	Stephanie Newell	Michael Warner
研究方向	审查制度历史	亚洲人文教育	美国非裔文学	印刷媒体与殖民地社会（西非）	美国早期文学及印刷文化

[1] Department of English Language and Literature, University of Chicago 网站，下载时间 2021 年 8 月 28 日。

续 表

教师	Annabel Patterson	Pericles Lewis	Robert Stepto	Stephanie Newell	Michael Warner
	近代法律	数字时代艺术作品	文学与视觉艺术		公民及社会运动
	自由主义	宗教	民间传说		新闻
	议会制历史	现代主义	文学与历史的关系		新媒体
	民族主义和国际主义问题在近代小说中的表述				知识产权
					世俗化研究
					非学术性政论文

表 7 哈佛大学英文系从业者研究兴趣[1]

教师	Homi K. Bhabha	Henry Louis Gates, Jr.	John Stauffer	Stephen Greenblatt	Gordon Teskey
研究方向	世界主义	非洲及美国非裔文学	美国研究	文学与文化理论	批评理论
	美学及文化视野下的人权与文学	文化理论	美国内战	近代文学与文化	欧陆哲学与诗歌
			抗争文学	宗教与文学	诗歌与预言

[1] Department of English, Harvard University 网址，下载日期 2021 年 8 月 25 日。致谢：湖南师范大学外国语学院博士生张晓雨对本文英美英文课程设置与教师研究方向的有关信息进行了表格化处理。笔者谨向她表示诚挚的谢意。

续　表

教师	Homi K. Bhabha	Henry Louis Gates, Jr.	John Stauffer	Stephen Greenblatt	Gordon Teskey
			奴隶制及废奴运动	旅行及探险文学	寓言历史及理论
			19 世纪美国文学与文化	文学与人类学	
			宗教与文学		
			自传		

　　尽管多数学者的研究领域仍在"纯文学"范围之内，但从以上例子可知，英美从业者显然并非仅仅教授和研究英语诗歌、戏剧和小说，而且这里要特别指出的是，英美大学实际存在的跨学科研究事例远远不止以上所举。很明显，英美从业者的研究兴趣不仅比我国从业者更为切近社会政治现实，而且大大溢出了所谓"纯文学"范畴。事实上，其所理解的 literature 涵盖面明显广于我国从业者的理解，而可能与我国古代"文学之士"意义上的"文学"（指经史子集式的学问以及相关的诗词歌赋能力；"文学之士"即具有这种学问和能力的人）更接近。凡此种种，再加上相同导向的课程设置，都表明英美从业者对英语文学的学科特性的理解与我国英文从业者有很大的不同。

　　实际上，对于这种更宽泛、灵活的理解，我们并不应该感到奇怪。欧洲主要语言中 literature 一词本来就有三个基本含义：1）狭义的"文学"，即作为一种艺术形式的语言作品，指诗歌、戏剧和小说；2）较为广义的"文学"，即各种纪实文学文类，如传记、日记、回忆录、书信、散文等；3）最为广义的"文学"，即任何以文字记录、保存及传播知识的方法与藉此方法记录、保存及传播的知识之文本。[1] 很大程度上，这解释了为何英美英文学科课程设置和研究领域会大大超越"纯文学"的范畴。

这也就是为何在英语国家的英文教师、英文学者乃至一般读者心目中，史家爱德华·吉本的《罗马帝国衰亡史》不仅是一部史学经典，也是一部文学精品。因文笔优美，《罗马帝国衰亡史》的某些章节往往被用作文学范本。这同样是为什么 1903 年的诺贝尔文学奖颁给了德国著名历史学家提奥多特·蒙森，1950 年度的文学奖颁给了数学家、哲学家伯特兰·罗素，1953 年度的文学奖颁给了政治家温斯顿·丘吉尔。他们都不是"纯文学"作家。瑞典文学院之所以表彰蒙森，是因为他的历史研究产生了巨大影响；之所以表彰罗素，是因为他在所撰写的大量随笔类文字中，持之以恒地追求人道主义理想和思想自由；之所以表彰丘吉尔，是因为他所作的大量政治演讲和所写的纪实作品《二战回忆录》。

从以上讨论可以清楚地看到，英美从业者的研究兴趣不仅完美地诠释了 literature 一词的三个基本含义，而且具有显著的跨学科性，而这并不是 literature 一词中的多个涵义所能充分解释的。英美英文系的跨学科行为如此普遍，以至于给人这样的印象：英语语言文学本身与通常所谓学科不同，是天生就具有跨学科性，涵盖范围包括我国外国语言文学学科中的外国文学、语言学与应用语言学、翻译学、国别与区域研究、比较文学与跨文化研究，而且很可能更广，不仅涉及历史学、哲学、宗教学、政治学、社会学、伦理学、语言学、心理学、经济学、民俗学、媒体学、影视学、医学以及环境学

---

[1]　见 Literature 词条，*Wikipedia*，下载时间 2022 年 4 月 30 日。

等，甚至表现出了一种向古典、欧洲大陆乃至世界文学文化拓展的趋向。尤其需要注意的是，英美从业者的跨学科行为并非为了炫耀博学，而是要更好地服务于英文学科与生俱来的意识形态取向。

四　英美与我国英文学科比较

18 世纪下半叶以来，大学学科体系经过近三个世纪的发展，现已形成高度专门化、细密化的学科格局，相互独立、各有自己利益诉求的学科之间已是森严壁垒，大学人不背靠学科的大树就不能出"成果"；不能出"成果"，便拿不到学位，评不上职称，更不能获取诸多其他形式的利益。因此不仅在不同学科之间，即便在同一学科不同方向之间，从业者也互不理解，彼此漠然。这对于新问题的提出和解决，新思想、新方法的产生是极其不利的。故而，不同学科和方向的交叉融合成为新时代的迫切要求。正是因此缘故，2020年教育部高教司在山东大学（威海分校）召开所谓"新文科"建设启动大会，发布了《新文科建设宣言》。紧接着，教育部又于 2021年设立首批"新文科研究与改革实践项目"。[1] 姑且不论"新文科"的提法妥当不妥当，教育部的上述姿态都表明，一种提倡学科交叉融合的新的学科概念多少已获得国家层面的支持。

若将英美英文系与我国英语系的课程设置作一个比较，不难发现，英美同行早在二三十年前甚至更早，就在做我国今日"新文

---

[1] 张剑，《外国语言文学的学科边界与"新文科"的交叉融合》，载《上海交通大学学报》2023 年第 1 期。

科"所主张的学科交叉融合了。相比之下，我国英语系对于英语文学的理解基本上仍停留在狭义的"文学"上。在顶级综合性大学的英文系，按国别、时代、文类来设置文学课程是通行的做法，如中世纪文学、伊丽莎白时代戏剧、英国浪漫主义诗歌、维多利亚时期英国小说、20世纪英国戏剧、19世纪美国诗歌、19世纪美国小说、加拿大小说、澳大利亚文学、爱尔兰经典作家等。如果不考虑其所占比例相对较大，细化程度也不够，这种课程设置与英美英文系半个世纪之前的传统做法大体相同。

当然，圣经研究、西方文学经典、西方古典文论、比较诗学，以及翻译理论、普通语言学等不那么"纯文学"却非常重要的课程大体上在我国某些英文系已属必开课程，尽管开课目的、思想取向明显不同于英美英文系，开课数量及细化程度也未达到后者的水平。个别单位如北京大学、湖南师范大学英文系还开设了拉丁语；北京外国语大学、上海外国语大学、广州外国语大学、湖南师范大学等一大批院系除了英语文学、语言学与应用语言学、翻译学以外，还开设了国别和区域研究、比较文学与跨文化研究课程，如美国研究、英国研究、澳大利亚研究、加拿大研究和爱尔兰研究、比较文学与文化等。[1]

然而一个事实非常清楚，即，英美同行学术视野明显更宽，研究范围明显更广。也就是说，我国英文学界的赶超空间非常大。应当承认，我国从业者的研究兴趣与所开课程大体上是吻合的，教学内容大体上为研究领域所覆盖，即研究领域并非像在英美英文系中

---

[1] **致谢**：湖南师大外语学院吉先群同学为本文查询了我国相关大学英文系的课程设置情况。笔者谨向她表示诚挚的谢意。

那样明显大于所开课程。但有一点是肯定的：我国从业者对英语文学学科的理解，与英美同行有较为明显的距离。暂且不论是否一定得有英美同行式的社会政治关怀，我国从业者的视野和研究兴趣大体局限在与英语文学"本部"关系更紧密的范围，像"人类世诗学""技术与乌托邦想象"或"恐怖主义的来龙去脉"之类题目要么根本进不了我们的法眼，要么极可能被视为不务正业的狂想。

问题是，我国从业者对"文学"的理解与英美同行相比，为何如此不同？为何相对而言我国从业者眼界不那么广，跨界能力乃至影响社会政治议程的能力不那么强？国情固然是一重要原因，英语并非母语或许是一个更为根本的原因。实际上，英语对中国人而言不仅是一门外语，更是一门与汉语有相当大的语言距离（linguistic distance），故而难度很大的外语。[1]一直以来，国人大大低估了英文的难度。既然英语人一生的黄金时间被消耗在这种难度很大的外语上，其知识积累、研究能力、母语能力等不可能不受损失。尽管如此，可以肯定，我国从业者的眼界比英美同行明显更窄，研究范围明显更小，故进一步发展空间极大。

正是因此缘故，更因我国英语语言文学界（乃至一般人文界）学术主体性尚未真正形成，独立的问题意识、独立的研究视角依然欠缺，因而迄于今日，我们对西方学术的依附仍相当严重。甚至可以说，我们所谓的"研究"在很多方面、很大程度上只是对英美成果的重新包装及转述。但是，有视野宽广、跨界能力强的英美

---

[1] 试比较：印度大多数人口的母语为印欧语系印度语族中的各种语言，与英语同根同脉，与英语的语言距离小得多，所以印度人学英语比中国人更容易；这在一定程度上解释了为何同在西方谋生活，华人普遍处境较差，而印度人却如鱼得水，游刃有余。

英文系作参照，我国英语文学研究有着广阔的"增长空间"至为清楚。学术主体性一旦确立，独立问题意识和研究视角一旦形成，我国英文系将有飞跃的发展。无法想象一个有 14 亿勤劳聪慧的人口和全球最大经济总量（按购买力平价计算），并在越来越多方面赶超先进的大国，竟不能产生一批深谙英语国家乃至整个西方文明、与时俱进的学者，竟不能培养出大量熟悉英语国家乃至整个西方世界文学文化的本科生、硕士生和博士生。吾国英文系任重道远，大有可为。

第三章 English Language and Literature as an Academic Subject in China

1. How English as an Academic Subject Started?

As a sleepy China was defeated by Western powers in the Opium Wars of the 1840s and the 1860s, it had to sign a series of unequal treaties with them, suffering great humiliation. This is an extremely serious crisis unparalleled in its entire history. China experienced what was literally a collapse of cultural confidence. It began to be seized by a great anxiety about its survival, not to speak of faring well, in this brave new world in which it had so suddenly found itself. As is known, this anxiety (even horror) would be drastically aggravated in the catastrophe of the Sino-Japanese War that took place from 1894 to 1895, and would continue to haunt the nation long afterwards, triggering a series of rebellions and revolutions. Under the circumstances, China began to awake. Reform initiatives were introduced and modernization projects were launched, simply to "make it great again", led by paramount politicians like Zeng Guofan, Li Hongzhang, Zuo Zongtang, Hu Linyi and somewhat later, Zhang Zhidong.

Against this background, Jingshi Tongwen Guan, or the Capital College of Foreign Languages, was set up in 1862 in Beijing by the Qing government. [1] This could reasonably be taken as the very start of English as an academic subject in China, for, with the installation of this college, the first department of English ever in any Chinese college or university was founded. This can reasonably be seen as the very start of China's modern college education, as in the following years, with the setting up of the department of English, and of those of French, Russian, German and Japanese successively, the Capital College of Foreign Languages would install a department of mathematics, offering mathematical and astronomical courses. This illustrates the great importance China then attached to the study of foreign languages in general, and of English in particular. As it would turn out, this eager-to-learn attitude would produce not only profound effects on China itself but eventually powerful inter-civilizational and geopolitical impact on the entire world.

In 1898, Jingshi Daxuetang or the Capital University, a predecessor of Peking University, was founded. From the outset, it put English, French and German courses in its core curriculum, whereas astronomy, mathematics, physics, chemistry and medicine that were non-linguistic but more important than language itself were introduced only later on. [2] In 1902, the Capital University incorporated the

---

[1] "Jingshi Tongwen Guan", *Baidu Encyclopedia* (《百度百科》), https: // baike. so. com/doc/6075985-6289063. html.

[2] "Jingshi Daxuetang", *Baidu Encyclopedia* (《百度百科》), https: // baike. so. com/doc/5567960-5783119. html.

Capital College of Foreign Languages, thus the very top Chinese university at the time, i. e. , Peking University, was launched. In 1919, with a major structural reshuffling, thirteen departments of this university were founded, among which were quite a few departments of foreign languages and literatures, that is, those of the English Language and Literature, of the French Language and Literature and of the German Language and Literature, etc. [1] Special attention should be paid to the fact that, amongst all the foreign languages China has been eager to learn ever since the late Qing period, English has always come out on top.

The above offers a basic story line of the important role English played in the founding of the very best modern Chinese university, and of the very start of English as an academic subject in China. The situation in other major cities was similar, as the establishment of Shanghai College of Foreign Languages (Shanghai Tongwen Guan), Guangzhou College of Foreign Languages (Guangzhou Tongwen Guan), and etc. , suggests. As a matter of fact, in the 1920s and early 1930s, English programs and departments were mushrooming in the newly founded colleges and universities in other major Chinese cities, not only in Shanghai and Guangzhou, but also in Tianjin, Wuhan, Nanjing, Chengdu, Changsha, Chongqing, etc. Afterwards, for quite some time, not much progress seemed to be made in the growth of English as an academic discipline, mainly because of the Anti-Japanese war (1937

---

[1] "Peking University", *Baidu Encyclopedia* (《百度百科》), https：// baike. so. com/doc/845213-893738. html.

to 1945) and because of the two civil wars fought between the Kuomintang Party and the Chinese Communist Party from 1927 to 1936 and in the second half of the 1940s. Yet, with the founding of the People's Republic of China and the outbreak of the Korean War, as tensions increased between China and America or between China and the West as a whole, English was suddenly marginalized or even disappeared from the college and school curricula in the 1950s and the 1960s, with Russian replacing it as the number one foreign language.

2. Official Policies on English

Twenty years later, however, as tensions between China and America eased and the Sino-American relationship began to unfreeze in the early 1970s, English gradually resumed its former status. With the launching of the Reform and Opening-up Movement in the late 1970s, English soon replaced Russian as the most important foreign language. [1] However, a real flare-up of English not only as the No. 1 foreign language but as a mandatory subject for all school pupils and college students, occurred in the 1980s, when the Reform and Opening-up Movement was at full steam. Beginning from 1984, English was officially included in the national college entrance examinations(roughly

---

[1] Yuan Yuan, "English as an International Language and English Teaching in China", *English Abroad*, 2014(07).

the counterpart of US SAT, but of much greater challenge) by the
Ministry of Education, [1] which would prove to be a powerful booster
to English's status as assuredly the No. 1 foreign language, and one of
the most important academic subjects. Ever since the new century
began, China has seen an unprecedentedly huge expansion of higher
education, which in turn brought about a massive eruption of English
programs and departments at the universities and colleges.

According to the statistics issued by the Ministry of Education,
there were 2914 higher-education institutes of various kinds by May,
2017. [2] According to the statistics issued too by the Ministry of
Education, there were 518900 schools, colleges and universities in China
in 2018, with 276 million enrolled students. [3] What does this mean?
Before answering this question, let us remember what profound
transformation the Chinese economy and the lives of the Chinese people
have undergone since 1978, the year when the Reform and Opening Up
Movement started. As a matter of fact, not only has China been
metamorphosed, but also the entire world has been changed
accordingly. China's economic volume surpassed America's as early as
2014, by PPP or Purchasing Power Parallel, according to the statistics

---

[1] Xu Junqian, "China now major innovator in second language learning", in
China Daily, July 27 - 28, 2019.

[2] "The Ministry of Education issues a list of China's higher education institutes
(2017)", Website of the Central People's Government of PRC, http://www. gov. cn/
fuwu/2017-06/16/content _ 5202888. htm.

[3] "518, 900 schools, colleges and universities in China in 2018, with 276 million
enrolled students", in *China News* (Website), http://www. chinanews. com/sh/2019/
02-26/8765085. shtml.

of the World Bank. China has shown its technological and infrastructural prowess in the way of a nationwide high-speed rail network, a tremendous number of advanced and even luxurious airports, harbors, and high-speed railway stations, its 5 – G technology and engineering that remain the most advanced in the world despite Donald Trump's desperate sanctions, its Lunar Exploration Chang'e, its Tiangong Space Station, the building of which was completed in 2022, and so forth.

Thus, in the eyes of some, here has emerged a Leviathan or a would-be superpower with an immense population, a colossal economy and very advanced science and technology, ready to take over the world, which the Western powers have dominated for so long. This is a misunderstanding, since China is willing to play a secondary and complementary role in the existing world order mainly created and maintained by the West, from which it has benefitted so much, and without which none of its achievements is possible. Now we are perhaps in a better position to answer the question regarding what the immense scale of English teaching and learning at Chinese universities and schools really means. Since there are now almost 30 million learners of English at the college level, there must be an even larger number at the school level. As a matter of fact, in 2018, there are 57. 37 million at the junior high school level, 45. 27 million at the senior high school level, and 105. 65 million at the primary school level. [1] Attention should be paid

---

[1]　"The number of enrolled pupils at primary and high schools in China, 2018" in *Baidu Wenku* (百度文库), https://wenda. so. com/q/1637892758210297.

to an even more important fact that, for about 30 years, vigorous linguistic policies have been systemically formulated and enforced by the national and provincial governments just to make English a mandatory subject at the college and high school levels, thus also a de facto mandatory subject at the primary school or even kindergarten levels.

If at the school level the most basic English — rudimentary vocabulary and grammar, and elementary listening, speaking, reading and writing skills — is taught, then at the college level English is provided for both English majors and non-English majors as a very special subject. For all non-English majors, "College English" is mandatory and this policy is enforced nation-wide without exception, [1] from province to province, from city to city, or from college to college. For non-English majors, a basic knowledge of British and American culture, and Western culture as a whole, is required, and a basic English proficiency level, in the way of listening, speaking, reading and writing skills, is required, too, while much emphasis is put on reading and ESP, or English for Special Purposes. [2] At a majority of universities and colleges, undergraduate non-English majors have to pass two tough English examinations, that is, band-4 and band-6 tests for non-English majors, the scores of which will accompany them upon

---

[1] Fu Yi, "English as an 'International Language' in China: Changes in Perceptions and Attitudes in College English teaching", *English Abroad*, 2013(18).

[2] Jiang Shengfang, "What Chinese Postgraduates of Non-English Major Expect from the English Course", *2012 Third International Conference on Telecommunication and Information*.

graduation, and will thus affect their future career; whereas undergraduate English majors are required to take two equivalent examinations too, i. e. , band-4 and band-8 tests for English majors. For postgraduate English majors, courses in English literature (British, American, Canadian, Australian literatures, etc.), English-related linguistic studies, English-related translation studies, British studies, American Studies, English-related intercultural studies, English-related communication studies and English-related international relations, and etc. , are offered and their graduate papers can focus on these areas.

Apart from regular schools, colleges and universities supervised by the Ministry of Education, there is an enormous number of commercial teaching institutes in the form of training schools and informal classes that offer English courses, and there is private tutoring also, conducted by undergraduates and postgraduates of English, which makes up a fairly big volume of commercial teaching, too. One further fact (perhaps a more important fact than those just mentioned) worth mentioning is that technology has now made both on-line independent learning and on-line face-to-face teaching possible. These factors, combined with regular schools, colleges and universities, have brought about a remarkable situation in which an estimated 300 million people or so of all ages are learning English in China today. [1]

---

[1] Xu Junqian, "China now major innovator in second language learning", in *China Daily*, July 27 – 28, 2019.

3. English Literature in China

A question may be asked: what specific role English literature has played in China in the last one hundred years? There is no doubt that, English literature in its broader sense has helped to introduce into China the very important modern ideas of freedom, equality, democracy, and specifically the related notion of individuals' rights. In fact, as an important part of Western culture, English literature even in its narrower sense has exerted a great influence upon modern Chinese literature, especially Chinese drama. Almost simultaneously with the founding of the Capital College of Foreign Languages and Peking University (see above), English Literature was introduced into China as an academic discipline, which has been flourishing in the past three decades or so.

Beginning from the 1920s, or more than a century ago, William Shakespeare, with his *Hamlet, Macbeth, the Merchant of Venice, A Midsummer Night's Dream, the Twelfth Night, As You Like It, Tempest*, etc. has fascinated Chinese readers so much that his plays have not only been translated and widely staged as drama on university campuses and commercial theatres, contributing substantially to the cause of incorporating Western drama into Chinese cultural life, but also been adapted and transplanted onto various kinds of local Chinese operas, such as Beijing Opera, Sichuan Opera, Shanghai Opera, Henan Opera, and staged in various Chinese dialects in different parts of China.

A well-known fact worth mentioning is that English drama, especially Shakespearean plays, have been widely used by Chinese teachers of English as an effective method of facilitating English learning. [1]

Attention should be paid to the fact that the Lambs' *Tales from Shakespeare*, with its simple English and crystal clear style, has considerably benefited Chinese learners of English, not least the famous poet, scholar and politician Guo Moruo. And English fiction has played its part. The novels of Jonathan Swift, Daniel Defoe, Charles Dickens, Thomas Hardy, Earnest Hemingway, William Faulkner, have exerted a powerful impact on Chinese readers. Together with other Western novels, they have considerably enriched the imagination of readers and fiction writers alike effecting a major paradigm shift in form and content in Chinese fiction which itself boasts a four-hundred-year long tradition.

The role played by English poetry in the great literary transformation is no less than that played by English drama and fiction. In the first half of the twentieth century, English poetry, especially that of Byron and Shelley, impacted more than one generation of Chinese poets, and, together with that of other Western poets, again brought about a major paradigm shift, ending the absolute dominance of the classical poetry, thus ushering in a new era of modern poetry. Ever since the late 1970s, as the Reform and Opening Up movement was launched, modernist poets like Ezra Pound, T. S. Eliot, and Irish poets

---

[1]　Mi Yudan, "Using Drama Activities in Teaching English as a Foreign Language in China", *English Abroad*, 2015(21).

like W. B. Yeats and later on, Ted Hughes, have had their moment, fascinating the general reader with a type of poetry new in form and broad in scope, changing the mindset of contemporary Chinese poets.

At present, there are 1270 or so universities with undergraduate programs in China (statistic of 2023), about half of which offer literature programs for English majors. At least in theory, these 600 - 700 institutes should be able to provide various courses in English literature, not only for undergraduates, but also for PhD, MA and MSc. students. What are these courses? At the top 50 universities, Elizabethan drama, Romantic Poetry, 18th- and 19th-century British fiction, 19th-century American poetry and fiction, 20th-century British poetry and fiction, 20th-century American poetry and fiction, and Australian and Canadian literature are usually offered. In other words, the English departments or faculties there can provide a core curriculum of English literature similar to that of their British and American counterparts. At non-top universities with undergraduate English language and literature programs, at least the most basic courses, like history of English literature and selected readings in English literature, are offered.

Intimately linked to the core curriculum of English literature is a set of courses like introduction to Western culture, Western literary theories, Western classics, comparative poetics, translation theories, introduction to Chinese history and culture, [1] etc. , that may not

---

[1] As highly demanding entrance examinations make it almost impossible for freshman students of English in China to study Chinese history and culture systematically before entering college, some universities now offer such a course.

belong to "English literature proper", i. e. , English drama, poetry and fiction, yet are almost mandatory in many English departments. Apart from these courses, a few universities like Beijing University, Renmin University, Sun Yat-sen University, Northeast Normal University, offer Latin and/or Greek. Closely related to the core curriculum of English literature, too, courses like comparative literature, cross-cultural studies, and area studies such as American, British and Australian studies, are provided at Beijing University of Foreign Studies, Shanghai University of Foreign Studies, Guangdong University of Foreign Studies, Hunan Normal University, among others.

Recently, comparative courses like comparative literature, comparative poetics, cross-cultural studies, etc. are increasingly frequently offered. The motives behind this development is the fact that after all English language and literature is not an innate part of the Chinese culture, as Chinese students of English have been raised in Chinese language and culture (It is thus a great deal easier for a Chinese student of English to appreciate and memorize a Tang shi poem or Song ci lyric than a Shakespearean sonnet), before they enter college, although Western cultures also play an important role in their bringing up. It is thus inappropriate for a Chinese department of English language and literature to be exactly like its British and American counterparts. A professor of English literature has always to remember the simple fact that though the West and China share most of the basic human values, his students are learning a foreign language and literature, which is very different indeed from Chinese language and literature, and is only one subject among plenty of other subjects. It is therefore necessary for him to strike a balance between the amount of information conveyed in English texts and the capacity of his students to comprehend and incorporate it. This in turn entails tasks of including and excluding certain authors and works; of deciding upon the length of the texts chosen, for it is obviously impossible for any Chinese student of English to read and digest, say, complete versions of major Shakespearean plays and Dickensian novels, in a sort of crash course of about 60 teaching hours, thus extracts being widely used; and of offering comparative interpretations from a Chinese cultural point of view, and even of choosing which language, English or Chinese, to use in class, for frequently teachers find themselves in a situation where she or he has to switch to Chinese, simply for students to understand and appreciate English texts better.

Under the circumstances, a department of English in China has to adopt pedagogical and academic goals and perspectives distinct from its British and American counterparts. It could even be tentatively suggested that a Chinese tradition of English literature teaching and studies has taken shape, using English in most undergraduate courses but Chinese in most postgraduate courses, while most scholars of English literature prefer using Chinese in their research and publication (including sharing papers at conferences). There have even been nearly ten journals of foreign literature studies in Chinese, such as *Foreign Literature Reviews* (attached to Chinese Academy of Social Sciences), *Foreign Literature Studies* (Peking University), and *Contemporary*

Foreign Literature Studies （Nanjing University）, etc. , which are prestigious and mostly publish English literature research papers, although nowadays an increasing number of scholars choose to publish their papers in English journals abroad.

4. The Role of English in China's Transformation

It could be safely assumed that, for a large portion of the present Chinese population, say, 10 to 20 million who have an adequate English proficiency level, and 300 million active English learners, Western knowledge in its entirety, that is, its science and technology, its philosophies, religions, political theories, history, literature and arts, let alone businesses and commerce, now becomes readily translated and widely accessible. In other words, Western knowledge has now become more or less transparent to China. In contrast, in the first two or three decades of the 20th century, the inaccessibility of Western knowledge made it the monopoly of a tiny number of elites in such major coastal cities as Shanghai, Fuzhou, Xiamen and Guangzhou, who had mostly been educated by missionary schools and thus been exposed to Western influences earlier than those in inland China. To put it simply, the enormous effort put into English learning has made the external world fairly accessible to China today, which is already exerting powerful geo-political and geo-economic impact globally.

This is in sharp contrast to the deplorable situation before the

Opium War, in which China was still in the dark, with the outside world as yet opaque to it, waiting for it to explore, to understand, and to eventually feel comfortable in. In this very process, a once weak China would at last be metamorphosed into a world power. It is a wonder that any civilization could have been so profoundly changed in such a short time and on such a massive scale, to a great extent by means of learning English as a second language in a mandatory manner and with tremendous enthusiasm, and through absorbing and incorporating the knowledge of the outside world mostly conveyed in that language. This is an astounding "civilizational feat". It is unprecedented, and might even be singular in human history.

When ancient Greco-Roman Civilization expanded into the entire Mediterranean, the Greek and Latin languages, and the knowledge conveyed in them, were more or less adopted by non-Greco-Roman peoples who were either conquered by or allied with the conquerors. They might lose their sovereignty and, in many cases actually lost their linguistic independence. In the case of India, though it cannot be said that it lost its linguistic independence completely under the British colonial rule, it did make use of English as a de facto Lingua Franca and as a major educational and administrative language. The situation has continued right into the present time long after India became independent when British rule came to an end in 1947. This is attributable not only to British colonialism, but to the innate linguistic affinity between English and the majority of Indian languages, both of which belong to the Indo-European language family, and to the fact that historically India had always lacked a Lingua Franca, there having always been too great a linguistic diversity that represses the growth of a native language powerful enough to unify all the other native languages. China is a totally different story. Because of its sheer demographic size and geographic mass, its long history and culture, and its linguistic unity even before modern times — with the unified system of the *Hanzi* characters serving as a key factor unifying the diverse languages and dialects which would otherwise have adopted a multiplicity of writing systems, thus endangering the prospect of the nation's linguistic and cultural unity, and with Mandarin as an undisputed Lingua Franca nationwide[1]—, China could not possibly have been overwhelmed by external impact, its sovereignty, territorial integrity and linguistic independence thus remaining intact.

It is even more astonishing if the fact is taken into account that the various Chinese languages of the Sino-Tibetan language family are linguistically distant from those of the Indo-European language family, which includes English, French, German, etc. ; whereas the majority of languages in present India (which was once under British rule), and the languages of those who were subdued by Greeks and Romans in ancient times, were much closer to those of the conquerors. The greater the linguistic distance, the greater difficulty one has in learning and grasping a foreign language. In spite of great linguistic distance and the innate

---

[1] Jing Tsu, *Kingdom of Characters: The Language Revolution that Made China Modern* (the Chinese version), Beijing, Zhongxin Publishing Group, 2023, pp. i - xi.

difficulty it incurred, the Chinese nation has managed to learn English and other foreign languages well enough. In fact, China is probably the one and only case in the entire history of humankind where an immense sovereign state puts systemic and sustained efforts into learning a foreign language, formulating unified linguistic policies and enforcing them in a potent manner.

By so doing, China has succeeded in making the external world very much transparent and apprehensible to itself in a relatively short time, integrating all kinds of new knowledge into its cognitive system, thus adapting itself to the new world intellectually, culturally and psychologically, effecting an overall civilizational metamorphosis, to which our generation have been witnesses. In this very process, Chinese civilization has become "hybridized", the minds of the Chinese people have been transformed and the Chinese nation's intellectual horizon has been profoundly broadened. It is thus proper to say that China today is very much bi-lingual, bi-cultural and bi-civilizational. This is in striking contrast not only to the dynastic China before 1840 when the Opium War broke out, but to all Western nations, which since the 18th century have been mainly evolving in the same cultural direction as before, having never in any drastic way been impacted by any other civilizations. In retrospect, a tentative observation can here be offered that the civilizational metamorphosis and hybridization which China has undergone is hugely productive, not only enabling China to solve the then imagined problem of "national survival", but "making it great again", or restoring its historical position and making substantial economic, technological, and cultural contributions to the global community.

The ready translation of Western knowledge and relative transparency of Western civilization to China is even more astounding if contrasted with the comparatively small percentage of Western students at various educational levels to have taken Chinese as a major second language to learn and grasp. This would mean that, to the West as a whole, China as both a civilization and a super gigantic "nation state" has been largely opaque, or at most translucent, if not utterly incomprehensible, not only culturally, intellectually and psychologically, but in other aspects as well. An objective observer of the situation would have to admit that an average Chinese student knows much more about the West, especially the English-speaking countries, than an average Western student knows about China. Since generally Western governments at various levels have so far not felt any pressure to introduce systemic foreign language policies, or may not even have felt any slight need to encourage the teaching and learning of Chinese as a second language at school and college levels, let alone making it compulsory, it is predictable that no drastic change will take place in the near future.

5. Afterword on the Future of Translation

In recent years, the decline of English as an academic subject has been frequently predicted and hotly discussed, and there seem to be plenty of reasons for it. For many Chinese scholars, the number one reason is the rapid progress of AI and related technologies. It is becoming increasingly clear that in the future machine translation will be so much cheaper, so much more accurate, so much more powerful, and so much more accessible, that second language learning will be obsolete in a matter of two or three decades, or at most in half a century. At least, it will be unnecessary for foreign language learning to be conducted in such a mandatory manner and on such a massive scale, as we witnessed in twentieth-century China. Another reason is that the overall messianic zeal for foreign languages learning China experienced in the 1980s and 1990s has been cooling down, not only because of the rise of machine translation but because of an increasing lack of interest, since everything that used to be foreign now seems not very foreign any more.

However, there are reasons not to be too pessimistic. Although English's decline will eventually come, it will not come very soon, at least in China. After all, it is still the most widely used global language or lingua franca in the world, and according to some researches, more than 80% of information on the internet is in English. [1] This fact is fully recognized by the Chinese people in general, and by China's scholars' community in particular. [2] The author of this paper

[1] Jiang Hongxin, "Reflections on Education in English in the New Era", *Education in Foreign Languages*, Issue 3, 2018, p. 49.

[2] Li Pan, "English as a 'global language' in China: An investigation into learners' and teachers' language beliefs", *System*, Volume 39, Issue 3, 2012.

personally believes that there is a paramount reason for China not to abandon its present policy on English in the foreseeable future: to continue to maintain the high status of English serves well China's national policy of opening up to the outside world. This to a great degree explains why there was generally an 18% fall in 2022 in the enrolment of students of foreign languages and literatures by Chinese universities and colleges, but a 5.5% rise in the number of students enrolled by their departments of English. [1]

The author of the present paper would like to make the prediction that even though the number of Chinese students of the English language will decrease in the end, even drastically, it is possible that the number of Chinese students and academics of English literature will not, at least in the foreseeable future. One reason is that with the advancement of AI technology, the translation of texts in simple and straightforward English will inevitably be taken over by software, but literature is quite different a case. English literature, like any other literatures, contains intricacies, precisions, and nuances as well as loads of vagueness, ambiguities and indeterminacies, which are just too much for even the cleverest machine available to mankind at present. Another reason is that as Chinese economy still keeps growing, fairly rapidly, there will not be any budget problem in the near future for a humanities subject like the English language and literature as there have been budget

---

[1] "The Enrolment of Foreign Languages Students at Chinese Universities and Colleges, 2022", https://zhuanlan. zhihu. com/p/540138928.

problems for some Western universities that create a situation in which they simply do not hesitate to dispense with humanities disciplines like history, literature and philosophy. Therefore, as English scholars, we somehow can continue to be optimistic — cautiously optimistic.

Yet, no matter what will happen to the fate of English, or no matter whether it will continue to enjoy its present high status, with the rapid advance of technologies and with the rapid economic development of major non-Western countries, there will be greater and greater linguistic equality between different human languages in the foreseeable future. It may well be a matter of three or four decades.

第四章　外语人为何没文化?

一　讲外语不能空对空

大约十年前，一位哲学系的朋友对我说：外语从业者"没文化"。他的理由是：外语学生甚至外语教师通常知识少、视野窄，看问题缺乏立场和深度，往往把自己定位为一个翻译装置。我很是吃惊，很不服气。所谓"外语人"，基本上就是"英语人"。中国百分之七八十的外语从业者是英语人。在英语界从业了几十年，自己的行当还从未遭受过如此残忍的贬低。后来想了想，觉得这话并不是空穴来风。中国外语学界的确存在着一种并非正确的行业风气，那就是，判断同行水平的高下，并不是首先看他或她知识的深度和广度，也不是看其思维能力的高低、学术格局的大小，而是首先是看其英语口语是否流利，英语语音语调是否准确、是否漂亮，甚至父母给的"嗓音"好不好听。[1]

但这还不是我们被视为"没文化"的唯一原因。我们被目为"没文化"或者说我们行当之有根本缺陷还有其他重要原因。我以

---

[1]　详见第五章"英语族的悲哀"的相关讨论。

为，除了我国高中及大学分科太早（美国较好的综合性大学在本科三年级才分科，此前在一、二年级，学生无论以后打算学工、理、医、法、商、管理还是学文，都得在文学、历史、哲学、音乐、艺术方面修一套基于古典名著的"核心课程"[1]）以外，还有把外语教学与研究机械地划分为文学、语言学和翻译三大块所带来的严重弊端，以及过分注重实用性或现实社会效用（即"经济效益""社会效益"）等。分科太早是一个结构性的问题，目前看来极难解决，故不在此展开讨论。

近年来，笔者欣喜地注意到，我国不少外语教师已有这样的认识：学外语决非仅仅是学好语音语调、语法正确且口语流利，决非仅仅是掌握一门技能，而牵涉与外语和母语方方面面的人文知识，或者说，与外语和母语密切相关的历史、哲学、宗教、艺术、政治、经济和民俗等方方面面的知识和学问。一些外语教师已意识到，由于一直以来不太注意中外文化知识的训练和积累，其所学外语是有缺陷的。有缺陷的原因不仅在于缺乏有关人文知识或"文化"，也在于缺乏看问题的角度和方法。

因为学习和使用外语本身就是一种跨文化情形，一种跨文化行为，不仅会牵涉大量相关知识（就中外人文社科知识的掌握而言，知之为知之，不知为不知，其本身跟讲中文还是外语不太相干；尤其不能因为自己是个外语人，便以为在中国文化修养方面不努力故而无知可以原谅），还必须具有看问题的立场和方法。一个外语人如若人文社科知识不足，更缺乏看问题的适当立场和方法，很可能

---

[1] 甘阳：《大学之道与文化自觉》，载胡显章、曹莉主编：《大学理念与人文精神》（论文集），北京：清华大学出版社，2005年，第213—264页。

只能讲出一些外国思想和事物的皮毛来，即使用好听的嗓音讲出来的外语听上去十分正确，甚至很"漂亮"。你可能发现自己脑子是一片空白，没什么东西可说、可讲或可写。简而言之，学外语而不掌握足够的中外人文社科知识或"文化"，是不可能学好的。中外人文社科知识储备不足，或有严重欠缺，外语讲得再好、写得再好，也好不到哪里去。讲英语、法语或其他任何外语跟讲汉语或其他任何一种语言一样，都得有内容，都得言之有物，不能空对空。

二　文学、语言学、翻译学三分天下

不妨先看看文学、语言学和翻译学三分天下的弊端。按理说，与更像一门自然科学的语言学相比，文学和翻译方向从业者在人文知识的掌握方面享有某种先天优势。不掌握好这些知识，怎么进行文学、翻译的研究和实践？但事实上，大多数文学和翻译方向的从业者在人文知识甚至思维能力方面不尽人意。也不难发现，无论三个方向中哪一个，外语人都可能有学以致用意识薄弱、学术视野狭隘、学术理路狭窄等缺陷，更有大量外语研究生（包括博士生）、教师卷而又卷，年复一年做重复文章或并无价值可言的"研究"。

如果我们能不那么机械地采用文学、语言学和翻译的三分法，而能像西方中国研究界研究中国而非局限于中国语言文学研究，以及汉语与西语的对译，而同时也广泛研究中国历史、哲学、宗教、艺术、民俗、政治等那样，将注意力更多转向培养问题意识和训练思维能力，不仅能更多关注西方与中国的哲学、宗教、政治、艺术、建筑、音乐等，而且能更多关注英语国家乃至整个西方世界的宗教、政治、社会、种族关系、"央地"关系（就美国和德国而言，即各州与联邦政府的关系）、社会保障、医疗保障、社区组织、法律法规、税收与财政、慈善组织、黑人问题、亚裔状况、犹太人的影响力、堕胎问题、吸毒问题、女性主义、体育与商业的关系等具体问题，也关注英国中世纪的婚姻问题、《大宪章》以来议会民主制度的演进、英国革命、君主立宪制的兴起过程、亨利八世以降的教派关系、圈地运动与工业化和城市化的关系、18 至 20 世纪英国人的海外游记（或可以归入"后殖民"研究）、英国人和法国人的中国观、当代英国青少年吸毒问题等。简而言之，外语界的注意力若能适当转向社会科学，那么不仅外国文学、语言学及翻译研究可望上一个新台阶，外语人的整体外语教育水平也可望得到提升，我们作为"研究者"可怜的学术产出（包括质量与数量）与巨大的从业者数量相比，方可不那么比例失调。这是外语学界从语言文学往人文社科领域的一种重大转向。这种转向的实质是，将过多人力物力资源从外国语言文学领域抽走，转而投入相关国家的社会、历史和广义"文化"研究，即现正大力提倡的"国别区域研究"。随着不合理资源配置格局的重新调整，外语人的注意力必将发生转移，其总体人文社科素质必将得到提高。不言而喻，人文社科总体素质的提高，从根本上讲就是外语水平的提高。

打破文学、语言学和翻译三分天下的困局，意味着在学科布局上进行重大改革。这就涉及体制。目前我国高校外语界与其他行当一样，正面临着量化管理的两难困境。正由于种种不利条件，要在学科布局方面进行重大的合理化改革，难度非常大，尽管并非毫无希望。仅就英语教学及研究而言，近年来在文学、语言学（含教学法）和翻译这几个传统方向以外，又出现了一些新型研究方向，如中外文明研究、跨文化研究、美国社会研究、英国社会研究、非洲研究、南亚研究、东南亚研究，以及以英语为媒介的传播研究（主要是新闻学、媒体学或大众传播理论研究）等。其实，多年来有关方面一直在呼吁的"国别区域研究"就是这种新型研究，尽管迄于目前，真正进行区域国别转向的外语院系仍是凤毛麟角。存在的问题是，种种新方向的界限目前仍相当模糊，其学科属性、学科身份仍有待明确。常见的情形是，外语界的区域国别研究更像是语言文化评述，往往仅转述一下国外国内相关成果，而非真正出于自己的问题意识而进行的探究、思考、观察、总结，从而与国际关系、历史甚至中文背景"科班"研究者的水平形成了明显反差。

同样可悲的是，目前似乎还不存在美国研究、英国研究、跨文化研究或中外文明研究方面的专门刊物[1]和大量公认有建树的学者。结果是，一个在读英语硕士、博士或青年教师的兴趣即便并非真正在此三方面，但为了获得学位、找到教职、晋升职称，便不得不在文学、语言学和翻译之间作出选择，之后又必得不断在此三个方面产出学术"成果"。通常，这是一种非此即彼的选择。从业者选了文学，便不能搞语言学，选了翻译，便不能搞文学或语言学，反之亦然，否则就会因不够专门化而创不了新，出不了成果，自身利益就得不到保障。在这三个方面，我们恰恰也有一些刊物，如《外国文学评论》《外语教学与研究》《外国语》《中国翻译》等，一定程度上还可将少许高校学报计入。从业者甚至不能不受刊物篇幅和倾向性的限制，独立写出此三个方面的专著来。

---

[1]《美国研究》可能是个例外，但这是中国社会科学院美国研究所办的刊物，偏重外交、政治、战略、经济等，与外语人的学科背景有较大距离，所以英语学界只有极少数人在该刊发表过文章。

不用说，这是一种几乎无遮掩的利益捆绑，对学术进步有百害而无一益。我们无论在何处，无论以何形式发表成果，都很难摆脱文学、语言和翻译三分天下的困局。因为除了学术刊物和出版物外，英语界学术评估机制也上演着相同的三国演义故事，同样划分为文学、语言学和翻译三大块，各级评审委员也被视为这三方面的专家（反过来说，如果不被有关方面视为专家，他们也可能根本做不了评委）。这是一种恶性循环。换言之，外语界学术出版和评价机制早已被文学、语言学和翻译三家既得利益瓜分殆尽。假如不在这有限的三方面发表文章，哪怕只是转述性文字（不算剽窃的话），甚至只是转述的转述，从业者自身的利益就很难得到保障。如此这般，怎么可能有真正的学术进步？

或有人会说，有历史、哲学、宗教、政治和艺术方面的专业人员来做这种工作，不用学语言的人来操心。这种看法不对。实际情况是，我国英语从业者虽数量巨大，但有深厚人文社科素养与真正研究能力者却少之又少，与14亿以上人口极不成比例，与一个在全球化时代迅速走向现代化、走向世界的大国之地位极不相称。这与西方国家仅以少许汉语从业者便能生产数量可观的高质量研究成果形成了鲜明对比，令我们每个从业者汗颜。以剑桥大学为例。该大学东亚系中国研究学者只十来人，加上编制外的汉语语言教师，顶多不过二十来人。相比之下，与之对等的北京大学专门从事英语语言文学研究者有四五十人，加上大学英语教师，全校有英语教师一百七八十。但稍稍比较一下，只看看李约瑟主编、主撰的二十六七卷的《中国文明及科学技术史》（李约瑟1995年去世时仍未出齐，但李约瑟的研究团队仍在进行后续研究与写作，是一个超大型研究项目），以及皇皇十几大卷的《剑桥中国史》（每卷篇幅约50

万字），便不难发现，北京大学的英美研究乃至西方研究与剑桥大学的中国研究在学术产出上的差距有多大。

另一方面，我国非英语学界虽然有学者在专门研究英语国家的历史、宗教、哲学、政治、社会和艺术等，但他们人数太少，其英语听说及阅读能力也有限，不仅与国外学者口头交流困难，总体研究能力也因不能快速、大量阅读英语或其他外语文献而大受影响。以其庞大的从业人口，我国英语界为什么不可以从一开始便注重提高从业人员的人文知识修养，一开始就注意对从业人员进行基本思维训练，从而至少十个从业人员里边就能产生一个有深厚人文社科修养的真正的研究者？

三 人文学的无用之用

外语人被视为"没文化"，外语人所学的外语有缺陷，还有另一个重要原因，即，急功近利的思维方式。在全球化时代，在中国迅速走向世界的时代，外语的"现实"效用为何无需多说。这与古代汉语言文字、历史、宗教、哲学等方面的研究形成了鲜明对比，这些学科的"现实"效用恐怕很难同外语比肩。也许太看重外语的"现实"效用了，我国外语从业者竟心安理得地满足于某种翻译机、翻译软件的角色（即便可能是一种非常高明的翻译机或翻译软件的角色），在提高学生、教师的人文社科修养方面很少花大力气，下大功夫，在课程设置上甚至采取一种"有用"或者"没用"的标准。众所周知，外语学科属于人文学科，尽管现在面临向"国别区域研究"转型的问题，而国别区域研究明显是一种综合性的社会科学研究。无论如何，如果我们的目标远不止日常交流，而是要把一门外语及相关历史、文化、社会搞透，成为相关国家的"通"即真正的专家，就必须有深厚的人文社科知识修养。要成为基于某种外语的文学、历史、宗教、哲学、艺术、社会等方面的真正的学者，人文知识修养的要求就更高了。这里应特别注意的是，基于外语的文学、语言、历史、哲学、艺术和社会研究看似不具有当下性，让人为难不具有现实价值，或者说不能立即产生通常意义上的经济效益和社会效益，可对于一个正迅速变为一个超级大国的国家的正常运转、健康发展来说却不可或缺。若无一百多年来数代外语学人非功利的努力，中国人对外部世界的认知会是个什么样子？很显然，会依然停留在一个极粗陋的层次。如此这般，中国如何走向世界，引领世界？

北大英语系有着古英语、中古英语、英国文艺复兴、古希腊罗马研究的传统，一直有一批埋头学问、不求闻达的从业者从事古英语文学、中古英语文学、英国文艺复兴和古希腊罗马文学方面的教学与研究。这种学术如此不实用，以至于相对不那么功利的北大研究生也可能不大选这方面的课，但北大英语系却照样聘他们为教授或副教授。如果换了一个学校，很可能早就把这些课程砍掉，强迫有关教师改行了。这种看似不具"现实"意义的研究尽管不可能产生看得见、摸得着的社会价值，遑论经济效益，但对于国家的总体文化建设却非常必要。一个14亿人口的大国啊，总得有一些人做一些不那么实用的学问才行吧？人文学术研究虽然不能产生"现实"效应，却具有长远的社会文化意义，对一个民族会产生潜移默化的长远影响。当神舟五号在距离地球350公里的太空飞行时，宇航员为什么用笔在一个写字簿上写着什么？这恐怕不仅仅是在打发时间。实际上，这个画面极富象征含义，昭示着中华民族爱和平、重文化、重教育的传统。在此画面背后，是一种数千年来由无数人文学者培植、塑造起来的重视文化教育的文化心理、文明基因。载人航天不仅显示了中国的国力，更表征着一种民族性的不太看得见、摸得着的人文品质。

这里显然有一个什么是"现实"的问题。对于我国高校特别是重点大学的外语从业者来说，"现实"不应仅仅是能立即产生经济或社会"效益"的现实。如此这般，一个年收入高达五千万美元的当红歌星（如在美国正红得发紫的"小甜甜"布雷特妮·斯皮尔斯之辈）所做之事就最具有"现实"意义或"现实"价值。这么一个歌星两三年的个人收入就够发射一艘宇宙飞船，与他或她相比，岂不非但外语人的工作毫无意义，数万名航天工作者的工作也毫无意义？可对于维系学术共同体乃至大学体制本身的存在、运作和发展来说，不仅外语从业者的教学工作不可或缺，其学术研究同样至关重要。学术共同体或大学体制要存在、要运转、要发展，就必须按照其自身的逻辑来运作。若从业者不好好搞研究，那么从逻辑上讲，任何一个不学无术者都能堂而皇之地登上大学讲台，把认真搞研究者赶下去，即所谓劣币驱逐良币。更重要的是，大学是一个社会的灵魂之所在，是一个民族的良知之所系。大学不仅传承、更新和创造知识，也是现代条件下一个社会、一个民族的价值体系的守护者和发扬光大者。若不按大学本身的逻辑行事，大学这一关键功能就得不到正常发挥，后果不仅是学术共同体将崩溃，大学本身也将垮台，说得严重一点，整个社会乃至民族、国家都会散架，还侈谈什么文明复兴、人类未来？

结语

弄清了外语人"没文化"的病因，就可以对症下药。我以为，目前在全中国所有外语院系开展一场提高从业者人文社科知识修养的轰轰烈烈的运动既不可行，也无必要。因为在我国，绝大多数外语学生最终将走向通常意义上的就业市场，而非留在高校、研究所或重要的涉外政府部门工作。但是，在十来所重点综合性大学开展旨在提高外语学生人文社科素质的改革，实行有利于这种改革的课程及师资的重新布局、资源的重新配置，从而促成某种实质性的人文社科或"国别区域"转向，却是必要的。因为这些学校的毕业生将成为我国外语背景的知识精英，将走向高校、研究单位或相关政府部门的重要工作岗位。一个国家若无一大批精英，是不能正常运转的。那么外语人究竟有多大的决心和意志，来发动这场人文社科转向，并将其进行到底？

英文教育与人文教育
（对谈）

时间：2019 年 11 月 16 日下午 15：00—17：00
地点：杭州市，杭州大学 19 号楼外国语学院 213 教室
参与者：阮炜、殷企平（杭州师范大学）等
录音整理：管南异（杭州师范大学）

阮炜：今天讨论这个话题，大家之所以对它产生兴趣，一个直接原因就是，复旦大学外文学院的蔡基刚教授写了篇关于英文专业"病得不轻"的文章，说英文专业是一个对不起良心的专业。这些话引起了一些反弹，我看了一些反驳的文章，觉得说得不是太到位，所以想跟企平教授和同仁们作一个对谈，看能否产生一些思想火花，把问题的讨论推向深入。

我还觉得，不管今天咱们怎么谈，今后几十年这仍将是大家感兴趣的一个话题。这是因为大背景很清楚：机译和人工智能其实已经在抢我们的饭碗。我的一个学生开了一家翻译公司，按传统方法操作，起码雇用十人。但实际上，她只雇了三四个人，因为大量工作由机器做了。她使用了翻译软件。公司接了活儿，甚至是学术性比较强的活儿，首先用翻译软件过一遍，正确率大约在50%以上，某些情况下甚至能达到百分之八九十。这时，只需用人工对它作少量加工修订，便是较好的译文了，非常省力。另一个例子是，一个朋友开了一家外贸公司，已经五六年了，营业额一年好几千万。他是经济学出身，并没雇懂英语的人，只用软件就把跟美方的沟通全都做了。外贸英语相对简单，机译没太大问题，但要是在从前，是必须雇英文专业毕业生的。这些例子清楚地表明，软件已经抢走了英文专业毕业生的一些饭碗。以后还会抢走更多，因为翻译软件会更加强大，这是一个大的背景。

还有一个大背景，就是汉语的崛起。这对迄今为止英语所享有的重要性，已经构成了一定的挑战。现在越来越多外国人学汉语，而且外国人汉语学得越来越好，我们经常在媒体上看到一些外国人动不动就秀汉语成语，接二连三连珠炮似的，比我们的汉语还好。在这种情况下，再加上中国的进一步崛起，从前那种中国人争先恐后出国谋生活谋前途的情形，已有很大的改变。所以整体而言，英语会降温的。

这种情况下的话，我们讨论中国大学的英文教育是什么性质的教育，是人文教育还是技能性的语言教育，这个问题很值得思考，因为它牵涉从业者以后怎么规划生活，甚至会涉及下一代到底要不要进入英语专业这个行当。这里我拟出了几个小题，比如在我国，什么是人文教育？什么是英文教育？我国的英语专业是英文教育吗？它与大学英语的区别在哪里？我国英语专业本科教育与研究生教育的区别何在？有人说，英语本科教育不是人文教育，而只是一种语言技能的训练，那么英文研究生、博士生教育算不算人文教育？这些问题其实都是大可讨论的。问题也可以这样问：英语专业本科和研究生教育能与人文教育等同起来吗？研究生尤其是博士教育，能不能自动地把它归为人文教育？

要使我们的讨论有意义，首先得搞清楚什么是人文教育。我觉得，"人文教育"概念本身就是一笔糊涂账。在复旦蔡基刚教授引发的那场讨论中，好多人都使用这个词，但是大家似乎并没有意识到，多年来中国学人谁也没有说清楚过"人文教育"到底是什么。它包含两个概念，一是"人文"，一是"教育"。"教育"是什么？Education，用英语讲清楚，不会有太大的歧义。"人文"翻译成英文就麻烦了。Humanities？Humanism？所谓"人文教育"，翻译成Humanistic Education？Humanities Education？很难译。谁也没说清楚过。但我们可能得出这种印象：它其实代表了文科教育的一种理想，只要是好东西就往里面装，不好的就排除。所以很难翻译。"人文主义""人文精神"等，多年来大家一直在讨论，我自己也写了点东西嘲讽这是一个无确切所指的概念。

学者们还没有把问题搞清楚或许是情有可原的，有关方面制定政策时不弄清楚，就不应该了。我给大家念一段话。有关部门也许受了文科学者某些不成熟思想的影响，有点头脑发热，制定了一些怪怪的政策。我在网上查了一下，教育部在 2005 年就已经批准设立"人文教育专业"了，而且是本科："人文教育本科专业为教育部 2005 年批准，是为基础教育课程改革服务的新兴师范类本科专业，整合了历史学、社会学、政治学、经济学、法学、地理学、人文地理及其他人文社会学科学等多学科领域的知识，形成了核心学科，颠覆哲学文学历史艺术的综合性人文教育课程体系。"还说"重视人文教育，也是当今世界高等教育改革的趋势，如美国 MIT，日本东京工业大学等都纷纷增设人文学科专业，专业与课程实行文理渗透，提高学生人文素质，培养德智体美全面发展的高级应用人才"。这是教育部颁布的政策性指导意见。不知到底有多少师范类学校在执行这个精神。

我也注意到，清华大学等工科大学，早在十几年前就已经在搞人文教育或"通识教育"了。这是好事。工科大学的学生太容易陷入纯工科思维，对他们开展人文学科即文史哲方面的基本教育，对太过机械的思维方式作一个柔化，培养人文学素养，是很应该做的事。相比之下，中山大学的博雅学院的意义就不那么明显。它是对已经招进中山大学的高分本科生再进行一个考试，把佼佼者中的佼佼者选出来进博雅学院，大概是要培养精英中的精英。学院的课程表我好好看过，跟教育部对本科"人文教育专业"的描述相似。凡是文科教育应该有的课程，里边都有，学生不仅得学现代西方语言，还得学古代西方语言，而且不止一种，不仅有希腊语和拉丁语，还有古希伯来语。这还没完，还必须有古汉语。当然，古今中外的哲学、宗教、历史、政治等都是必修课，你能想到的所有人文学知识门类，都被纳入那个课程表里了。学生究竟能够掌握多少知识？大家不难想象，很可能是什么也学不好。人的头脑，再聪明也不可能达到这种程度，不可能在短短几年内就把所有人文学甚至社会科学知识都掌握了。同样重要的是，人文学的理想教育还应当包括一个人格培养的维度，而这又很难在课程设置上反映出来。所以，"人文教育"其实可能仅代表一种全面的人文学学养加健全人格的理想，代表文科教育的理想，只是大家没明说罢了。

殷企平：您说的这个关于人文教育的定义，我觉得是一个最大的问题。这正是我们今天的主题。那我们就从这里开始。刚才您说的，是把人文教育定义为人文学科的一种理想状态，这个关键词是"理想状态"。

首先，我觉得任何专业都可以是教育。我同意您的观点，即人文教育本身是一个比较模糊的概念，各人见解不同。但是我认为，即便是"教育"这个概念，好像大家都清楚，其实未必。在我的几十年的实践中，每次开学，基本上都要问一个问题，就是学生们对于教育的理解是怎样的？什么叫作教育？英语教学是不是人文教育？

在实际操作层面，我觉得我们的英语教学没有成为"教育"，而可能只是 training（培训），这跟"教育"是两个概念。这一点很重要。首先谈一下教育。什么是教育？我觉得一个专业训练完成之后，仍然要后退一步，把所学的知识放在一个更广阔的情境下加以审视。也就是说，任何学科、任何专业，都是有局限性的，在学习任何一门专业的过程中，都牵涉对所学知识进行评价的问题，而要评价，就必须有一个标准。所谓标准，又可以分成两大类：一是内部标准，二是外部标准。如果只用内部标准来评价所学知识，那就谈不上教育，只能算作培训，这是因为若仅局限于（学科）内部标准，评价时就不容易发现学科自身的缺陷，这恰好应了一句古话："不识庐山真面目，只缘身在此山中。"

在我们现有的所谓专门用途英语或大学英语教学的模式里面，老师和学生在评价所学知识技能的时候，总是运用专业内、学科内的标准，而不是打开窗口，尽可能地从周边学科、专业"借光"。所谓教育，如阮老师所说，是一个需要坚持的理想状态，但在操作层面，也还是可以实施的。如何实施？其实就是在评价我们所学知识的时候，不断打开周边学科、周边专业的窗口。举一个例子：当我们在上文学课时，一旦就"什么是文学"提问，那就已经进入了哲学层面，涉及本体论命题。我们怎么样来认识一部文学作品？这涉及认识论命题。文学为什么是好东西？这里面就有一个伦理的问题。要了解狄更斯、奥斯汀的时代以及当时的社会、文化和历史背景，这就引入了历史学的概念。大家都知道狄更斯的《荒凉山庄》里有法律学，你不懂一点法律知识的话，就没办法对这部作品作出恰当的评价。打开周边的窗口，打破学科之间的壁垒，适当引入周边学科的原理方法，这就已经进入了教育的层面。

另外，我想提一下纽曼（John Henry Newman）和洪堡的说法。纽曼通常被看作世界高等教育史上三大里程碑中的第一个，他的一个核心概念就是 intellectual exercise，就是智力训练或操练。第二个里程碑是洪堡，他认为大学不光是智力操练的问题，还有一个科研的问题。大学教学除了教授现有的知识之外，还有开拓知识疆域的任务。一个好的老师，就会不断地让学生知道自己在进行什么研究。你可以把课上得生动活泼，很有激情，知识的传授也很清楚，很有艺术性，但是你若不教会学生怎样拓宽学术疆界，把这个疆界往前推进一步，那就谈不上教育。我特别注意到在英国，对纽曼的智力训练说存在质疑，或者说有所改进。比如，苏赛克斯大学有一位名叫 Peter Abbs 的杰出学者，他认为除了智力训练，更重要的是要引导学生从事情感改造（emotional transformation）。

我先回答阮老师的一个问题：我们是否可以把"人文教育"看作人文学科当中的教育？就教育而言，理工科也好，医科也好，只要师生能够打开自己，把所学的专业知识放在总体知识的版图当中来审视，知道自己专业的位置，这就已经含有教育理念了。当然，如您刚才所说，如果我们理解不到位，什么都学一点儿，就像中山大学前些年所设计的那个课程，那肯定是要失败的。人文教育不能是 a bit of everything，必须有主次之分。对我们英语专业的人来说，英语当然是主业，但这不排除跟其他专业的融通性。有了这种融通性，我觉得至少解决了什么叫作教育的问题。光用专业内部的标准来审视自己所学技能与知识的话，那肯定就是一种培训。

现在进入一个更高的层次，或者说更困难的一个领域，就是刚才阮老师说的"人文"问题。这个，我也是困惑的。我刚才的理解，是把它定义在人文学科当中。但如果一定要说我们理想的人文教育是什么状态，那我们的理想可能是"完人"，就是您刚才讲的"完美"。英国文学传统中长期存在着"完人"（the Whole Man）诉求。早在文艺复兴时期，一些人文主义者们就拥有一个塑造"完人"的目标。一代又一代的英国学者都对此有所追求。

我们再来看一下，英国的英语专业是怎么样来实施教育的？大家耳熟能详的瑞恰慈（I. A. Richards）、燕卜荪（William Empson）和利维斯（F. R. Leavis）等人所追求的都是 Liberal Education，其实就是人文教育，艾略特（T. S. Eliot）也强调人文教育，强调通过教育来实现人类经验的完整性，这一思想可以追溯到阿诺德（Matthew Arnold）和纽曼。

阮炜：同意殷老师关于培养"完人"的观点。我们都是搞人文学科或文史哲艺（包括语言在内）的，对不？但是人文学科并不等于人文教育，更不等于人文精神。如果是培养"完人"，人文学科好像更占便宜的。如果是工科，你得研究一个小小的机械臂，或某个似乎并不重要的基因，它有何机理、它怎样影响某些生理现象等，看上去有点狭隘。如果是人文学或文史哲，那么似乎古今中外的所有文科知识都得涉猎，什么都能包罗进来。所以我们更容易当完人。其实，蔡基刚教授和其他几位教授所理解的人文教育，大体上也是这种完人教育，尽管并不是什么好东西；英文教育不属于完人教育，而只是一种技能训练。他批评英语专业大量招生，是对国家资源的浪费。这不无道理，我们不要以为自己属于英文专业，就奋起捍卫它。但是，英文教育虽然并不等于人文教育，却不可以不追求人文教育的理想。我注意到某些大学给外语口子的学院取名时，不叫"外国语学院"，而叫"外文学院"。据说复旦大学取名的时候，本来是叫"外国语学院"，但在陆谷孙先生坚持下，最终改成了"外文学院"。一字之差，背后的理念大不相同。

殷企平：原来厦门大学也是英文学院。

阮炜：但现在叫"外文学院"也好，叫"英文系"也好，有这种名字的学校不多，大量的学院都叫"外国语学院"。就这种名字本身来说，已经存在认识上的分歧了。我有个深大的同事，李小均教授，2005年在《读书》杂志上发表了一篇文章，《从外文系到外国语学院》，其实就讲的就是这个道理：我国外国语教育到底应该是简单的语言训练，还是一种全面人文学素质的培育？尤其是重点大学，最好使用"英文"而非"英语"这个词。英文教育或外文教育，一个"文"字，就足以表明作为管理者，甚至作为普通老师，你所坚持的并非仅仅教授某种语言技能，而是除了语言技能，还有该语言所承载的大量相关知识，如历史、宗教、哲学、文学、政治、社会、心理、习俗等方方面面的知识。

殷企平：我非常赞同。我们现在其实已经进入了另一个话题，就是怎么样才能学好语言的问题。到底是按照刚才阮老师理解的来做呢，还是按照蔡基刚教授的？他其实代表了一种思潮，就是认为我们的语言只要能服务于某种专门用途就可以了。现在很多人就主张 English for Special Purposes。如果这样认为，我觉得他们不是真正的人文学者。

您刚才讲，有些"人文学者"在误导我们的官员，误导政府的政策，这是很可悲的。如果是真正的人文学者，就不应该从英语专业分出所谓的"专门用途英语"，因为语言应该是包含一切的，有历史和哲思，当然还有情感，而不仅仅是知识。怎样才能学好英语专业？首先要有一个正确的语言观。究竟是强调碎片化的语言技能，还是强调整体、创造性的语言观？我刚才提到的 F. R. Leavis，他强调的是 the collective creative achievement of language，也就是强调语言的整体性和创造性。他所说的 collective，让人联想到 connective，这又让人想到 E. M. Forster 的名言（阮老师写过关于 E. M. Forster 的文章）："重要的是 connect。"在我们的学习当中也要 connect。如果一开始就把本来挺好的一个英语专业分裂了，分割成科技英语、商务英语等，学习者可能上手很快，但是会缺乏后劲儿。

传统的英语教学曾被贴上"文学道路"的标签,并备受诟病。本来文学跟语言学就是不能分开的。我在十九年前曾做过一个调查,达两年之久,请浙江省所有涉外领域中一些身居要职的人物谈谈对当时刚刚变热的"实用英语"(如商务英语、经贸英语)的看法。他们都提到一个现象:那些经贸英语、商务英语的毕业生确实上手很快,但会渐渐失去优势;一般过了两三年以后,那些走"文学道路"的毕业生会表现出很强的后劲。这里就牵涉是不是受过良好教育的问题,也就是我们英语专业教育究竟是事半功倍,还是事倍功半的问题。

我想说的是,对"人文教育"可能有不同的理解,但至少它是强调人文性、思辨性的教育,这对英语语言的学习,反而是有好处的。因为文学语言是一种 all-inclusive 的东西。我们强调重视人文教育的英语专业,并不排除技能。蔡基刚教授的理论,我的理解是一开始就有一种假设,即重人文教育的英语课程设置忽略了语言技能。这一假设本身就是有问题的。

阮炜:但某些业内同行的理解,说白了就是:英语只是一种技能,所以英语教育并不等于人文教育。这里有两个设定。一,人文教育不是什么好东西。二,英文教育只是一种语言技能的训练,不能把它提升到一个了不起的程度;如果这么做,后果就很严重,会造成巨大的浪费。他们甚至认为,英文专业好多方向都在扩招,语法学、语用学,甚至英语文学,造成招生量过大,造成了国家资源的浪费。我觉得这种观点不无道理,但有缺陷。

杨德龙(杭州师范大学):我为语法说几句。语法之所以能跟人有关,就因为说话的人不能没有语法。他可以不知道语法,但是语法无时不在。讲英文的人,当然一起手就要考虑名词的单复数,前面用 the 还是 a 的问题。也就是说，英文一启动，就有思维方式的问题，这就是一个语法问题。所以我认为刚才的说法是不成立的，是因为对语言的认识不深刻，才导致的。但是蔡基刚教授的讲法又并非全无道理。他突出了英语的工具性，也就是说，要用英语作为学习的一种手段，去获取知识。那么，英语专业的学生到底有没有实现这样一种目的呢？他们到底能不能够用英语去阅读英语的文学，阅读英国的历史，阅读英国的相关风俗习惯呢？回答是，很多时候不能。如果不能的话，那就是失败。所以蔡基刚的这个论断虽然是有些残酷的，但是并不是没有道理。那么话说回来，刚才两位老师在讨论人文教育。既然说是人，就是说既不是神，也不是动物，也不是机器。阮老师刚开始的时候提出的命题，是一个特别具有压迫性的命题。就业摆在面前的时候，当英语毕业生有可能被替代的时候，我们该怎么办？这是第一个阮老师所说的替代性；第二个就是，中文慢慢变得强大起来，中国在崛起，英语教学的地位似乎在下降，我们也有可能被取代。这个时候我们该怎么办？所以归结为一个词，就是"可取代性"。如何让我们具有不可取代性？这是我们今天要解决的，也是今后的几十年可能都要面临的问题。所以我说这是一个特别特别重要的问题。之所以给出"人文"这个想法，就是试图要去回应这个问题，就是一种方案。那我们就要进一步考虑：人文教育到底怎么去理解？我说，第一，人不是动物，人不是机器。人具有怎样的属性，才可以避免被机器取代？这是我们回应的第一个问题。第二，如何使自己不同于动物，也就是摆脱某种动物性。如果我们的学生只能是去做一些更接近动物性的事情，那我们的教育是失败的。第三，人也不是神。既然人不是神，也就是要回归人本；神是万能的，是无所不知的，但我不是，因此，the whole man 只是一个理想，近乎不可能。既然这样的话，我们就似乎能够接受这样一个假设：说通过教育，我们知道我们不是神，而只是人；我们不是动物，而具有某种神性；我们也不是机器，而依然保留我们的人性。如果这样，就势必要问下一个问题：英语学习如何使得我们能够在这三方面都有所体现？如果不能有所体现，就是说我们离人很远，我们教的不是人，而是让我们走向了机器或者走向了畜生，或者走向了使人成为非人，那是一种异化。

问题在于，英语在什么程度上是英文而不是英语？因为在学英语的时候，如果只是学语言，我以为就相当于看教堂的窗户：你只看到教堂窗户上美妙的花纹，而不能透过窗户去看外面的世界。我们的英语教育如果专注于语言教育，充其量就是在欣赏玻璃上那个花纹，没有透过窗户去看外边美好的世界。什么叫"美好的世界"？就是这个使用英语语言的民族的生活：他们的美妙生活，或者平常生活，或者高尚生活，总之是真正的生活。只有真正的生活，才那么迷人。文学书写他们真正的生活，他们的情感世界、精神世界，因而当然是我们需要了解的。如果这些都不了解，只弄那么两个文字，就是在糊弄漂浮的符号，那有什么意思？只能让学这个东西的人变得越来越无聊。如果我们的教师就做这样的事情，那就是浪费学生的青春，就是在浪费民脂民膏。

阮炜：如果太强调英语教育的工具性，最后是根本学不好英语，或者说学不到英文所承载的大量精神性知识。但问题是业内某些同行认为，英语就是一种工具，而有些英语系的做法，竟然是把英语教育变成一种人文教育，而人文教育呢，又是一种很难以企及的理想。如果这里讲的是大规模研究生招生，一招生就是几百上千，而且这个方向那个方向的，最后就是浪费国家资源，这是有道理的。不那么有道理的，是太过强调英文的工具性，好像任何一个西方概念，汉语中都有现成词汇来翻译它似的。1978 年以后中国重新崛起了，再次成为强国。这个成就是怎么取得的？共产党的领导是一个根本性的因素，中华文明本身所具有的一些优秀素质也不能否认——中国人最勤劳，世界上没有哪个民族像中国人这么勤劳——除这些因素以外，通过英文和其他西方语文的深入学习，我们得以深刻理解一个非常不同的文明，我们不再像洋务派那样头痛医头脚痛医脚，以为学会了怎么造坚船利炮，就可以免遭欺负，而是通过学习他们的思想和文学文化，真正进入他们的精神世界。要进入他们的精神世界，就得绞尽脑汁把西方语文中有而汉语中没有的概念传达过来。这是一项异常艰巨的工作，得造出大量新词，或赋予旧词以新义，或直接把日语的现成译名挪过来用。这意味着中国人思维方式的深刻转变。在这个过程中，我们扩大了自己的精神世界，完成了文明的转型或改造，完成了文明的脱胎换骨，最终实现了文明的复兴。我以为，这是中华民族 20 世纪以来取得的最伟大成就。但我们是藉英文和其他西方语文进入西方人灵魂的，我们把他们精神方面的好东西学了过来，包括马克思主义等。这是 20 世纪我国外文教育所取得的最大成就。这一点，长期从事大学英语教育的同行，可能没怎么注意。

殷企平：我很同意。其实您已经引出了第三个话题：我们在学习英文时，或者在从事英文教育时，是不是应该带领学生进入西方人的精神世界当中，把他们好的东西学过来？马修·阿诺德的一番话，可以作为很好的借鉴。在一次伊顿公学的演讲中，他回答了一个问题：对英国人来说，为什么还要学习外国人的语言，为什么还要学习外国文学，甚至是古老的外国文学？阿诺德的回答是：知彼才能知己。就是说，你不学习外语的话，可能对自己语言的认识也不那么透彻。有比较才能鉴别，至少多了一个比较的视角。同时，我们还要看到，在从事英语教育的时候，我们并不光是教会学生英语语言、文学以及英国的历史和文化，同时还能够教学生提高本国的语言技能和文化方面的很多东西。我又想到瑞恰慈，他到中国来从事过教学；他对英国文学的研究，常常带有一个中国视角。他曾经写过《孟子论心智》（*Mencius on the Mind*）一书。他对孟子精神很感兴趣，对中国的美学思想很感兴趣。我们在教英国文学的时候，其实离不开瑞恰慈，而瑞恰慈自然而然地给予我们文化自信。这方面的例子其实很多。

让我们再回到先前提到的第二个问题。按照蔡基刚教授的思路，是不是就能把听、说、读、写、译等 skills 练好呢？我的回答是："不，反而更糟糕。"因为那会是碎片化的教学。我们说：取其上，得其中。而他是取其中，得其下。我们的确不能把自己看得太高，好像只有我们追求完人，别人不追求完人似的。但是另一方面，有了一种"虽不能至，心向往之"的追求，我们可以跟理想稍微近一点。

瑞恰慈在讨论语言的意义时，强调了三个关键词，即情感（feeling）、语气（tone）和意图（intention）。他把情感解释成"对所指的态度"（attitude towards the reference）。所谓的"专门用途英语"教学，很可能会忽略情感，以为在语言使用中情感是可有可无的。但"专门用途专家"们忘了，人们使用语言的时候，对所指的东西总带有一种态度。例如在从事科技的时候，对科技采取什么态度，这很重要。语气也是一种态度，即"对他人的态度"（attitudes toward other people）。至于意图，则是"发声的目的"（the purpose of utterance)。关于英文专业的人文教育理想，我们尚未达成共识，但是至少我们都认为它是一种有情感、有情怀、知识性、思辨性的英文教育。这种教育其实有一个前提，即假定 the internalization of all language skills 或语言技能的内化。也就是说，强调人文教育，并不等于排除语言技能培训，而恰恰是以后者为前提的。只有这样，才能真正透彻地谈英国文化，谈它的精神世界。

利维斯有一本书叫作 *The Common Pursuit*。所谓 common pursuit，是指 the common pursuit of true judgement，即"对任何真知灼见的共同追求"。既然是共同追求，就不排除异己。信奉人文教育理想的英语专业不排除科技英语、外贸英语、商务英语等。其实大家都有一种共同的东西，或者说，有一个通约性的问题。这种通约性意味着一种应变能力，例如眼前这把椅子，即便做得再好，换了环境，可能就没有用了。如果我们的产品不拘泥于椅子或桌子等形状，而更注重材料本身的质量，那就更能应变。在当今这个变化很快的世界，我们可能更需要一种应变的能力，它比某种特殊的技能更为重要。

阮炜：您说的那种应变能力，就是英文教育的理想状态。不管是什么用途的英语，英文本身学好了，基础打好了，都是很容易学的，或者说应变能力终究是建立在人文性英文教育的基础上的。最后还是要落实到这一点：英文不能当一个技能来学。其实，多年来大家都在讨论这个问题，甚至大体上都同意这个结论，所以并不是一个问题。但是一个长期从事大学英语教育的同行看到了资源浪费的现象，提出了一些批评，引起了一些讨论，这本身不是坏事，只是我觉得除了基本立场有问题，某些回应也没到点子上，而是在重复二十年前已经说到过的话。我三十年前刚到深大时经常到广外交流，当时广外同行早就在讨论英文系到底应培养全能人才还是特殊用途人才了。广东是经济大省，是市场经济的先锋，相对于内地广外同行更早意识到培养全能人才与特殊用途人才之间的矛盾。

杨柳（杭州师范大学）：我讲一个历史的故事。大概是日本明治维新的时候，大致是中国的清末，当时两国各自同时派了一批学徒去普鲁士学工业技术。到了普鲁士以后，日本学徒广泛涉猎了德国工业技术以外的人文、历史等各个学科知识，而清政府派去的学生，只是紧盯着他们要学的工业技术。当时的普鲁士宰相俾斯麦就说了，日本在三十年以后，必将兴盛，而清政府在五十年以后要走向衰亡。他的这句话很快就得到了印证。不到五十年，清朝就灭亡了。而日本通过明治维新，很快成为世界强国，从和我们一个水准的落后国家开始，实现了现代转型，真正实现了工业革命和现代化。刚才听两位老师讲的话，我就想到了这个故事。一种狭隘的学习，或者说一种只注重语言技能、不具备人文性的学习，对任何一个学科来讲，都只会是事倍功半，只会把自己引向绝路。刚才阮老师讲到人文教育如何翻译的时候，我查了一下，德语对接"人文"的词应该翻译成"精神"。

阮炜：德语在这方面就比英语更妙。Geist。

杨柳：他们把人文学科翻译成精神上的学习。"教育"这个词在德语中，从词源上推导的话，（阮炜：bildung）它讲究一个塑造。阮老师讲的这个词的源头，其实是来自图像。借用《圣经》中的比喻，我们看上帝的时候，看到的其实是一个图（雕）像。通过教育，能够把人的精神塑造成越来越接近上帝的那种完美。就是这样一个渊源。

阮炜：这是对我们观点的支持。如果太强调语言的工具性，强调只要把工具性的那一面教授给学生就可以，最后的结果是严重的，想追求的东西根本达不到。不光是欲速不达。这个故事太好了。清朝派出的学生很狭隘，而日本学生对西方文明的方方面面都很感兴趣。所以日本人学得很成功，日本现代化来得比中国快，与此同时日本把自己的文化还保留得很好。我们中国人有个缺点，太功利了。一个东西有用，我才学。若看不到当下的好处，或近期的效益，就觉得没用，就不学它了。这种思维问题极大。所以，我国所有大学的英语系都应该叫作"英文系"，至少综合性重点大学的 Department of English 中文名称应该是"英文系"，让大家时刻记住它不是单纯的语言训练。同样的道理，外国语学院应该叫"外国语文学院"或"外文学院"，时刻提醒我们外语教育还有一个人文理念的维度。

殷企平：我也很赞成，一字之差，整个理念就完全不一样了。再回到阮老师（前面的话题）。能否把您的这句话再限定一下？我完全同意你刚才说的话，即蔡基刚教授他们错在过分强调英语学习的技能，而被他们批评的"人文教育"，恰恰是要学习那种"不是简单技能的技能"。我们不是不要技能，而是要教会我们学生学习"不是简单技能的技能"。

阮炜：应该是我们要学习技能背后的 Geist。

殷企平：我同意。但学习技能背后的 Geist，不意味着反过来否定这个技能。否则就是曲解了我们的人文教育。

阮炜：要把技能学好，就必须学好背后的精神。

殷企平：对，这是一个 paradox。我觉得现在基本把这个问题讲清楚了。我们能不能开启另外一个话题？因为如果要回应蔡基刚教授的论点，还得直面他讲的那个问题，那就是：现在很多的英语专业挂红牌、黄牌了，我们英语专业的毕业生已经面临着一个就业危机，或者也可以说是英语专业生病了。这个病因到底是什么？我觉得他们确实看到了一些症状，但是他们对病因的诊断，我认为是不精准的。是因为我们有太多的"人文教育"吗？英语专业现在有这么大的危机，是因为太强调技能背后的那些东西吗？还是别的什么原因？

阮炜：我看了一些回应文章，他们利用一些数据证明，英文教育领域的就业问题，不单单是英语专业学生的就业问题，其实牵涉整个社会的就业状况，非常复杂。我没做过调查研究，拿不出比较精确的数据，但是长期以来我们培养的大量毕业生，最后在工作单位并没怎么使用英语，但这并不等于我们的教育失败了。这种情况在全世界都是存在的，所学专业最后并没怎么用上。这就牵涉我们对大学的理解。大学并不等于你考进来，学了某个专业以后，一辈子都必须用它谋生。大学很大程度上只是一张门票，是一种淘汰或奖励机制。仅仅拿英语专业就业困难来说事，把英文教育定位成曲高和寡的人文教育，然后加以否定，问题就比较大了。因为你并没有作一个对比，考虑一下中国大学其他专业就业情况如何，乃至全世界所有本科专业就业情况如何。

从长远看，英文作为一个学科是会萎缩的。其实，这一二十年来大学英语教育已经缩了一些水。它早不像当初那么红火了，那时大家一定要过四六级考试才能拿到毕业证。又过了若干年后，大学英语开始减课时了。说不定以后还会减课时。相应地，英语专业招生规模也会下降。这只是我的一个预测。但具体什么时候开始下降，需要数据来支撑。长远看，应该不需要那么多的人学公共英语或英文专业。

　　我还认为，20世纪中国的英文教育是一个奇迹。除了在中国，没有任何一个国家、任何一个大学能够有一种专业像英语那样，是所有人都必须学的。中文用不着这样，数学也用不着这样，音乐也用不着这样。音乐学院里每个学生，不管学声乐、打击乐、指挥、作曲，还是学音乐学、音乐史，都必须修钢琴课，但英语是我国所有学校、所有学科的必修课，就像音乐学院的钢琴课那样。

　　曹山柯（杭州师范大学）：因为大家都必须学，所以中国现在才取了这么大的进步，否则的话，恐怕很难有这个进步。

　　阮炜：同意山柯的说法，其实我暑假期间在波兰一个学术会议上发言，对清末以来我国整个英文教育做了一个宏观的描述，说中国之所以能够取得今天的成就，跟全民英文教育是有很大关系的。这种全民英文教育是世界教育史上的一个奇迹。它起到一种非凡的作用，通过英文和其他西方语言的学习，整个西方世界对我们来说变得透明了。不像晚清那样，什么都不知道，整个外部世界对于晚清精英来说是不透明的，他们中大多数人看不到外面正在发生什么事，中国所面临威胁的性质是什么。倒过来说，西方世界看我们，未必像我们看他们那么清楚。这从西方精英刊物里一些非常荒谬的论点是不难看出的。但从长远看，我国英文专业会萎缩。甚至现在，在部分重点大学取消大学英语的必修课定位，是否就应提上议事日程？也许在不久的将来，学生会有选择的权利，喜欢英文就学，不喜欢就不学。中学英文教育是强制性的，大学里仍有很大的强制性，这似乎没什么问题，但读研究生还得学，读博士还得学，之后评职称，评中文或中医职称，还得学，还得考，显然是荒谬的。

　　殷企平：接着您的话题。我们现在有没有必要再坚持办英语专业呢？是不是有必要再继续坚持大学英语的教学呢？关于这两个问题，我的看法是这样的：首先，我同意阮老师的意见，可能有一段时间英语会缩水，权重降低。但这是自然的，因为有很多影响因素。我们的人口、国家的战略需求、个人的兴趣，这些都有关系。从高等教育理论来讲，高等教育有三个合力，缺一不可。一个是学科的内在逻辑，另一个是大学生的内在需求，再一个就是社会的需求。这个也是非常笼统的说法，可能具体的因素更加复杂。

关于另外一个问题，我同意您的观点，即人工智能崛起后会取代一部分原来英语从业者的功能。但是我想补充的是，它取代了一些功能，但又产生了新的需求。我们前不久请了原国家外专局局长黄友义先生来做讲座。他是我们国家的顶尖翻译之一。他就发现，机器翻译的蓬勃发展以后会带来新的问题，而这些新的问题恰恰需要人去解决。比如说，一些高端的层面，包括我们现在最主要的"一带一路战略"的翻译、"人类命运共同体"的翻译、"中国大陆"的翻译，翻译得不好就会铸成大错，尤其是政治错误。例如，"一带一路"应译成"Belt and Road Initiative"，但最初译成了"strategy"，别人听到这个 strategy，就觉得你想搞霸权。

阮炜：那恐怕不仅仅是翻译的问题，而是在中文里就没把问题想清楚。前些年大家都说中国"崛起"，后来又说"和平发展"，那不是翻译的问题，而是思维是否精确的问题。回头看，"一带一路战略"提法的出笼，是没想清楚的结果，结果把人家吓坏了。一旦想清楚了，变成"一带一路倡议"，就好多了。

殷企平：不完全是翻译问题，但如果是一个好的翻译，他就会意识到问题。刚才又回到这个悖论的问题。就是英文专业到底是不是人文教育？有些人文性的问题，恰恰就在英文专业暴露出来。有些问题，光是在中国肯定暴露不出来。因为我们并无恶意，但是别人听起来就有恶意。这不仅仅是翻译的问题。可能恰恰是具有跨文化视野和跨学科跨语种背景的人，才能首先发现我们自己中文里的问题，然后才能通过黄友义这样的人来提醒决策部门。

阮炜：重要概念出台之前一定想清楚。还没想清楚就抛出来，一翻译成外文，问题就来了，就不得不作调整。中国"崛起"，可能是翻译成英文后在国外遇到了问题，然后再调整中文思维的。如果只是"和平发展"而不是"崛起"，外国人就不会觉得那么可怕。

殷企平：所以这就是英文专业、英文专业的人文性的价值所在。它是不可替代的。因为我们自己的问题往往是要跨出去，才能看到的。

阮炜：它可以帮助我们的中文思维变得清晰起来。关于英文教育的未来，我理想中的未来状况，是大学英语规模大大缩小。原因很简单，所谓 English for Special Purposes，机器很容易对付。机械学或数学或物理学等里边那点直白的英语，目前翻译软件基本上已经能够应付，不需花太多人力去修订机器译文。但文学翻译远没有这么容易。文学往往是拿不准的，一个词可以有好多种用法，有好多个含义。以后如果少数人确实对语言有感觉，喜欢语言，又学得很好，就由他们来解决文学翻译的问题。至于各种特殊用途英语，翻译软件那时已经非常强大了，只需极少数人不时对它进行一下升级，甚至只需输入几个命令，它就可以自己升级，翻译根本不是问题。最终来说，英语专业肯定不会像目前规模那么大，中国有上千个 departments of English，其中或许最多只有 100 来个可以称之为"英文系"。这个规模我觉得应该缩小，确实用不着那么多。但如果那时候仍有很多人只对英语感兴趣，非常愿意学，甚至找不到工作或找到了工作也挣不了什么钱，仍愿意学，那也得让他们学。

　　殷企平：还有您刚才说的，我觉得只是说对了一半。刚才说的情况确实是可能的，也很可能是因为现在看不清楚，我不敢那么确定从 1000 个英语专业马上会缩小到 100 个英语专业。

　　阮炜：我说的是在这些 departments of English 中，1000 个中只有 100 来个称得上是"英文系"。

　　殷企平：如果真的把 90％的英语专业办成了专门用途英语，后者恐怕很快就会消亡，因为如你所说，它们的功能马上就可以被取代了。我认为在本科阶段，其实不管学什么专业都没有关系。如果我这个观点成立的话，不管是学英语，还是学数学，或是学历史，都可以是 general education，我们现在翻译成"通识教育"。其实我更喜欢的说法是 liberal education（博雅教育），因为它一直可以追溯到亚里士多德，以及刚才我讲的纽曼。他们主张的就是博雅教育。如果任何专业都是可以通向博雅教育的话，我们的英语专业多一些又何妨？为什么呢？我再举一个例子：马云就不是电商专业出身的，但是正因为他受过比较好的人文教育，有眼光，有判断力，有责任心，有想象力，还有我们刚才说的"有良心"。

　　我们再回到蔡基刚教授的话：英语专业要办成对得起良心的专业。蔡基刚教授说，除少数高校继续保留英语语言文学方向之外，大多数则要转型到专门用途英语方向，除此之外，无路可走。这个观点我不敢苟同。我们培养这么多的大学生，很多本科生毕业以后的工作很可能是要换的，不一定就能守着英语专业。但是如果他们受过良好的教育，适应能力就会很强，就像马云一样。不管在哪一个语种，哪一个专业，只要能得到良好的教育，那么他做什么都可以。原来杭大历史系的宋伟平，他是学历史的，但是去搞房地产，做得也很好。这种例子实在太多，二十年前，我曾经给美国一家跨国公司的 CEO 当翻译，当时他在浙工大讲管理，他拿的是中国文学博士学位，却在跨国公司做老总。所以专业并没有关系，只要坚持人文教育，英语专业反而有生命力。

最后请阮老师做总结。

阮炜：我该讲的都讲了。从今天开始，或许我们可以把 education of English 叫作"英文教育"，把 Department of English 叫作"英文系"，因为它应包含人文教育的理想。蔡基刚教授提出的一些观点还是有道理的。从长远看，外文专业会慢慢地变小，最终会留下一批真正对英文或对其他外国语文感兴趣的人。不感兴趣、误入此行的人将来应该很少。如果我们能运用一下想象力，就不难想见，最终会产生一个新职业，或可叫作翻译软件训练师，翻译软件到一定时候需要升级了，他们就派上用场了。人类总得教会翻译软件或机器人一些最新的知识，不是简单几个词汇的问题。英语专业最后可能向这个方向演化。假如软件非常强大，大多数人就不用学外语了。今年七月我在波兰开会，遇到过这种情况，商店店员都不讲英语，顾客找不到想买的东西，要传达的信息很复杂，怎么办？对着手机讲母语，手机即刻转译成波兰语文字，再把手机拿给售货员看，交流就完成了。这种事也在中国发生。一个美国女孩来深圳待了半年，一句中文也不会讲，却活得很好，交了很多中国朋友。问她怎么做到的？她说用翻译软件！既然从长远看，英文专业会萎缩，强调英文教育的人文性就更有必要了，因为技能的事完全可以由机器来做。所以我觉得，有的同事认为首先应该取消英文专业，让大学英语存在下去，这是不能成立的，是本位主义。近十年来，大学英语一直在缩水，如果最后目标只是特殊用途英语，那就更会缩水,因为软件做这种事太容易了。首先该萎缩的是大学英语教育,其次才是英文专业。

广外老师:我是广外的,我们的校名用的是 University of Foreign Studies。我们学校招生主要是翻译学院和商务翻译学院招得好,而且现在翻译学院硕士生都在上升,是别的学院的两三倍。就业很好。

阮炜:就业比较好,对不对?我想翻译专业学生从事翻译工作时,先用翻译软件把文字过一遍,正确率虽然达不到百分之百,但花不了太大力气改一改,就是成品了。软件翻译与人工优化相结合。但是如果某一类人英语不好,所做的翻译还不如机器好,更是远不如机器便宜,用人单位凭什么雇他们呢?

广外老师:我听说已经缩水了,特别是那种幼儿外语培训机构。从前这些机构会教小孩很多单词,现在软件就可以做,而且一点不差。缩水很多。

殷企平:感谢大家参与。其实还意犹未尽。我们有一些不同的意见,这很好。并非一定要有一个统一的认识不可。这本来就是一种开放式讨论。

英语族与英语热

第五章　英语族的悲哀

引言

　　20 世纪 80 年代初逗留英国期间，笔者接触了当地大学的一些汉语言文学学者。他们讲的汉语并不是十分流利，发音也不怎么标准（汉语四声和非送气清辅音对西方人和其他很多民族来说都极难掌握），但他们的中国语言文学知识之丰富，并不亚于一般以汉语为母语的汉语言文学研究者。他们中许多人连气质、神态和说话的口气都有点像中国人，甚至讲自己的母语英语时也有点走调，带上了一种怪怪的汉语语音痕迹。禁不住想：语言文化的力量竟如此强大，浸润其中，整个人都"化"了进去。尤其让人难忘的，是这些汉学家身上那种决非做作的中国式谦恭。这不大像是一份与生俱来的先天礼物，而更可能是后天习而得之或"习得"的。多年后，读到了一篇英国人所写的有关英国汉学学者的文章，文中称他们为一个特殊"种族"，即"汉语族"。这恐怕是因为汉学学者不仅在知识结构上迥异于一般西方人，而且在思维、气质、神情、做派甚至口音方面都染上了中国语言文化的气息。笔者的爱国主义情感并未因此升温几许，但"英雄所见"得到了一点印证，也颇感欣慰。

一 何为"英语族"?

笔者从此也养成了一个习惯，那就是，十分留意中国大学校园里是否也相应地存在着一个特殊的种族，一个以英语为志业或职业的特殊种族。须知，中国的英语语言文学从业者是一个巨大的群体，数量远大于西方各国的中国语言文学从业者，而这是改革开放的巨大需要所决定的。观察若干年后，得出了这一结论：的确存在这么一个族中之族，姑以"英语族"称之。在此郑重声明，使用这个名称绝非出于恶意。笔者忝为英语族，甚至从中学到大学、从本科到博士、从助教到教授，几十年如一日，从未有过改行的念头，可谓忠贞不渝。还得声明一下，本文所议论的英语族，主要指的是学术研究领域的英语族，与中小学乃至大学本科层面的基础英语教育不太相干。

笔者留意到，我国英语族的知识结构与一般国人有较大的差异。他们的语言、思维乃至行事风格更比一般国人多了些直率，少了些含蓄。简单说来，英语族多少有点像西方人，尤其是英语国家中人。但他们并非像某些西方汉语言文学学者"习得"中国气质那样染上了过多的西洋气。他们也绝非像半殖民地时代中国某些英语从业者那样，刻意模仿西方人的做派，以示高同胞一等。更不可以将他们与英国留在印度的那笔并非十分光彩的殖民遗产——英印混血儿——相提并论。这个不小的种群除了在生理上是混血，在母语和文化认同上也是混血，甚至以混血身份自傲，瞧不起"纯种"印度人。尽管如此，中国英语族的确构成了一个独特的行当。由于把毕生精力投入一种艰深外语的学习、教学与研究中，他们的母语能力因而被明显削弱了，或者说，他们的母语潜能从未得到应有的开发，[1] 这就使他们的个人发展与其他文科人士相比，明显处于劣势地位。但更值得注意甚至批评的是，他们拥有一些足以使自己成为一个特殊族群的不成文行规，而这些行规并非总是有道理，甚至有点可笑。例如判断同行水平的高下，他们的习惯作法并非首先看他或她的研究能力和学术水平，而是看他或她的英语语音语调是否准确，口语是否流利。你如果恰巧是个英语族，这差不多已是你的全部出身，是你能否在业内立足的关键，是你功德多高、成就多大的标志，甚至比你是否毕业于某个名校如北大、北外还重要。

　　出身好，那可就是一好遮百丑，你在学术研究方面几乎可以不思进取、无需建树，完全可以高枕无忧。出身不好，你从一开始就很可能被拒于英语族族群之外。甚至你的研究能力再强，同行们虽不至于完全否认你的能力，多少仍会将你视为异类，使你很难抬起头来。鲜有人会说，印度人、巴基斯坦人的英语十有八九带有浓重的本族语（须知，印度有十四种主要语言，这意味着有十四种可称之为区域通用语的语言；这与中国汉语人口占比95％，其中北方话方言人口又占约75％大不一样）口音，但他们的英语能力不知比我们强多少倍；日本人和韩国人的英语口语可能比不上我们，语音语调更是不敢恭维，但其读写能力可能并不亚于我们。更重要的是，日韩两国的现代化水平和社会发展水平高于我国，与西方交流的深度和广度也超过我国。另一个有意思的例子是，前联合国秘书长安

---

　　[1]　英语族往往"口才"不好，或者说无"口才"可言。他们的英语笔头或许比口头稍好一点，但也肯定好不到哪里去，在某些情况甚至无笔头可言。

南所讲的英语带有浓重的口音，但谁能说他用词不准确、不老到？

在改革开放初期的英语族中，不仅英语口语、英语语音语调是判定同行水平的最重要指标，"音色"也至关重要。"音色好"（差不多等于声音"性感"，或略为婉转一点说，"有磁性"），你差不多已经中了大彩。这是因为你不讲英语则罢，一讲英语，听上去一定是"漂亮"的，一定有"味道"。当然，近年来，随着国门越开越大，这种情形已然有了极大的改变，但因不合理甚至荒谬的行业陋习作祟，从业者的研究能力仍未能得到真正的开掘，少数人有问题意识、埋头做研究者的学术水平及相应研究成果仍未能得到充分肯定。这与其他任何专业评估同行水平的通行做法很是不同。

二　为何英语族研究能力低下？

问题是，为什么一定要把英语水平与学术研究挂起钩来？对于英语从业者来说，讲一口流利的英语何罪之有？讲流利的英语的确无罪。如果所讲英语不仅流利，而且有思想、有内容，甚至能准确、细腻地表达情感和立场，那就非但无罪，反而有功了。如果你恰恰是非重点高校和非研究生层次的英语族，那就更是功德圆满了。然而，一个历史悠久、人口众多、人民勤勉的大国总得有点文化创造才行。若无昔日的辉煌创造，中华文明怎么可能成为中华文明？怎么可能深刻影响整个东亚、东南亚乃至世界的历史进程？怎么可能衰落之后又迅猛复兴？因此，至少对重点高校和研究生层次而言，不应该只要求讲一口流利的英语，而应该有更高的期望，那就是，具有较高的研究能力和学术水平，并能在此基础上对中国乃至世界的知识进步、文化创造作出贡献。对于重点高校和研究生层次的英语族而言，即便是"流利"也应该有更高的标准，那就是准确、简洁、老到，能表达复杂思想和细腻情感，能表达范围广泛、色彩丰富之事物的流利，而非不准确、不简洁、童稚气，不能表达复杂思想及细腻情感，不能表达范围广泛和色彩丰富之事物的流利。

正是在研究能力和学术水平方面，英语族的弱点暴露无遗，尽管原因很大程度上可能恰恰在于英语专业本身的性质。如我们所知，同其他任何专业相比，英语族的思辨能力、研究能力、学术质量乃至学术产出都处于较低的水平。如果说学术质量不好比，那就比一比学术产出吧。任何人只需稍加留意，便不难发现，汉语言文学专业人士的学术产出量至少是英语族的七八倍甚至更多，前些年的差距更可能有几十倍之巨——因为英语族的自我定位是沟通内外，是英文与中文之间的翻译，搞有关英语国家乃至整个西方社会文化的研究，并非自己的责任，所以不怎么动笔写东西。英语族对于国人知识水平的提高、思想文化的创造所作贡献有多大，可想而知。所谓"贡献"，是指在沟通中西文化、中外文化方面发挥直接、积极的作用。通过勤勤恳恳、兢兢业业的英语教学，英语从业者提高了全民族的英语水平。在此意义上，他们已然为中国学术和文化事业作出了不小的贡献。可是，只要看一看西方的汉语族，立马便知道，我们跟他们不在一个数量级上。他们人数比我国英语族少得多，但产生的高质量研究成果却多很多。他们同样从事汉语言文化教学，可是在教学之余，却能源源不断地产出高质量的研究成果，其中很多已被翻译介绍到中国，对汉语言文学界、中国哲学研究界产生了不小冲击。（顺便问一问：我国英语学术何时才能对西方产生类似的冲击？）考虑到我国英语族的数量远大于西方汉语族的数量，我们更应该感到汗颜。从我了解的情况来看，在西方汉学家中"流利"、语音语调甚至"音色"美丑与否，绝不是衡量同行水平的重要标准，而研究能力和学术质量及产出才是关键的尺度。这至少部分解释了中国的英语族与英语世界的汉语族差距为何那么大。

必须承认，西方经济、政治和军事的全面优势地位或"西方霸权"也是海外汉学成果被大量介绍到中国的一个重要原因。但无论如何，我国英语族庞大的人口与弱小的研究力量和可怜的学术产出是极其不成比例的，而我们的行业陋习、惯常做法、认知水平低下肯定是这种状况的原因之一。[1]一个更重要的原因是，我国英语界不仅在整个本科阶段用英语教学和写作论文，在硕士博士阶段也同样使用英语，甚至在管理部门明文提倡使用母语写作博士论文[2]的情况下，我们也可能仍然拒绝用母语写论文。这不仅与英语国家的汉学界相比绝无仅有，与我国外语专业其他语种相比，也可谓鹤立鸡群（也许法语是个例外；据说，少数高校法语专业向英语专业看齐，已尝试过用法语写作博士论文）。

当然，肯定会有人出来反驳说，这是英语的地位使然；英语好，学生的就业前景好。不能否认这事实。可为什么看不见，大量英语硕士博士最终并不在高校和研究部门落脚？为什么看不见在大多数情况下，对学术成果进行评估时，主要看汉语而非英语出版物的质和量？如果英语从业者从本科到硕士到博士，一生中黄金时间

---

[1] 我国英语族之所以学术能力弱、学术产出低，文化差异或也负有一定的责任。近代以前，中国文明的知识论传统相对羸弱，因而国人的知识追求带有很强的功利色彩。

[2] 有关管理部门有一手统计数据，知道英语专业博士生与其他专业博士生的巨大差距，故有此举措。

段未能得到充分的母语写作训练，工作后却又必须用母语写作，与其他专业相比，所处的劣势地位不就一目了然？

事实上，英语族中许多在读硕士、在读博士甚或高校教师缺乏基本的汉语技能。无论在口头还是笔头上，他们的母语词汇贫乏，缺乏表达复杂事物的能力，更缺少对语言色彩变化的敏感性。就他们本应充当中西文化间的桥梁而言，就他们的头脑本应成为中西文化的坩埚而言，尤其是就他们命定为汉语世界的一分子，应当为汉语学术乃至中国文化事业作出应用的贡献而言，他们的汉语文史哲知识太匮乏，他们的抽象思维和形象思维能力太弱，他们的知识视野也太狭窄。与用母语写作的人文学学者相比，英语族中很多人甚至缺乏生活情趣，更遑论思想激情了。即使不能说他们的脑子已被长期专注于一门外语搞坏了，他们事实上已然沦为语言匠人。这绝不是说，英语从业者智商不高，甚至努力不够，而是说一些非理性习惯、未能"与时俱进"的认知水平，以及拒绝用母语写作的行业陋习等，阻碍了他们潜能的开掘。在语言是最重要的认知手段，甚至语言决定存在的意义上，母语能力的欠缺意味着，英语从业者的生命感觉已大打折扣，如果还没被完全废掉的话。

当然，也可以从客观方面找原因。那就是英语专业本身。英语族必须花大量时间精力掌握一门极其困难的外语。这门外语在"血缘"上与汉语毫无关系，[1] 难度极大，因而他们在母语技能方面的欠缺几乎是不可避免的。事实上，一直以来，我们都大大低估了

---

[1] 具体说来，汉语与英语分别属于完全不同的语系，前者属于汉藏语系，而后者属于印欧语言。因此汉英两种语言并非像印欧语系中的法语与西班牙语，或英语与德语，或任何一门欧洲语言与另一门欧洲语言那样，相互间存在密切的亲缘关系。

英语乃至任何一门西方语言的难度。可是，我们为什么不可以像西方汉学家那样，坚持用母语写作？从我掌握的情况来看，英美一流大学的汉语族不仅硕士、博士论文是用母语写作的，就连本科三四年级的中国历史、哲学、文学等的教学，也使用母语。原因很简单：使用母语，知识的吸收更有效，知识的消化更容易。另一个重要原因，是他们更看重从业者的研究能力与学术水平。在学术研究中，用母语写作容易，还是用一门与母语毫无亲缘关系的外语写作容易，这对任何一个思维正常的人来说，都是明摆着的事实，本不应成为一个问题。

也应看到，西方的汉学家不用汉语而用母语写作，并不等于他们的汉语水平不高。总体上看，他们的汉语口语能力也许不如我国英语从业者的英语口语能力，可是这并非意味着他们的汉语阅读能力比我们的英语阅读能力差。在大多数情况下，对于用母语写作的研究者来说，所学外语的阅读能力比写作能力更为重要，或者说写作能力相对不那么重要，有一定的写作能力就够了。值得注意的是，西方汉学家对主动技能和被动技能作了区分。所谓"主动技能"，是指说、写能力或说好、写好的能力。这种技能亦可称为"产出性技能"，因为要说，就得说"出来"；要写，就得写"出来"。所谓"被动技能"，是指听、读能力或听懂和读懂的能力，或曰"非产出性技能"。

这两种技能虽相辅相成、不可截然区别，但并非不可以作适当的区分。对于培养研究能力及提高学术水平来说，这种区分甚至至关重要。语言教学法研究者乃至一般英语从业者都应当知道，掌握主动技能远比掌握被动技能困难，能够用于主动技能的词汇更是远远少于能够用于被动技能的词汇。因此，花过多的时间和精力，试图掌握超出需要的主动技能，必然意味着学术研究的投入和产出不成比例，意味着宝贵的精力被浪费在一种缺乏目标的无谓追求上。当然，对一般英语专业从业者而言，听、说、读、写这四种能力都很重要，口译人员尤其需要较高的听说能力。但笔者以为，我国高校与研究所层次的英语族对主动技能和被动技能不作区分，或者说尚缺乏作区分的意识，很大程度上应该对他们思想的贫瘠、学术素养的贫弱、研究能力的低下负责。

三 形成自己的西方研究传统

当然也可以问：既然英语是自己的专业，为何不可以努力，努力，再努力，达到一个非常高的水平，譬如写出一手漂亮的英语美文？姑且不论在一种并非正常使用英语的社会文化环境中，这种努力究竟能够收到多大的成效，写美文还得有美文的读者。我国英语族的英语美文再漂亮，其读者却可能十有八九是中国人，甚至只是少数同事或学生，因为英语族的英语美文获得发表的机会微乎其微。为什么说只有少数同事或学生读我们的英语美文呢？因为以汉语为母语的广大人口不可能具有鉴别何为真正的英语美文的能力。既然如此，我国英语族用英语写就的美文大体上是给行内之人读的，是"自嗨"，是一种自我证明、自我欣赏和自我满足的奢侈行为。再者，英语国家的人们以母语写作的美文数量之多、质量之好，已够我们读。这里有一个摆正主体与对象的关系的问题。在我看来，高校和研究生层次的英语族首先应当树立起一种基于母语及母语文化的主体意识。我们的语言文化主体性一旦确立，英语、英语文化、英语文学的对象性也就明白无误了。

问题还可以这样问：英语对于我们是终极目的抑或只是一种手段？是高高在上的主人抑或只是一种工具？从反对西方文化霸权的需要而言，英语显然应该是后者而非前者。因为如果英语本身成了主人，英语从业者就不可能不丧失自己的语言-文化主体性，英语就不可能不反客为主，使你沦为它的对象和奴隶，应对西方文化霸权便无从谈起。从合理、有效地配置资源这一现实需要来看，如果英语本身成了目的，那也实在太奢侈了。因为仅就英语专业而言，尤其就对中西文化有准确、深刻认知的合格英语人才而言，中国的智力资源不是太多而是太少。考虑到数量巨大的"托派""G 派"（GRE 派）或出国族、移民族，情况就更严重了。因此，对于高校和研究所层次的英语族来说，学好英语，准确地说，掌握较高程度的英语被动技能和适当程度的英语主动技能，只应被视为一种获取学术信息，扩展学术视野、进行学术交流的手段，最终说来，被视为一种为全民族知识水平的提高和思想文化的建设做出贡献的手段。唯其如此，有限的智力资源才可能得到最大限度的利用。把英语本身当作目的本身来追求，很显然是本末倒置，是孤芳自赏，无益于社会，最终也无益于自己。

持不同意见者可能会争辩，用英语写论文难道不有利于国际交流？可是为什么不可以先写好汉语文稿再译成英文？实际情况是，国内学术会议——包括英语界的学术会议在内——十有八九完全以汉语为会议语言。即使所谓国际会议，往往只在部分议程中使用英语，而且因有太多的表演性，而使交流效率及效果大打折扣。因此，以国际交流为由，为不用母语写作论文开脱，是没道理的。为了这点小方便而牺牲研究能力、学术素养乃至学术产出，实在是得不偿失。更重要的是，这点小方便意味着智力资源的巨大浪费。改革开放以来，无数用英语写成的硕士论文就像课外作业一般，被束之高阁，湮没无闻。近年来，用英语写成的博士论文中，相当大一部分也只是在答辩通过很多年后才能得到全文发表的机会，更多论文要么只发表了部分内容，要么像无数硕士论文那样，被尘封在资料室的某个角落，除了曾经使作者的英语水平有所提高以外，对汉语世界知识水平的提高、思想文化的创造根本谈不上贡献。可是培养一个博士要花多少人力物力资源？更由于成果未能形成学术积累，未能进入学术交流场域，就连英语行内人士也难以了解其他院校的英语族究竟已做了什么工作，其结果是，我们总是像西西弗斯那样，永远从头开始自山脚推巨石上山。如此这般，中国的英语族怎么可能像西方的汉语族那样，建立起真正属于自己的学术传统？

考虑到英语族的庞大数量，如此巨量智力活动的产物竟不能有效地参与全民族认知水平的提高、思想文化的创造，资源浪费之巨大，就更触目惊心了。更为严重的是，用英语而非母语写作硕士博士论文，意味着对英美学术成果的极大依赖，极有可能使学生丧失以汉语和中国文化为根本内涵的语言文化主体性，使其不仅在遣词造句上，甚至在基本思维模式和问题意识上，都任由自己的头脑变成他人思绪的跑马场，而非将英语、英语文化、英语文学视为一个客体、一个对象，基于中国语言文化的自主性-主体性来研究它们，并把研究结果用于解决具体问题。如此这般，我们怎么可能形成真正属于自己的思想、风格和问题？

如果连学术问题也是假装的，或者把别人的问题顺手搬过来当作自己的问题，我们怎么可能摆脱思维的贫困和想象的贫乏？我们怎么可能形成真正属于自己的学术积累？我们怎么可能形成真正属于自己的学术传统？由于汉英语言文化之间存在着的巨大差异，也由于中国的英语学生和教师们在一种非正常使用英语的环境中学习和使用英语，其英语再好，也不可能没有一个限度，决不可能好到完全独立写出不仅是基于自己的问题意识，而且英语地道，且真正具有创意的文字。最可怕的景象就是，我国英语人沦为一部部复读机，其唯一的作用就是在转述英语世界的学术成果，自觉不自觉地加强他人话语的地位。

结果可想而知，我国英语族永远摆脱不了对域外学术的依附，永远不可能提出真正属于自己的问题，永远不可能培养出真正属于自己的研究思路和研究风格，永远不可能像西方国家已有蔚为壮观的汉学传统那样，形成一种真正属于自己的英语语言文化研究传统，一种真正属于自己的西方研究或西学传统。

——本文原发表于《读书》杂志 2002 年第 12 期

第六章　英语热该降温了

引言

18世纪中期以降，在全球地缘政治格局中，英语国家乃至整个西方越来越强势，这也使得英语的影响力越来越大，1945年后成为头号全球通用语。1979年以后，中国在改革开放中迅速崛起，但也因此经历了一种荒谬的英语热，一种堪比大跃进的非理性运动。这个事实很难认，值得深思，并拿出解决办法来。

当今时代，任何一个有观察和思考习惯的人，都不难发现一对对跟英语有关的矛盾现象。一方面，传统文化正在强劲复苏，世界上汉语热方兴未艾；另一方面，中国的全民英语热越来越热，汉语备受冷落，中文毕业生难找工作，传统价值观正在经受五四运动以来又一次大崩溃（比之铺天盖地的英语热及相应的西方文化热，近年来传统文化"复兴"实在说不上什么声势）。一方面，随着国力的迅速提升，涉外企业中方人员的母语自豪感加强，一改从前的做法，在不需用英语或用英语容易造成交流困难的地方，开始使用汉语；另一方面，社会上英语热却越来越热，许多父母争先恐后将子女送到英语教学的"贵族学校"或一般"英文学校""外语学校"

"国际学校"读书。一方面，越来越少的人读汉语文献，悠久的汉语阅读传统在迅速变凉；另一方面，英语热却越来越热，即便绝大多数学英语者根本不具备也不可能具备大量快速阅读英语文献、有效获取域外信息的能力。一方面，高薪刺激也难以解决的技工荒难题；[1]另一方面，全民英语热却越来越热，许多人明明知道自己学不好英语，仍在形势逼迫下飞蛾扑火般奋不顾身，一头扎进学英语、考英语的盲流中。

一　英语热的具体表现

这种无理性可言的英语热有何具体表现？

一个中国人，无论是工程师、技术员、医生、律师、中文教师、中文编辑等，还是搞内贸（而非外贸）的，学中医中药的，研究古代汉语或中国历史或哲学的，都得学英语、考英语。只要你身为中国人，那么对不起，你永远逃不掉英语，或者说永远逃不掉英语考试。历史上中国本来就有科举考试的传统，但那主要是成年人的事。然而在今日中国，考英语是不分年龄的，也就是说，活到老，考到老。你得从幼儿园考到小学，从小学考到初中，从中考、高考的升学考试到大学四六级考试（英语专业学生在英专四六级考试以外还

---

[1] 中科院院士谢克昌就认为，我国英语教育的效果与投入极不相称，英语教育的显赫地位使有限教育资源的分配严重失衡。他说："我国出现了'技工荒'，我们看到的却是职业技术学校严重缩水，林林总总的英语培训学校却到处都是。"参见《谢克昌委员质疑现行英语教育》，www. edu. cn/20040308/3100644. shtml 6K 2007－9－29。

有英语八级考试），还有硕士、博士入学英语考试。硕士博士入学后可以不考了吧？对不起，还得考英语（或其他外语），不通过就拿不到学位。当上大学老师后，可以免考了吧？除非你不想晋升副高和正高职称。如果要晋升职称，你仍得考英语。如果愿意，或者说有需要，还有雅思、托福和 GRE 考试。天网恢恢，英语难逃！

事实上，英语考试早已同每个人的经济、政治利益密切挂钩，没有人能够摆脱英语考试的骚扰。事实上从初中开始，直到高级职称的评定，一个人在其整个人生，英语考试都是逃不掉的，也就是说，国家体制将英语考试强加在每个人头上。实际情况是，大多数人既无语言禀赋，或者说不大可能学好英语，也无必要掌握英语，因为生活和工作中根本用不着英语。语言是文化的载体，学英语必然意味着相应文化的输入，因此权力的介入不啻是强行征用社会资源，勉力推行他国文化，与此同时，晚清以来一直备受妖魔化的传统中国文化还根本说不上复兴。还有比这更荒谬的？

由于权力的涉入，更由于英语和西方文化本身的强势地位，不仅学校而且社会上的英语热也越来越热。在大城市，某些家庭的孩子一出生，便"从婴儿抓起"，只给他或她讲英语，可悲又可怜的父母们全然忘记了离开母语，孩子的认知能力决不可能正常发展这一常识。[1] 尽管政府方面并未规定幼儿园必须教英语，可是负责

---

[1] 在笔者当时所在的深圳大学英语系，十多年来有多位英语教师尝试过孩子一出生便只跟他/她讲英语，少讲或者不讲汉语，企图使孩子从小便有堪比英语国家小孩的英语能力，或者说，让英语对孩子来说不是一门外语，而是一种"母语"。可是迄今为止，没有一个成功的例子。原因非常简单：孩子在娘胎里听到的便是汉语，出生以后除了只有会英语的一个家长跟他/她讲极简单的英语外，其他亲人以及所有小朋友都只讲汉语，也就是说，孩子是在汉语的汪洋大海中而非自然的英语环境中学习和成长的，尽管有一个家长不断跟他/她讲英语，但英语都对他/她来说终究只是一种外语。

教育的行政部门和幼儿园层层加码，一个比一个"先进"，强迫家长交一大笔"英语费"，美其名曰，英语必须从幼时抓起。他们全然不顾一个基本事实，即，那一个个幼儿园根本不是正常的英语环境，绝大多数老师未必合格，未能讲正确的英语，所以孩子绝对是不可能学好英语的。[1] 实际上，除了按国际惯例营运、主要是为外国孩子开办的"国际"幼儿园外，为中国孩子办的幼儿园的英语教育根本拿不出一个成功的先例。[2] 即便极少数幼儿园的英语教学取得了一些可疑的效果，那也不可能不付出牺牲母语和其他科目的高昂代价。

很多大学甚至违反高教法，规定不通过四级考试，便不让学生毕业。少数大学不仅要求非英语专业老师上非英语专业课程讲英语，而且要求行政人员开会也讲英语，假装他们的英语水平跟英语国家的人们一样高。少数医院的领导甚至要求医生用英语查房，假装以汉语为母语的医生和可能从未学过英语的病人英语跟英国人美国人一样好。更匪夷所思的是，高速公路的指示牌使用大号英文字母指路，将有同样作用的汉字压缩到驶近时才能看清，从而置高速公路的行车者、旅行者的生命和财产安全于不顾。

---

[1] 笔者亲戚中有这样的例子：20 世纪 90 年代初孩子入了幼儿园，家长交了整整三年即六个学期的"英语费"，每学期三百元，孩子最终只学了一个英语单词——banana。

[2] 中国除了香港、北京、上海、广州、深圳、杭州、成都等大城市有少许合格的"国际"幼儿园，其他冠以此类名字的幼儿园的英语教育质量大体上都不合格，除了教给孩子若干英语单词和极其简单的句子，便乏善可陈。原因在于，针对中国孩子所开办的非正规"国际"幼儿园不可能营造出一种真正的、自然的使用英语的环境——从所有教师到大部分学生甚至管理人员均为以英语为母语者或非英语国家的外国人（不包括以汉语为母语的华人）。在这里硬憋出来的英语或勉强记住的几个英语单词和简单句子，与在自然的英语环境中学到的英语有本质区别。

　　据粗略统计，中国小学生学习英语的时间为全部学习时间的四分之一，中学生为三分之一。坊间流行一个说法，北大、清华之类名牌大学的本科生只有一个专业即英语专业，这些学校本质上都是留美预备学校。不光是这些名校，普遍观之，我国的硕士博士花在英语学习和考试上的时间超过了专业学习时间，这在很大程度上应该对我国研究生教育水平低下负责。长此以往，中国将无真正意义上的研究生教育可言。[1] 与此同时，真正能达到用英语有效交流水平，且能大量、准确获取信息的人却少之又少。据北京外国语大学外语教育研究中心的调查，56％的非英语专业在校大学生把大部分时间花在英文学习上；他们中很多人在各种英语考试压力下，不得不花大量时间和精力学习英文，但走上工作岗位后，却发现当初所学"英语"除了应付考试，在实际工作中要么用不着，要么根本不能用。[2]

二　英语热的种种危害

　　稍稍用心观察一下，便不难发现，上文提到的孩子一生下来就只给他讲英语的做法，是根本不可能奏效的。几年下来，孩子只能勉强说出几个单词，进行最初级的交流，距离拥有正常的英语使用能力还差得很远，距离英语国家以英语为母语者的英语能力更是差

　　[1]　王岳川：《汉语热与英语热的不同文化心态》，载《新华文摘》2007 年第07 期。
　　[2]　唐磊：《英语热面前的汉语教育式微吗》，载《中国新闻周刊》2006 年12 月25 日文章，news. sina. com. cn/c/2006-10-25/175111331760. shtml。

十万八千里。因为孩子在娘胎里所听到的，便是汉语；出生后所听到的语言仍是汉语，与玩伴玩耍时所听到和使用的语言，便只可能是汉语。很多人全然不顾这么一个基本事实：我们的孩子是在地道的汉语环境中学习和成长的，在小家庭范围里将英语强加给孩子，不仅有违语言学习规律，更可能给孩子的认知发展乃至精神健康造成伤害。

也不难发现，幼儿园里交了几千上万块英语费在几年时间里所学得的那几个单词，孩子到了某个较大的年龄——如十一二岁，最多十三四岁——时只一两天功夫便掌握了。这是因为十二三岁前，孩子大脑的主要任务是吸收掌握概念本身，而不是学习一门异质的语言，再用这种语言来接受各种概念；也是因为人类的知识接受能力在不同时间有不同的表现，不到某个年龄段，便很难掌握某种知识或技能。

同样匪夷所思的是，所有在大学学报、研究所刊物以及其他正式刊物上发表的文章都必须附一个英语摘要，无论摘要的英文多么糟糕，无论翻译摘要会浪费多少人力财力，也无论究竟有多少外国人会留意到这些中文刊物，尤其是里边的英文摘要，或者说，即使通过英语摘要留意到了这些中文刊物里的某篇文章，又能否真正读懂该中文文章。

只要稍稍想一想便不难发现，硬逼每个专攻古汉语、中医中药和中国古代史的教师或研究人员一而再、再而三地考英语，不仅是一种精神折磨，更是对民族文化的犯罪，除了对他们的专业能力起干扰作用外，除了对他们进行精神骚扰外，起不到任何有益的作用。

只要稍稍想一想便不难发现，大家若能多多考虑一下在这种全民狂热中，英语学习和考试上的"投入产出比"是多么不合理，而若能把花在学英语考英语上的大量精力、时间和财力更多用在提高自身文史哲修养、数理化能力或其他更有价值的领域，中国人的总体人文素质、科学水平和技术能力不知会提高多少。

大家是否思考过，每个人的才能是不同的，有长于数理化的，有长于文史哲的，一些人长于音体美，一些人长于实用技能，另一些人长于外语，而不分青红皂白，强迫每个人学英语考英语，学不好考不好就不让上大学或不让上好大学，甚至活到老、考到老，不仅是严重的资源浪费，也是一种严重的不公？

大家是否思考过，英语活到老、考到老的做法是一种体制性的民族自戕，在此过程中，大量有学术素质、思维能力的人只因英语不好便被排斥在大学和研究部门外，或得不到所应得的职称和待遇，不仅其个人前途被耽误，国家也因之失去了大量优秀人才，科学技术研究因之丧失了大量智力资源，学术产出的质量和数量因之大打折扣？

大家是否思考过，除中国以外，世界上有没有其他任何一个国家如此层层加码、一窝蜂搞运动式地学英语、考英语，将大量教育资源——归根到底是社会经济资源——用于对民族文化的自我殖民和自我矮化中，而这种不正是域外对手们求之不得的结果？中国荒谬的英语热不正在加强域外国家的文化霸权，使其永久化？

大家是否认真思考过，英语作为印欧语系日耳曼语族的一种语言（虽然吸收了同属印欧语系的拉丁语、法语等的大量成分[1]），

---

[1] 详第一章"附识"里的相关讨论。

在"血缘"上与汉语毫无关系,与汉语的语言距离非常大?[1] 这意味着,中国人学英语难度比我们想象的大得多。如果想要听、说、读、写四管齐下,在各方面都有较强的英语能力,难度就更大了。事实上,在一种汉语为95％以上人口的母语的社会环境中,若无真正的语言天赋,光凭个人热情和努力,是不可能真正学好英语的。缺少了真实而自然的英语环境和个人语言天赋,痴迷于英语者所投入的时间精力,与实际可能取得的效果会极不成比例。很清楚,若能把这些时间精力花在其本来更擅长的其他方面,在学习效果方面便能取得高得多的"投入产出比"。

三　区分"主动"与"被动"技能

若要探究一下英语热为何得以产生,不难发现有多方面的原因。最主要的原因,是英语国家乃至整个西方在世界格局中所占有的强势地位。正是这种强势地位从根本上赋予英语以重要性。但除此之外,也有中华民族自身的缘故,这方面的原因或许更能说明问题。今日中国不仅有科举考试的传统,更有大跃进的传统。既然中华民族有易于做事热火朝天地一拥而上的传统,不可理喻的全民英

---

[1] 事实上,汉语和英语之间的语言距离非常大。具体说来,汉语与英语的关系远非像同属于印欧语系的法语与西班牙语,或英语与德语,或挪威语与瑞典语的关系那样,相互间有着密切的"血缘"联系,甚至互讲对方的"语言"或方言也能正常交流。另一方面,英语同汉语的关系也不像同属于汉藏语系的汉语北方话方语(含北方各省方言、四川湖北等多个地区的方言)与粤语,或闽南语与吴语,或湘语与赣语等语言(虽它们常常被称为"方言")那样,相互间有密切的"血缘"联系,花不了多少力气便能掌握对方所讲的"语言"或方言。

语热便不难理解。

很难说，国家的语言政策不对。英语既是对外开放的象征，也是对外开放的手段。学习英语，藉英语认知世界，获取新知，就等于对外打开自己，不断输入外部信息，不断丰富自己的精神世界，让自己日日新，又日新，变得越来越强大。但万事都有个度，过犹不及，一旦过头，好事就变成坏事，合理就变成荒谬。暂且不论这种上有政策（未必不合理）但层层加码、级级推波助澜而形成的整体性、全民性英语热，对国人的母语自信、文化自信会造成多大的损害，不妨问问这种盲目的英语热造成了多么巨大的人力物力浪费？这些人力物力若能用到该用的地方，对于民族的复兴将会起多大的作用？

不妨比较一下西方人以何种态度对待汉语学习。总体而言，西方国家不仅学习汉语的人口比例大大低于中国学英语的人口，而且平均而言，那里汉语从业者的汉语口语能力、写作能力普遍不如中国人的英语能力。但这并不意味着他们的汉语阅读能力比中国人的英语阅读能力差。为什么这样讲？相当大程度上，这是因为西方人对外语学习的主动技能和被动技能作了合理区分。所谓"主动技能"，是指说外语、写外语的能力，也称"产出性技能"；所谓"被动技能"或"非产出性技能"，是指听外语、读外语的能力。虽然主动技能与被动技能相辅相成，不可截然分割，但显然不是不能作适当的区分的。

有了以上认知，不难发现，对于我国大多数非英语专业人士来说，能够真正培养起非产出性技能中的一种——比如说阅读能力——便足够了。因为从根本上讲，阅读能力对于大多数有必要学英语的中国人来说，是一种最重要的技能。有了这种技能，甚至具备从英语文献中有效而快速获取信息的能力，就能密切跟踪乃至赶超国外先进水平。如果工作性质不仅要求有真正意义上的英语阅读能力，而且也要求听说和写作能力，又怎么办？完全可以像日本和韩国那样，聘请专业翻译，甚至直接使用西方雇员。

进行主动技能与被动技能的区分至关重要。从外语教学法的角度看，掌握主动技能远比掌握被动技能困难；花过多的时间和精力企图掌握超出需要的主动技能，意味着投入产出不成比例，也意味着宝贵的资源被浪费在一种虚妄无谓的追求上。英语在中国热得如此没有道理，而真正具有英语能力或至少具有阅读能力的人却又如此之少，与痴迷于英语学习和考试的人们未能意识到主动与被动技能的区别，是有很大关系的。

四 如何给英语热降温？

需要强调的是，降温非理性的英语热，并不是要国人从此不再学英语了。改革开放是中国的基本国策，中国已从改革开放中大大受益，经济飞速增长，国家地位上升，文明正走在复兴道路上。要回到 1978 年以前既不可能，也不可取，在当今这样一个全球化时代尤其如此。但在国家政策导向和社会资源配置方面，完全可以做得更明智、更合理，以使每个喜欢学习的个人在学习意向和精力分配方面做到更明智、更合理。

为什么不可以降低英语考试的难度，尤其是废除晋升任何技术职称都必须考英语这一天大的陋习？

为什么不可以像文化近邻日本、韩国那样，让少量有语言才能的人把英语以及其他外语学好学精，以便将国外有价值的信息及时、迅速、准确地译为本国语，以保持与国际先进水平同步，甚至领先国际，而非在盲目学英语、考英语上浪费大量的人力物力？

为什么不可以把英语学习和考试的权重降到日本的水平或接近日本的水平？据日本文部省初中"学习指导要领"，日本初中每学年有 980 个学时，其中外国语仅占 105，约为总学时的九分之一。[1] 相比之下，我国初中英语所占学时超过总学时的四分之一。日本文部省高中"学习指导要领"的建议总学分数为 150 分（但不必修满 150 学分），其中建议外语学分数仅为 21（也不必修满 21 学分），大约占总学分数的八分之一。[2] 相比之下，我国高中英语实际学时可达总学时的三分之一。为什么不能参考一下甚至直接采用日本的做法？考虑到前殖民地马来西亚有识之士现正在呼吁降低英语在中小学教育中的重要性，[3] 我国教育界就更应该这样做了。中国从来都不是西方殖民地，为何在如此重要的一个问题上，我们的认知和措施竟不如一个前殖民地国家？

为了给自残自戕的英语热降温，为了保护外语不好但拥有其他方面潜能的人才，为什么不可以降低中考、高考和硕士、博士考试中英语科目的权重（我以为，在目前水平上降低百分之二三十是合理的）？

为什么不可以废除全世界独一无二的四、六级英语统考？

---

　[1]　http：//www. mext. go. jp/b _ menu/shuppan/sonota/990301c. htm.

　[2]　http：//www. mext. go. jp/b _ menu/shuppan/sonota/990301d. htm.

　[3]　《马来西亚将决定是否继续用英文教数理科》，http：//www. zaobao. com/yx/yx081216 _ 504. shtm。

为了鼓励外国人学习汉语，我们为什么不可以在公共场合少使用英语，或最多只使用汉语拼音？英语国家的大街小巷难道布满了汉语路标？

在科技领域，我们为什么不可以采取国际上通行的做法，雇用专业写手写英语文章（国内培养的大多数科研人员英语写作极难达到在国际学术刊物发表的水平），雇用专业翻译担任英语口译，以便有效地同国外同行们交流？

为什么不可以用国家政策的形式禁止中文学术论文必须附上一篇英文摘要？事实上，但凡是有底气、有影响的中文刊物从来都没这么做。

考虑到香港回归后，小学重新采用汉语为教学语言（香港虽为前殖民地，但大学生从未真正学好过英语，他们的汉语就更差了——两种语言都学不好，似乎是殖民地民众的宿命；新加坡、马来西亚等前殖民地也有类似的语言问题），我们为什么不能用政令的形式禁止境内的大学用英语教授非英语或非英语文化、非西方文化课程，而且对盲目跟风、追求政绩的校长们提出批评？

立法机构为什么不可以立法禁止非涉外企业和非涉外政府部门把英语考试成绩作为人员录用或晋升的依据？事实上，即便英语专业的大学生毕业生，也有三分之一至二分之一的人毕业后在工作中几乎用不着或完全用不着英语。

如果在政策导向和社会资源配置方面能做得更合理一些，如果每个人能充分考虑自己的学习意向、禀赋因而在精力分配上做得更明智一些，荒唐的全民英语热并非不能降温，触目惊心的资源浪费并非不能减少。这样，科学技术和人文社会科学便能取得更大进步，文化自信和汉语自信便能早日恢复，中国文明便能更快回归其应有的位置。

（本文曾以《用政策和立法降温变态的英语热》的标题发表于《深圳大学报》2007年第3期）

荒唐的全民英语热

（网聊）

时间：2007年11月23日晚7点至9点

平台：中国学术论坛网（http：//www. frchina. net）

主持人：陈勇

参与者：阮炜等

主持人：各位网友，我们今晚非常有幸请到历史文化学者阮炜先生，今晚的话题也是一个非常有现实意义的话题，相信大家会各有自己的见解。现在，我们先请嘉宾就今晚的话题作一个简单的表述，然后提问交流，请大家安静，嘉宾发言，谢谢！

阮炜（以下称"嘉宾"）：大家好！近年来英语在中国实在太热，只能用荒唐、荒诞来形容。早就想说说话了，两三年前趁着有空，敷衍了一篇文字，《用政策和立法降温变态的英语热》，表达自己对英语热的看法。刚才在路上碰到一个研究美学的朋友，中文系博士副教授，表示用英语读西方著作效率不高，很是苦恼。我对他说，不要花太多力气学英语，不如直接读汉语翻译，即使译本不好也不要紧，我们在汉语语境中有自己的解读西方著作的路子，一时半会不准确也问题不大。实际上，"准确"不"准确"，甚至是不是"真"经，并不重要，重要的是，要有自己的看法。佛教在两汉之交传入中国后，最初几百年全都是似是而非的翻译，说得好听一点只是"格义"，说得不好听就是胡猜，并不符合印度思想的本来面目，但最终佛教还是在中国站稳了脚，形成了中国的佛教学派。

网友：阮老师，英语热有没有其历史沿革？

主持人：请问，英语热是从什么时候开始的，有什么样的文化背景？

嘉宾：我以为，英语热是最近十几年的现象，此前中国人也学英语，但远没达到目前这种白热化的程度。简单地说，如果真有什么"背景"的话，一定程度上是中国加入世贸组织，"走向世界"吧。

网友：请您评论一下中文的冷。

嘉宾：其实在国际上，相对来说中文并不冷，甚至刚刚相反，正在迅速变热。全世界学汉语的人正越来越多。比如深圳大学对外汉语中心今年招生八百多人，而四五年前只有一二百人。汉语正迅速变热是个不争的事实。但要达到英语普及的程度，仍然任重道远。

网友：但不少年轻人的中文水平堪忧啊。

网友：为什么英语能变热？必然？偶然？

主持人：英语热跟政府的政策导向有关系吗？这样的政策是否明智？

嘉宾：当然有关系。有很大的关系。我以为有关方面的政策是不明智的。可能有些官员以为，英语考试搞得越热闹就越证明我改革开放，证明我进步。荒唐！

网友：阮先生你好！我听过这样一种论调说："现代人不会英语，不会电脑，不会开车就是文盲。你是怎样看待这个观点的呢?"

网友：我现在就不会英语，我也正想学呢，我觉得，在没学会英语之前说英语不好，似乎有点吃不到葡萄说葡萄酸的味道！

网友：我四级是作弊过的啊，但是我想重学英语。

嘉宾：英语影响非常大，这是事实。但不会英语就是"文盲"的说法有问题。法国、德国、意大利、日本等，不会英语的人很多很多，一到这些国家你就会发现。但不能说这些发达国家的大多数人是"文盲"，对吧？这些国家英语并不好，但照样是发达国家。我从前以为德国人的英语非常好，因为德语和英语是近亲，德国人学英语，就像广东人学普通话那么容易，可是一到德国才发现，满街都是不懂英语的人，多次用英语问路不果，一用简单的德语，哪怕就一两个单词，德国人马上就懂了。法、德、意、日都是发达国家，但那里并非人人讲英语。这说明，在这些国家，英语并不热。

网友：中国的英语是过热，但有些行业，资料就是英文，不学又不行。

网友：现在真是英语泛滥，网站到处都是英文，不明白，真比人家低矮一截呀。

嘉宾：英语是头号全球通用语，的确影响巨大，但是据我个人观察，远没达到随便一个私企都必须使用英语，招工都要求英语四六级成绩的程度。这里有就业困难的问题，用英语成绩来刷人，但也有作秀炒作的成分。老板们有这种要求。这不正好说明我时髦，我潮？不管用不用得着英语，或者说用多么少的英语，我只要招工时要求有英语成绩，就说明我有"档次"，我"高大上"。这种过度的英语热除了跟很多人的崇洋心理有关外，跟政府的政策导向也有非常紧密的关联。要是高考中英语分数不占这么大的权重，中国英语不会这么热。要是没有全世界独一无二的四六八级考试，英语也不会有这么热。举行这种全国性高校英语统考，举行数量巨大的英语演讲比赛、辩论比赛、写作比赛等，全世界只有中国才这么做。这并不是一件非常聪明的事。

网友：我在上学期间，总感觉学习英语花费太多时间，影响专业知识的拓展深化。

网友：我是一名大学生，英语占去了我太多的时间，这样下去何谈集中精力做学术？

嘉宾：如果你觉得自己没什么语言天赋，倒不如把时间花在自己擅长的方面。

主持人：在世界文明发展中，是否出现过类似的语言热，这种现象一般是在什么情况下出现的？是否最终有利于自身的民族文化发展？

嘉宾：从来没有过像中国这样如此巨量的人口痴迷于英语，或貌似痴迷于英语。这是 21 世纪中国独有的现象。这肯定非有利于民族文化的发展。西方基本理念我们已吸收了一百多年，重要的理念差不多已经融入我们自己的文化中，现在这么多人学英语除了有功利的考虑，还有"时尚"的原因。历史上中国文明对外来文化的吸收，并无外语热相伴随。佛教在两汉之际传入中国后的最初两三百年，只有极少数西域出身的高僧懂得印度语言，很久以后，才有极少数中土汉人佛教徒学者学一点梵文、巴利文，但我们移植佛教和印度文化却非常成功，这是一个千真万确的事实。

网友：大学英语搞得这么火，但最后我们的英语程度根本谈不上能够从容自如地看懂英文文献。

嘉宾：其实我们完全可以依靠专业翻译，像日本人和韩国人那样。他们也学英语，但远没有达到我们这种非理性的程度。日本韩国有四六八级全国统考吗？有这么多英语演讲比赛、辩论比赛、写作比赛吗？有评职称还要一而再再而三地考英语吗？

网友：不可能每个人配一个翻译啊，我们公司的技术资料，全部是英文。

嘉宾：用得着每个人配一个翻译吗？公司里的资料都是英文，有少部分真正懂英语的人来处理就行了，在公司找不到人，就送翻译公司翻译嘛，用得着每个被招进来的人都懂英语吗？我以为，一百个拼命学英语的人里边真正能有效使用英语的，可能一个也不到。

网友：阮老师，在我班上的其他院的双专业生，其英语水平在班上属前20％，这样看来，英语专业的学生有众多对手啊。不知您怎么看待英专学生的学习目标和出路选择？

嘉宾：当然不能规定其他专业的学生不要学英语，但很大一部分涉及英语的经济活动或技术移植其实是可以借助翻译公司的。如果请翻译不方便，公司里少数真正懂英语的人可以担当翻译任务，不必每个人都必须懂，事实上这也不可能。

网友：英语应该精英化，我们讲学科分类，讲专业化，其实远远没有做到。

嘉宾：我以为，世界历史上从来没有过这么多人口以如此大的规模、如此投入地学一门外语，考虑到90％的英语学习者最终不可能达到用英语自如地交流或获取信息的水平，这就更可悲了。

网友：我最感兴趣的是，如何在一段时间以内，达到一定的读写能力，倒不至于英语非要特别强。

嘉宾：依我看，"一定的读写能力"这个说法可能有问题。现实情况是，要么能读能写能听能说，要么不能；中间状态也许有，但跟不懂差不多。在一个单位里，甚至在专业英语教师中，真正能准确、有效使用英语的人只是少数。如果你只具有"一定的读写能力"，就一定会"一定程度"地犯听说读写的语言错误，这样，谁还敢请你呢？如果明明有英语好的人在那里，谁还去请"有一定英语读写能力"的人当翻译呢？

网友：虽然我本人学中文，大三，但也为了就业，不得不考英语专业八级。

网友：就业形势紧张嘛。有个笑话，竞争清洁工，还要加考英语。

嘉宾：这不正好说明英语热已然很荒唐了？

网友：我觉得对于我们大学生来说，更多的是社会决定我们的学习，这很悲哀。

嘉宾：就业市场要四、六、八级成绩，这很大程度上是因为被大学里或者英语考试界的既得利益捆绑了。我清楚地记得，七八年前就业市场上并不知道八级。

网友：我觉得还是要先学好自己的本专业，英语只能算是辅助工具。

网友：先语言入侵，再经济压迫，后技术封锁，最后达到整体侵略。

嘉宾：应该出台政策，禁止跟英语并不相关的行业把英语成绩作为用人的标准。

主持人：我们看到，在国家被殖民统治时，首先就是学习统治国的语言，这跟我们现在这样学英语有什么相同和不同之处？

嘉宾：中国从来就不是殖民地，我认为连"半殖民地"也不是，却像殖民地的人那样猛学英语，甚至要中医医生和古汉语研究者也考英语，岂不可笑？

网友：但又怎么知道哪些行业用英语，哪些行业用不着英语呢？技术霸权，决定了语言的使用啊。

网友：企业想全球化，不能不懂英语吧？个人想行业内领先，不能不懂英语吧？

嘉宾：你的问题问得好。但日本从未出现中国式英语热，日本的技术却非常发达，在很多方面领先。就我所知，日本人的做法是使用翻译，公司出口产品所需外语说明书等，直接雇用讲母语的外国人来翻译，而不是像我们许多企业那样让英语不过关的人译成蹩脚的英语。当然，到科技水平赶上发达国家时，就可能会发现不需要读太多英文了。

网友：不仅是英语入侵，小语种也在入侵啊！

网友：唐朝时，外国人不就是都努力学习汉文化的嘛，呵呵！

嘉宾：可以问这些问题，日本、韩国的企业很全球化，是不是？日本、韩国的技术方面很先进，对不对？它们是否有相当于我们的四六八级统考？日本韩国的做法是直接雇用英国人、美国人，哪用得着这么多人口吭哧吭哧学英语呢？

网友：语言学习是学习他人文化最方便的手段。其实，不是在学语言，而是在学一种文化，这种文化叫世界观。

嘉宾：文化也得看是什么文化。吸收西方文化，我们已做了一百多年，重要的东西都已经学过来了，完全没必要几亿人民仍齐刷刷学英语、考英语。其实英语非常难学，正如汉语对西方人来说同样难学一样。并不是人人能学好英语，多少也得有点天赋才行。

网友：的确也不用全民皆兵，全民学英语。

嘉宾：我们完全可以理性一些。不妨看一看近邻日本、韩国。他们不仅不搞四六八级大学英语统考，也不搞评中级、副高级、正高级职称仍然得考英语。只有我们中国人这么做，在全世界独一无二。我们实在太不聪明了！

网友：日本、韩国，是已经经历了我们的现状，吸收转化为自主技术了，所以英文用的才少了。

嘉宾：但据我所知，日本、韩国从未经历过我们这种英语热。有人能拿出反证来吗？我看拿不出来。

网友：的确如阮老师所说，日本韩国从来就没有经历中国式的全民英语热。

网友：评职称现在考英语，以前考俄语，说明一个严重的问题：我们技术不如人。

嘉宾：恐怕不像你说得那么严重吧。据我所知，一家公司里只要有少数几个真正既懂专业又懂英语的人，就可以应付了，实在不行，还有翻译公司的专职翻译，用不着人人把英语学得那么精。事实上，也不可能人人英语好到准确翻译原文资料的程度。

网友：英语的确是不可能人人用得到的，但为了出路，谁也不愿意自我牺牲啊。

网友：现在情况是，不会英语，就业的时候，有潜力的大公司就进不去，进去了也不如别人。

嘉宾：你们说得对，目前经济发展太快了，时不我待。这正是我为什么说需要有合格的翻译人才。但这并非意味着国家有权利要求学中文、中医、古汉语等的人考英语。我们考英语是从幼儿园一直考到四五十岁、五六十岁。这合理吗？

网友： 李阳的英语已经疯狂到近乎邪教的程度。

嘉宾： 李阳是全民英语热中产生的一个怪物，推波助澜了全民英语热。

网友： 那天在深大见到李阳，果然和我想象中一样，纯粹一个鼓动狂。就是抓住了某些人的某种心理。弄得现场像教徒团体集会似的。

网友： 他不是还让人向他下跪吗？

嘉宾： 其实，光是一个李阳绝对掀不起大浪，绝对搞不起一个邪教式的狂热运动。还有大量炒作他的人，而这些人肯定有利益，有商业利益在里边。还有大把盲目崇拜英语的人在跟风。这里有很大的非理性成分。

网友： 近年来英语热得的确有点盲目。看英专毕业生，很多人都没从事和英语有关的工作，五六年后也就忘了。那么非英专的人天天学习英语又不用的话，岂不是浪费青春？

嘉宾（对楼上）：你说得对，英语专业生毕业后，有很大一个比例根本用不上英语。我很清楚这个情况。这反过来说明，中国学英语的人不是太少，而是太多。

网友： 新东方以及大量相关的英语培训机构大力提倡留学海外，再回来拿高薪。老师你怎么看？

嘉宾： 我认为，国家对新东方、李阳之类的机构和个人应该有所管制。但是，只要海外留过学，不管是什么学校，回国就能拿高薪，现在已经不可能了。甚至在国外混得很好的人回国后也未必能拿高薪。混得一般的，就更不用说了。依我看，在英国、美国一般学校拿个学士或硕士什么的，目前在中国就业市场已经没什么优势可言。如果读的是牛津、剑桥或"常青藤联盟"之类的学校，到中国学术界谋职可能还有明显的优势，在企业界却未必如此。一般企业或许不在乎什么"常青藤联盟"。

网友：我觉得学习英语，应该以现有工作为出发点，学与之有关而又常常用到的。学以致用才能事半功倍。

网友：现在是全体学生学英语，等到工作以后，不需要的，自然不学了。

嘉宾：我以为，国家应该用政策和立法的手段，禁止用人单位盲目地、不必要地把英语作为用人标准。这是我个人的看法，也希望决策和立法部门注意到问题所在。

网友：对学生应该区别对待，学生应该各项技能都发展，为将来工作做准备。这和全民英语热是不同的。

嘉宾：用政策来加以规范，同时所有人都得提高认识。

网友：我认为应当这样看待，英语在就业中的权重大小，在于就业市场对英语的需要程度。

嘉宾：可事实上，很多这样的"需要"是伪需要，是伴随非理性英语热炒作出来的。这种炒作也只有在一种极其变态的英语热中才有可能。

网友：社会就业中，如果百分之五十都涉及英语，那么学好英语，就比不好的，多百分之五十的机会。如果在就业中，需要英语的职位只有百分之一，那么学好英语，只增加百分之一的机会。

嘉宾：很大程度上，这种局面是我们自己制造出来的。据我所知，深圳大学英语专业毕业生当中，大概有百分之三十的人在工作单位用不着英语。很多私企明明用不着英语，为了提高身价，也要求什么四六八级成绩。

网友：那么还有百分之七十的人需要英语，学好英语，就增加百分之七十的就业机会。

　　嘉宾：我要表达的是，即便在深圳这个改革开放的"窗口"城市，英语专业毕业生也有很多根本用不着英语，其他专业就更不用说了。这只能证明英语热的泡沫太多。

　　网友（问楼上发话的网友）：我已经就业了，研究中国传统文化传播的，英语要学到何种程度最合适呢？

　　网友（对嘉宾）：您怎么看香港的英语热？

　　嘉宾：香港曾经是英国殖民地，很长一段时间里英语是唯一的官方语言，直到回归前十年，迫于形势，港英当局才把汉语也设为官方语言。香港是典型的双语区，讲英语的人相对较多不难理解。不过，双语也有双语的问题。有哪个双语区或多语区出过伟大的文学家、艺术家、科学家呢？中国大陆不是香港，不需要也不可能广泛使用英语。香港自回归以来，不一直也在反思英汉双语教学的弊端吗？不一直有只用母语作教学语言的呼吁吗？所以我们必须给英语热降温，降低英语的高考权重，取消四六八级英语全国统考，废除评职称必须考英语的恶习。这就需要国家在政策制定方面有相应举措，需要举国上下改变认识。

　　网友：立法也不能改变实际情况，百分之五十以上的优厚职位，都需要英语，能不被诱惑吗？

　　嘉宾：你的"百分之五十的优厚职位"，数据是哪里来的？

　　网友：猜的，呵呵……我没调查过，不过可以做一个调查，年薪 10 万以上的职位，以 5 万为分层，看看英语需求的比例。

　　网友：语言权重的大小，是由语种现实作用的具体表现决定的，并不是靠立法就能够解决的。

　　嘉宾：但是我认为，这种"现实作用"被盲目夸大了。这里边肯定有商业炒作成分，所以应该用政策和立法加以规范。在日本、韩国，英语的"现实作用"远不如中国，它们可比我们更先进哦！

网友：英语之所以强势，是由于英语的创造力决定的。

网友：如果我们技术上的创造力比日本还要高，我看就不必担心英语热了。

嘉宾：这话有些道理，但也应该看到，"创造力"现在越来越多来自非英语国家。

网友：我个人预测，薪水越高，英语越重要，如果相反，那的确是变态的热。

嘉宾：大家得承认，日本韩国是在从未经历我们这种英语热的情况下，就取得了巨大的进步，就大大领先于我们。有没有人能提出反证？

网友：日本韩国起步的时候，全球化可能没有现在这么快，可以等待翻译的时间。现在不行了。

嘉宾：这话有道理。但全球化进程快的时候，翻译更应该派大用场。现在的问题是，一方面几亿人无比热忱地学习英语，另一方面真正合格的英语人才、翻译人才却非常少。长期从事英语教育的人应该很清楚这一点。而且，我们都低估了英语和其他西方语言的难度。英语跟汉语的"语言距离"或相似性-差异性程度非常大，所以对中国人来说难度非常大。我这里指的是人文学科层面的英文，而非日常交流层面的简单英语。日常层面的英语相对说来不那么难。但可以肯定，中国人学英语远非像广东人学普通话那么容易。

网友：学习英语是许多人功利的选择，哪怕以丢掉珍贵的传统文化也在所不惜，可悲啊。

嘉宾：其实不光是丢掉传统文化可悲，丢掉了应该学的其他技能同样可悲。

网友（对嘉宾）：虽然我们学的人多，但质量不高，呵呵，但不代表就可以不学啊。

网友：不能这样简单地看问题。英语之所以在我国目前趋于强势，是个历史问题，是无法短期就能够克服的。

嘉宾（对所有人）：如果我们学英语不搞运动，不那么疯狂，我们的创造力难道不会提高很多？

网友：英语之所以强势，与过去以及当前中国的落后有着很大的关系，不承认不行。

网友（对楼上）：呵呵，英语在许多具体工作中，发挥的作用确实与付出的成本不成正比，应该踩刹车了。

网友（对嘉宾）：我提出另一个困境：如果都靠翻译，翻译的身价必然高涨，那么英语会不会更热？

嘉宾：如果有大量合格的翻译，在市场竞争的条件下，翻译价格就会下降，花较少的钱就可以请到合格的翻译，还用得着大量的人整天背英语单词？

嘉宾（对主持人）：看来很多人没有读过几天前挂到网上的拙文。如果读过，讨论就不会这么不深入。

主持人：请大家不妨读读今晚嘉宾所著《用政策和立法降温自残自戕的英语热》一文，http：//www. frchina. net/data/detail. php? id＝15221。

网友：现在英语强势又盲目，但总体上反映了中国人赶超发达国家的迫切心情。

嘉宾："迫切心情"里显然有非理性成分。其实我们可以看一看哪些大发明家、大理论家是否着迷过什么外语。

网友：诺贝尔奖获得者，大多说什么语言呢？

网友（对楼上）：请问你到底有没仔细阅读阮老师的观点？

嘉宾（对所有人）：诺贝尔奖是西方人设的，确切地讲，是瑞典人在操作，他们讲一点英语，比广东人讲普通话容易得多。瑞典语跟英语一样，都属于印欧语系日耳曼语族，它们是很近很近的亲戚。

网友：诺贝尔奖评委中很多是讲英语的。要看评委使用的语言，如果是中国人来评呢？

网友（对主持人）：老实说，今晚嘉宾的观点有点极端，甚至小题大做了。

网友（对楼上）：请问你觉得阮老师的观念哪里极端了？给出具体论据来。

网友（对所有人）：如果不这样立法，就无法给全民英语热降温。我认为，英语热现在确实应该降温了，因为功利地追逐过程中，我们丢掉了更多的东西。

嘉宾：看来，有些网友没读过我的文章。其实，我反对的只是过分的英语热。我认为中国目前如果要与世界接轨，要取消四六八级英语统考、降低英语的高考权重，评职称时不得强行要求考英语。为什么这叫"接轨"？因为其他所有非英语国家，包括相对不那么发达的国家，并不存在中国这样荒唐的英语热。我从未否认过英语的重要性，从不反对学英语。我本人学了几十年英语，教了几十年英语。

网友：非常赞同你的观点。尤其是当你看到那么多人像宗教信仰一样那么虔诚地崇拜英语，你就会有不寒而栗的感觉。

　　网友（对嘉宾）：取消四六八级英语统考，面临着如何评价人才英语水平的问题。

　　网友（对所有人）：我是大学老师，我很清楚学生学英语花去太多的时间，可以说夺走了大学生大部分时间，几乎超过三分之二了。

　　嘉宾（对所有人）：全世界没有一个国家像中国这样搞大学英语全国统考，但没有哪个国家说它无法评价"人才"的英语水平。从操作来看，各大学可以自己出题考试。这其实是世界通行的做法。如果实在觉得这么做太费时费力，也可以几个学校联合出题考试。如果觉得这样做还是太费时费力，还可以让不同级别的 N 个考试体系，如市级、省级甚至全国层面的，同时存在。也不要取什么"四、六、八级"这些并不聪明的名字，或许就能给全民英语热降降温。不搞整齐划一的全国统考，或即使有类似的统考，也不给它过于重要的地位是大多数国家的做法。

　　网友（对所有人）：问题在于，根本不需要这么多人都花精力去学习英语。只需要足够的人来完成信息传递作用就行。

　　嘉宾：取消大学英语全国统考，只是为了给过头的英语热降降温，绝对不是不再学英语了，更不等于从此关上国门。

　　网友：取消，可以，但要有一套评价方法，在没有评价方法出台之前，就取消，有些不妥。

　　嘉宾（对所有人）：英语能力应该在实践中评价或考核，而不是在四六八级全国统考中考核。让英语国家的"国际友人"来考中国的四六八级，他们几乎肯定不会合格，但他们的英语应用能力远远强过我们却无疑。因为英语是他们的母语。实际能力和考试是两码事。

网友：与其那么多人花那么多力气和时间学英语，还不如像日本人和韩国人那样，把数理化和实用技能学好，真正提高中国的实力。

嘉宾：接着刚才一位网友的话讲。两年前，十七个英语国家的英语教师在北京做了中国当年的英语高考题，居然没一个及格！所以确切地讲，中国不存在真正的英语热，只存在英语考试热。如果真有英语热，我们的英语或许就不会与尼日利亚、印度、加纳等国家差距那么大。

网友（对所有人）：英语热的兴起，是对我们国民学外语提出了过高的期望值，但实际上根本不需要每一个行业的人士都学，所以导致了学不好英语，无形中就给自己增加了焦虑和压力，如此下去，就可想而知了。

网友（对楼上）："狂热"的根源是市场。市场是无形的手啊！高薪的诱惑实在太大了。

嘉宾：高级技工也能拿高薪，但通常痴迷英语的人看不起实用技术，有高薪也不学。这说明了什么？

网友：高级技工？做得过高管吗？

嘉宾：哈哈！看来，英语热后面是"高管"，是权力，高级技工的薪水再高，也高不过高管。但我们得承认，国家可能需要很多很多高级技工，而高管位置却非常有限。

网友：珠三角地区就很缺少高级技工。

嘉宾：高级技工的市场需求量极大，但中国非常缺乏。这是不争的事实。

网友：日本就很重视培养高级技工。而中国人都觉得当工人是不那么体面的工作，都想当高管，于是拼命学英语。

　　网友：现在中国的实力也不弱，汉语也在升温，但没见哪国全民学汉语。这说明中国的实力还不行。中国的实力领先了，汉语也会热的。

　　网友：哪种语言在传播新知识的过程中，具有第一性（时间），则热。

　　嘉宾：不要以为凡是英国或美国人，甚至凡是讲英语的人，就在传播"新知识"。国外愚昧无知的人一大把。

　　网友：从传播学的角度来看，使用者也就是受众，决定着语言的生命力，而不应该是某种外国语言决定国人的生存质量。

　　主持人：我们的网聊就要接近尾声了，请大家多多提问，多多领会嘉宾的主导思想进行深入的交流，谢谢！

　　网友（对嘉宾）：你这是在抬杠了。

　　嘉宾（对所有人）：我不跟任何人抬杠。我在陈述一个事实。在国外以英语为母语的人中，愚昧无知者一大把。也不要以为，凡是用英语写出来或说出来的东西，都是什么"新知识"。用英语发表的东西，印刷垃圾多了去。

　　网友：国外以英语为母语的人中，老土一大把，但优秀者也不少嘛。

　　嘉宾：当然，当然。

　　网友：难道因为有垃圾，就否定有价值的知识？

　　网友（对楼上）：不能说凡是用英语发表的东西，都是有价值的知识。学以致用，学而极少用，或者只是发挥敲门砖的作用，这么多人这么狂热地花费大把时间学英语，就太不理智了。

　　网友：一门语言之所以能扩大影响面，在于它能承载多少有价值的信息，并且这些价值有多少人接受。

嘉宾（对所有人）：我认为某些网友不太明白我的观点。我什么时候否认过学英语的必要性？我再说一遍，中国不应该像从前那样，一窝蜂似的搞运动，而应该跟世界接轨，而应废除大学英语四六八级统考，也不搞评职称非考英语不可那一套，对社会上的英语培训机构进行适当的管理，尤其要降低英语高考的权重，这样，每个中国人就能各得其所了，小孩子和年青人的负担就能大大减轻。人的才能分布在不同方面，一些人适合搞数理化，或工医农法商，一些人适合做文史哲，一些人适合搞音体美，一些人擅长实用技能，还有一些人有语言禀赋，但实在不必人人学英语，更不应该不断用政策来骚扰古汉语和中医从业者，非要他们一而再、再而三地考英语不可，考试不通过就不给评职称。

网友：我同意！中国要跟世界接轨，不搞大学英语统考，不搞评职称考英语，对李阳和新东方败类进行管制，降低英语在高考中的权重，使我们每个人各得其所。

网友：英语是国际官方语言，需要有些人学英语才能和世界沟通。

嘉宾：请大家注意，英语并不是"国际官方语言"。不存在什么"国际官方语言"。联合国有六种"工作语言"，即英语、汉语、法语、西班牙语、阿拉伯语、俄语，但它们并不是"国际官方语言"。对某些国家来说，英语是事实上的通用语。在有十几种官方语言的印度，英语就是这样的语言，相当于中国的普通话。英语的影响力明显大过汉语，这是事实。但只是目前看来如此，长远看怎么样，现在还不清楚，但汉语上升势头很明显。

网友：世界上说英语的人多，还是说汉语的人多啊？

网友（对楼上）：目前是英语多，这是事实，以后要看我们这一代人怎么努力。

　　网友：努力应该从现在的理性选择做起！

　　嘉宾：现在，理性的选择就是给全民英语热降降温。

　　网友：理性地看待英语，而不是盲目的英语热，是我们必须做到的。

　　网友（对所有人）：但英语毕竟是世界上影响最大的语言。汉语虽是世界上使用人口最多的语言，却不是最普及的语言。

　　嘉宾：当然，当然。但汉语使用者人数明显超过英语使用者。以英语为母语的人如英国人美国人等，和以英语为第一语言或重要语言的尼日利亚人等加在一起，也不如全世界讲汉语的人口多。大家请注意，印度能讲英语的人虽然远多于中国，但真正运用自如的人只有一两千万。由于汉语是世界上使用人口最多的语言，有近14亿使用，也由于中国经济、科技和文化影响力正在迅速增长，还由于中国人正史无前例地大规模向全球移民，所以长远看，汉语与英语并立共同充当世界通用语的可能性是存在的。

　　网友：关键是教育管理者的观念一定要转变。以后要更加务实才好！

　　嘉宾：谢谢各位参与。今晚讨论的效果或许并不是最好，但至少引起了大家对问题的关注。如果大家仍然对这个问题感兴趣，可以在网上搜索一下相关文章，也可以读一读拙文《用政策和立法降温变态的英语热》，进行更深入的讨论。谢谢大家。再见。

　　主持人：各位网友，我们今晚的网聊到此就要结束了，非常感谢阮炜教授给我们带来的思考，也感谢网友们不同的回应。如果网友们还愿意跟嘉宾继续交流，请留下来，谢谢你们的参与！愿我们生活幸福平安！

译不达意

第七章　屏蔽信息的翻译

一　Diaspora："离散"还是"播迁"？

在西方强势话语的影响下，当今汉语学界谈到犹太人时，总会使用带有悲苦意味的"离散"一词，或悲苦意味不那么强但仍不乏消极含义的"流散"。于是，我们眼前会浮现出这样一幅凄凉悲愁的画面：一个古代民族被一个又一个强大的敌人——亚述人、迦勒底人（巴比伦人）、马其顿-希腊人、罗马人——赶出家园，从此背井离乡，寄人篱下，一直被所在地的主流民族歧视、欺负甚至屠杀。这似乎都是事实，但犹太人虽然遭受过迫害，现如今却是世界上最成功、最强势的民族，这同样也是事实。

谁说不是呢？在淡化了希伯来主义[1]倾向的世俗化犹太人中，产生了一大批伟人和名人。这一事实众所周知，无需证明。只需提一提马克思、弗洛伊德、爱因斯坦、基辛格、巴菲特和索罗斯等响亮的名字，只需想想犹太人占世界人口约 0.3％，但在 700 个诺贝尔奖得主中，竟占 171 个（1901—2013 年数据），就不难明白。这

---

[1]　参见本书"释义"部分的"希伯来主义"词条。

里，认知与事实之间有一种令人震惊的反差，而这反差很大程度上又源自 Diaspora 一词并非准确的汉语翻译。

看看一些权威词典里是怎么讲的。据 *Cambridge English Dictionary*，Diaspora 是一个名词。其第一个词义是，the spreading of people from one original country to other countries，即一国人口向其他国家的扩散、播散、播迁、迁居；[1] Diaspora 若带有一个定冠词，即 the Diaspora，则指 the Jews living in different parts of the world outside Israel, or the various places outside Israel in which they live——居住在世界各地的犹太人，或犹太人所居之地。[2] 而据《英汉大词典》，Diaspora 的词义一是"（古代犹太人被巴比伦人逐出故土后的）大流散"；词义二，the Diaspora，指"（流散在外的）海外犹太人，也指（总称）海外犹太人聚居区"；词义三，即小写的 diaspora，则指"（任何民族的）大移居，或（总称）移民社群"。[3]

《汉英大词典》里 Diaspora 第一个词义的翻译"流散"并不准确，因注入了主观情绪或立场，带有凄凉的意味。既然权威译文"流散"带有主观色彩，在使用中，一些人便更上一层楼，使用了更加悲苦的"离散"一词（不排除其他词典使用了"离散"一词）。而"流散""离散"这两个词又常常出现在"离散群体""流散群体""离散文学""流散文学"等词组中，均为修饰语，起形容词的作用。但是很清楚，Diaspora 一词源自古希腊语，有两个构词成分：

---

[1] *Cambridge English Dictionary*, https://dictionary. cambridge. org/dictionary/english, "Diaspora"词条。值得注意的是，这里的 spreading 是个动名词，或者说，是一个有较强动词色彩的"伪"名词。

[2] *Cambridge English Dictionar*, "Diaspora"词条。

[3] 陆谷孙主编：《英汉大词典》，上海：上海译文出版社，2007 年，Diaspora 词条。

一，dia，有横穿、跨越等义；二，spora，有种子、播种之义，源自动词 speirein 即播种。两个构词成分合起来就有传播的意思。因此，Diaspora 词义一更准确的翻译是："（古代犹太人的）播迁""（古代犹太人的）迁徙"或"（古代犹太人的）移居"等。相应地，第二个词义即 the Diaspora 应译为"海外犹太人，也指（总称）海外犹太人聚居区"，而不应画蛇添足，在括号里加一个带有色彩的"流散"。

还应当注意，随着全球化进程的推进，国家间的移民现象越来越普遍，或者说其他民族移居海外的事实也越来越受关注，所以 Diaspora 一词现在越来越多地指任何民族移居或播迁他国，也指任何民族的海外群体或任何民族的海外群体聚居区，而非像从前那样往往专指犹太人移居或播迁他乡，或海外犹太人、海外犹太人聚居区。这就是为什么今日英语中，既可以说东欧的 Jewish Diaspora 即"犹太人群体"，也可以说印尼的 Chinese Diaspora 即"华人群体"，还可以说美国的 Indian Diaspora 即"印度人群体"，等等，之前对首字母 D 所作的大小写区分早已不严格。

任何有英语基本知识，而且不带情感或立场的国人不仅知道 Diaspora 对犹太人与其他所有民族而言都是中性词，并不带悲凉的意味，而且知道，迁居、移民从古到今都是普遍的人类现象，因此一个民族的海外群体可能已离开故土好几代了，就犹太人而言，甚至已离开故土几十代了。不难看到，很多民族的海外或域外移民群体都深深参与了所在地的建设和发展，已在极大程度上与当地族群融合为一个共同体，一个民族国家。尤需注意的是，印尼华人只占印尼总人口的约 4％，但经济能量超大，几乎掌握了整个国家的经济命脉。如果只说犹太人从巴勒斯坦故乡"离散"或"流散"，只说域外或海外的犹太人群体是"离散群体""流散群体",而不说印尼华人从中国大陆"离散"或"流散",更不说印尼的华人群体为"离散群体"或"流散群体",岂不是双标?

虽然迁居、移民是普遍的人类现象,却并非每个民族在其历史上大多数时候都处于不断播散、迁移状态。对历史上的犹太人来说,这却是其生存发展的常态,甚至可以说是其历史文化身份的一个不可分割的组成部分。在公元纪年开始前一千来年,犹太人曾经拥有完全属于自己的领土和国家。可是好景不长,从前722年被亚述人打败开始,他们开始失去固有的土地,因种种缘故不断往外迁徙,有时的确是出于被迫的移民行为,但更多时候却是主动外迁。而正是在新地方,犹太人开始繁荣兴盛。其实,早在所谓古典时代,亚历山大城的犹太人数量已如此之多,其影响力已如此之大,以至于他们竟认为,亚历山大城及周边埃及地方才是犹太民族的中心区域,巴勒斯坦反倒只是他们的一块海外属地。正是通过不断的播迁、发展,犹太人才以其宗教和文化对文明进程产生了深刻影响。完全可以说,犹太民族是在迁徙和客居中成长的,其发展壮大主要是通过移民和客居的方式实现的。

公元前八世纪以前,现巴勒斯坦一带居住着若干以色列人部落。现在,犹太人不仅早已遍布全世界,而且是几乎所有行业的精英。虽然在各相关国家或地区,犹太人的数量相对于当地人而言总是少数,但相对于那12个早期以色列部落来说,却不知多出多少倍。从人口数量乃至总体力量看,犹太人都发展壮大了。这不正是播迁、客居所带来的民族生命的繁荣吗?当然,犹太人发展壮大的方式与其他民族不同。在很多情况下,一个民族迁徙到一新地方,得战胜原有的民族,然后以主体民族的身份繁衍生息。可是公元前

722 年以后的犹太人情况非常不同。他们以外来者、客居者的身份，以一种以柔克刚、不引人注目的方式不断扩大自己生存发展的空间，最终成为一个遍布全球、有极大影响力的民族。

从《旧约》中可知，大约在公元前 12 世纪，以色列人活跃在巴勒斯坦一带的部落联盟或早期国家。犹太人自称，他们在耶和华的护佑下打了很多胜仗。这些仗有时候打得无比血腥，甚至对敌人斩尽杀绝，一个不留，[1] 但在《旧约》中也能看到与《论语》相近的教导，如爱你的邻人，爱陌生人，甚至陌生人的马匹又累又渴，也得给其喝水，添草料等。不难想见，在公元前 12 至前 9 世纪，犹太人是一个能够打仗，甚至可能很残酷，但也能行善的民族。不过，跟强大的亚述人、迦勒底人相比，犹太人毕竟太弱小。前 722 年，北国被亚述人打败，很多以色列人逃离巴勒斯坦地区，但仍有相当大一部分人留了下来。前 586 年，南国犹大又被新巴比伦王国打败，开始了所谓的"巴比伦之囚"。这一时期播散到他乡的犹太人比从前多得多。后来在波斯人的帮助下犹太人虽一度复国，但不久以后又被希腊人、罗马人征服和统治。犹太人以柔弱胜刚强，在臣服于罗马人，看似"顺民"（不用说，哪里有压迫，哪里就有反抗——公元 1—2 世纪罗马的腐败统治激起过犹太人两次大起义）的同时，自下而上悄悄改变着罗马社会的文化和宗教。可以说，罗马帝国的堡垒是从内部攻破的。

---

[1]《旧约·约西亚书》6：21，24；8：24—28；10：37，40；11：11—12。虽然据考古发掘，很难说以色列人真的实施了"杀绝净尽"的大屠杀，很可能只是想象，但很难说屠杀根本未发生过。而且不能排除这种可能性，即出现在神圣经书中的血淋淋的想象很可能会导致真实的"杀绝净尽"式的大屠杀。高峰枫：《〈圣经〉与暴力（下）：圣经考古与想象的杀戮》，载澎湃新闻 2020 年 4 月 25 日。

正是在一次次"灭国"、一次次臣服于征服民族统治的过程中，一批又一批犹太人播迁他乡，尤其是西亚北非的希腊文化城市。正是由于这种大量的人口播散，才有后来基督教的兴起。公元1世纪中期，从犹太人中出现了一个相信耶稣是弥赛亚或基督，被钉十字架死后三天复活，之后第四十天后升天进入永恒之教义的小教派，成员被叫作"基督徒"。该教派后来演变成世界性的大宗教。起初，其成员是清一色的犹太人，耶稣本人也是犹太人，但在希腊文化城市中长大的保罗的加入，很快使该小教派挣脱犹太教的羁绊，成为一种向所有族群、所有宗教-文化背景的人们开放的宗教。基督徒在罗马帝国广泛传教，成员间互爱互助，联系紧密，严禁偶像崇拜，就难免被罗马人视为异己分子，遭受迫害。但渐渐地，入教的罗马人越来越多，最终罗马帝国变色了，至392年基督教终于成为罗马帝国的国教。总体而言，基督教与希腊罗马世界的旧式宗教大为不同，而是一种虽然有叙利亚文明的基质、[1]包容性却相对较强的新型宗教，有基于一神信仰的系统教义、严密组织和较为灵活的崇拜方式，所以与传统多神教差异非常大。

以上讨论的是古代犹太人的表现。近现代犹太人的表现与其祖先相似。因此可以说，播迁、客居是犹太人不断发展壮大、繁荣昌盛的一种特殊方式，甚至是一种民族习性。整个犹太民族的历史就是在海外建立一个又一个移民群体，不断生长繁衍、兴旺发达的故事。不难想见，他们最初可能只打算暂时居住在陌生的土地上，但渐渐地，暂居变成了永居。在寄居中，他们因坚守自己的宗教信仰和习俗，难免遭受主流民族的歧视和压迫，但最终却能以柔弱胜刚

---

[1] 关于"叙利亚文明"，参见本书"释义"部分相关词条。

强，不断发展壮大。回头看，这种方略很有效。今天，全世界犹太人仍兴旺繁荣，不仅复活了自己的国家以色列，甚至被视为一个最聪明、最成功的种族，可是征服过、统治过他们的亚述人、迦勒底人、波斯人、希腊人、罗马人呢？他们在哪里？

也应注意，跟犹太民族不同的是，大多数民族从来都拥有一片固定的疆土，或祖国。犹太人虽然早早就失去祖国，对祖国却一直不能忘怀，大多数时候甚至远在天涯海角，也会把耶路撒冷视为其"圣城"，视为其神圣领土和精神认同的头号坐标。相比之下，印度人、中国人虽然也不断迁居或播散到海外，形成了自己的 Diaspora 即移民群体，但他们似乎更幸运，不光有"文化"即基本价值观、节日、礼仪、传说、经典等可用作精神认同的符号，背后还有印度、中国这两个巨大的母邦作为其认同和依靠的对象。在这方面，印度人、中国人与犹太人迥然有异（虽然后者于 1947 年重建了以色列国家）。

不妨这样概括三千年来犹太民族发展壮大的方式：因种种缘故，他们或主动或被动地离开家乡，最后开枝散叶到世界各地；他们通常都能随遇而安，与居住地各民族形成一种"共生共存"的关系，在这种关系中不断成长、壮大和繁荣。还得强调，犹太人与西方人"共生共存"的程度实在太高，以至于使用"犹太文明"概念是无意义的。犹太人就是西方人，从犹太信仰文化中生发出来的基督教理念更是西方文明的核心成分。如此这般，用"离散""流散"之类词翻译 Diaspora, spreading，不是对事实的扭曲，是什么？

二　Hellenism："希腊化"还是"希腊文化""希腊风"？

清末以降，跟犹太人相比，古希腊人对于中国知识分子的吸引力有过之而无不及。受强势西方话语的影响，在中国知识人眼中，希腊人是科学、民主、理性、艺术的化身，提前两千多年便开出了所有现代性价值，因此不仅是古代各民族的典范，同样也是现代人学习的榜样。在这种情况下，希腊人所做的一切都无不让中国知识分子着迷，于是我们对希腊人长期受埃及、两河文明熏陶的事实视而不见。在翻译领域，我们有意无意地使用了一个误导性的概念，即以"希腊化"来传达这一印象：是希腊文化同化被希腊人征服的其他民族的文化，就像 18 世纪后期以降西方民族和文化压倒非西方民族和文化那样，而非反之。

可历史事实究竟如何？真实情况是，亚历山大于公元前 334 年东侵后，不仅是希腊人将鼎盛时期的希腊文化带到东方，同时也是数百年来一直影响希腊人的东方文化和宗教再次深刻影响希腊人和希腊文化。那么问题出在哪里？很大程度上，出在用带有明显倾向性的"希腊化"一词来翻译 Hellenism（形容词形式为 Hellenistic）。据研究，"希腊化"一词最早是由 19 世纪普鲁士历史学家德罗伊森（Johann Gustav Droysen, 1808—1884）提出来的。在此之前，受欧洲学术界瞩目的，只是公元前 500 至前 323 年的古典时期希腊，而马其顿征服后的希腊被视为进入了衰退期，并不受重视。[1] 由于

---

[1]　森谷公俊：《亚历山大的征服与神话》，徐磊译，北京：北京日报出版社，2020 年，第 10 页。

19 世纪西方极其强势，而非西方世界大多进入低迷期（日本是例外），故对 Hellenism 的理解难免出现偏差，汉语中"希腊化"这个译名便说明了这一点。之所以如此，并非因这个译名准确地传达了其在西方语言中的本来含义，并非因其准确地反映了历史真实，而很可能是因为译者在翻译该词时，本来就因为受西方话语影响而已带有倾向性或偏见，同时也可能是因为找不到更为合适的词，便将就着使用了一个似是而非的词。毕竟，"希腊化"读起来朗朗上口，很符合汉语的音韵节奏。而在英语（以及其他欧洲语言）里真正跟所谓"希腊化"对应的词，是使用频率非常低的 Hellenize 或 Hellenization。之所以如此，是因为历史上 Hellenization 之情形并不凸显。

那么 Hellenism 一词究竟有何含义？据 *Webster's New Collegiate Dictionary*，Hellenism 有两个基本义项：一，devotion to or imitation of ancient Greek thought，customs，or styles；二，Greek civilization，esp. as modified by in the Hellenistic period by oriental influences。而其形容词形式 Hellenistic 的解释是：of or relating to Greek history，culture，or art，esp. in the period after the death of Alexander the Great in 323 BC。[1] 而据 *Longman Dictionary of the English Language*，Hellenism 的两个基本词义跟 *Webster's New Collegiate Dictionary* 完全相同，即，一，devotion to or imitation of ancient Greek thought，customs，or styles；二，Greek civilization，esp. as modified in the Hellenistic period by oriental influences。而对 Hellenistic 一词的解释

---

[1] *Webster's New Collegiate Dictionary*, Springfield（Massachusetts）：G. & C. Merriam Company, 1979，"Hellenistic"词条。

也十分相似，即 of Greek history, culture, or art, esp. in the period after the death of Alexander the Great in 323 B.C.。[1] 那么我国词典界是如何解释这两个词的呢？据《英汉大词典》，Hellenism 有四个基本词义：一，希腊主义；二，古希腊文化（或思想体系、民族特性）；三，对古希腊语文（或思想观念、风俗习惯、艺术风格等）的吸收（或仿效）；四，希腊风俗习惯。而其 Hellenistic 词条的相应解释是：一，（公元前 323 年亚历山大大帝死后至公元前 1 世纪的）希腊历史（或语文、文化、艺术）的；二，用希腊语的，仿效希腊风俗习惯的。[2]

对以上几部词典的解释作一个简单分析后，不难发现：*Webster's New Collegiate Dictionary* 和 *Longman Dictionary of the English Language* 中 Hellenism 词条的第二个义项，即 Greek civilization, esp. as modified in the Hellenistic period by oriental influences，在我国权威性的《英汉大词典》中并无体现，尽管该词典有四个相关义项。不知道《英汉大词典》在编纂过程中参考了哪些英语国家出版的词典，也许权威性的 *Webster's New Collegiate Dictionary* 和 *Longman Dictionary of the English Language* 恰好未能进入编纂者的法眼。这似乎不是什么大错。是否因为英语国家一些权威性的英语词典如 *Oxford Dictionary of English* 里也缺乏上述两部词典的第二个义项，《英汉大词典》虽然可能参考过大多数权威性英语词典，却选择性地屏蔽了不合自己口味的义项？无论如何，倾向性是明显的。这从它选择将 Greek civilization, esp. as modified by in the Hellenistic

[1] *Longman Dictionary of the English Language*, Harlow (Essex, England): Longman, 1984, "Hellenistic" 词条。

[2] 陆谷孙主编：《英汉大词典》，"Hellenistic" 词条。

period by oriental influences 这个义项排除在外是不难看出的，从上述三部词典对 Hellenistic 词条的解释基本相同，但《英汉大词典》却多出了一个义项，即"用希腊语的，仿效希腊风俗习惯的"，也是不难看出的。因为从这一义项很容易得出"希腊化"之译名，更何况从 *Webster's New Collegiate Dictionary* 和 *Longman Dictionary of the English Language* 这两部权威词典的 Hellenism 词条的第一个义项，即 devotion to or imitation of ancient Greek thought, customs, or styles，也比较容易得出"希腊化"这个翻译。

很难说，《英汉大词典》编纂者一点没受清末以降我国知识分子对古希腊痴迷的影响（顺便说一句，这种痴迷很大程度上又是受 19 世纪下半叶以后西方主流思潮影响的结果；正是从这时起，西方主流知识界开始大力拔高古希腊文化，将其抬到一个不应该有的位置，而对其严重缺陷却视而不见），不然如何解释他们对 Greek civilization, esp. as modified in the Hellenistic period by oriental influences 这个义项的屏蔽？公元前 334 年亚历山大东侵后，至公元前 30 年屋大维打败马可·安东尼这三百来年间，之前主要受东方影响的希腊文化后来居上，乘打败早已腐朽的波斯帝国的东风，传播到了东方各地。但移居东方的希腊人毕竟太少，且多驻扎或居住于商业要道的城市，希腊文化的影响必然主要局限于这些城市。那么这是怎样一幅历史画面？是少量希腊人被包围在东方人的汪洋大海中。一时半会，希腊文化还能对主要城市及周边地区的东方人产生一定的影响，或可称之为所谓的"希腊化"，可是随着时间的推移，究竟是谁同化了谁，便很难讲。事实上，越到后来，希腊人接受东方人的政治制度、风俗习惯尤其是宗教的影响就越明显。综合了叙利亚宗教、[1] 文化和希腊罗马文化、宗教的基督教就是在这种情况下兴起的。同样值得注意的是，征服了埃及的马其顿-希腊人不仅全盘沿用埃及人的政治制度，全面皈依埃及宗教，甚至照搬了埃及王室历史悠久的兄妹婚习俗，以避免跟外姓联姻而大权旁落（或者说一家一姓的皇权因此转移到外姓手中）。另外，希腊殖民者还凭武力在远至现阿富汗一带建立了巴克特利亚王国，但一百多年后就崩溃了（前 256—前 145 年）；之后，以其人口数量的绝对劣势，究竟是希腊人同化当地人，还是反之？今天，在阿富汗一带，哪里还找得到希腊人的影子？

既然亚历山大东侵后，希腊人在将自己的文化带到东方的同时，也不断接受东方文化的影响，那么不妨将 Hellenism 译为"希腊文化""希腊风"或"希腊主义"，把 Hellenistic 译为"希腊文化时代的""希腊风时代的"或"希腊主义时代的"。这组译名虽然也不十分理想，需加以解释方能准确传达历史事实，却强于有倾向性、误导性的"希腊化""希腊化的"。这就意味着，在英语中出现频率颇高的 the Hellenistic Age，应译为"希腊文化时代"或"希腊风时代"；而 Hellenistic Judaism 则可译为"希腊文化时代的犹太教"或"希腊风时代的犹太教"。这种翻译将打破早已习惯于"希腊化"译名的国人的思维惯性。"希腊文化"一词虽是多出一个字，读起来不太上口，但其好处也很明显，同失真的"希腊化"相比，能更准确地反映这一历史事实：亚历山大东侵，希腊人将其文化带到东方，在随后发生的宗教及文化整合中，东方因素至少与希腊因素同等重要，如果不是更重要的话。在汉译中加一个"化"字，给人的

---

[1] 关于"叙利亚宗教"，参见本书"释义"部分"叙利亚文明"词条。

印象只能是希腊因素具有压倒一切的重要性，仿佛希腊人将其文明带到了愚昧的东方，同化了当地的野蛮或半野蛮民族。然而事实是，一直以来，或者说直至亚历山大时期，主要是东方人向希腊人输出东方文化，而非反之。应承认，公元前 4 世纪后期以降少数东方人多少也接受了希腊语、希腊体育文化、戏剧文化、建筑、诗歌和艺术等，但总体而言，他们成功地抵制了希腊人的风俗习惯，保卫了本民族的信仰传统和文化，甚至反守为攻，用自己的宗教改变了希腊人，尽管公元前 334 年之后三百来年的总体情势也可以这样描述，即，希腊文化-宗教与东方宗教、文化发生了大杂合，由此兴起的基督教是犹太信仰文化（包括希伯来主义[1]）与希腊主义即希腊风俗习惯及宗教杂合的产物。

因此，即使真的发生过"希腊化"，那很大程度上也是"化希腊"。

三 Esperanto："世界语"还是"希望语"？

在全世界所有大学中，大概唯有中国大学有这种规定：提职称必须考外语。这应该是我们"同世界接轨"宏愿的一部分。你若恰恰是外语教师，就得考"二外"。记得多年前，一位同事向我介绍他学"二外"、考"二外"的经验和心得：在所有"二外"中，最容易学的就是世界语。他夸口说，他自己一个月就学会了，但这并不是因为他有特殊的语言禀赋，而是因为他的"一外"是英语。他

---

[1] 参见本书"释义"部分的"希伯来主义"词条。

所谓"学会",大概是指考试合格吧。作为业内人,我很清楚,有英语基础的人学一点法语、德语、西班牙语、俄语或其他任何欧洲语言,比毫无西方语言基础的初学者容易得多,所以同事的话肯定没错。

而所谓"世界语",应该是一个有"世界"情怀、悲天悯人的发明家,眼见全世界操着千奇百怪语言的人们"叽叽呱呱"或"巴拉巴拉"地讲相互不懂的语言,就像传说中建"巴别塔"的人们那么可怜,于心不忍,从而创造出一种世界通用语,方便其交流。问题是,顾名思义,"世界语"应该是一种对任何地球人来说,都容易学、容易说、容易写的语言。否则,何以"世界"? 问题是,它真是这样一种语言吗?

后来,我有了更多西方语言知识,终于意识到,Esperanto 并不是一种"全世界"人们的语言,而最多只能算一种人造的欧洲通用语,或可能方便欧洲人的"普通话"。为什么这么讲? Esperanto 是波兰医生柴门霍夫 (L. L. Zamenhof) 于 1887 年发明的一种语言。据 *Cambridge English Dictionary* 相关词条,所谓"世界语"是一种 artificial language, made by combining features of several European languages, intended as a form of international communication。[1] 据《英汉大词典》,Esperanto 是"世界语 (1887 年波兰医生柴门霍夫 [L. L. Zamenhof] 所创始的一种人造的国际辅助语)"。[2] 从词源上看,Esperanto 源自拉丁语动词 sperare,意为"希望";若直

---

[1] *Cambridge English Dictionary*, https://dictionary. cambridge. org/dictionary, "Esperanto"词条 。

[2] 陆谷孙主编:《英汉大词典》,上海:上海译文出版社 2007 年,"Esperanto"词条。

译，显然应译为"希望语"。不难看出，柴门霍夫虽不具世界情怀甚或天下大同的愿景，却具有欧洲情怀甚或全欧一家人的宏愿，因而发明了 Esperanto。但他野心并不大，其本意显然不是要为全人类创造一种简单易学的通用语，[1] 而只是想将当它用作欧洲的通用语。

但由于种种原因，英汉词典编纂者屏蔽了一个基本事实，即，柴门霍夫仅仅是在综合若干种欧洲语言特征的基础上发明了 Esperanto，他是要为讲不同欧洲语言的人们创造一种简单易学的欧洲语。《英汉大词典》解释该词时所用的"国际"一词（详上），在汉语中通常应作这样的理解，即全世界所有国家之间或之际，而非仅欧洲国家之间或之际（这当然也是"国际"，难道不是吗？所以严格讲，编纂者并未撒谎）。不难想见，三十几年前，当《英汉大词典》编纂者们编写相关词条时，"世界语"这个译名在中国早已流行开了；他们只是沿用，且仅仅为了沿用，便在词条解释中扣押关键信息，即 Esperanto 是在综合若干种欧洲语言特征的基础上发明的。也不难想见，柴门霍夫不仅懂多种欧洲语言，而且有语言学基本知识，不然就造不出一种会带来希望的"国际辅助语"了。他知道自己发明的"希望语"是一种人为的、不自然的语言，是不可能整合阿拉伯语、汉语、日语、马来语以及印度诸达罗毗荼语族语言等无数自然语言的词汇及语法的。他不可能做这种徒劳无功的

---

[1] 实际上，在中世纪，拉丁语虽是当时全欧洲通用的宗教、外交和学术语言，但一般老百姓读不起书，上不了文法学校，不懂拉丁语；作为一种弥补，从十字军东侵起，也开始流行一种各地人们多少都能讲的 Lingua Franca。这是一种讲各种地方语言或方言的人们可藉以交流的共通语或"普通话"。从字面看，Lingua Franca 为"法兰克人的语言"，即日常法语，这与当时法国经济较发达，人口较多且流动性较大有关。

事。但这也意味着，"希望语"要升格为货真价实的"世界语"，是毫无希望的。

问题是，当年我们为何把 Esperanto 译为"世界语"？不妨这样解释：早在 20 世纪 20 年代或更早，国人就急切地要跟世界接轨了，所以有将一种走遍全世界通行无阻的"世界语"热烈迎入国门的愿望——曾几何时，全体国人仍以为自己所属的国度乃天朝上国，自己所讲的语言是其他国家人们都应学习的语言（按，一定程度上这是事实）。难怪，鲁迅当年就是一个热情的"世界语"提倡者。明明只是一种欧洲语，一种人造而非自然形成的欧洲通用语或"普通话"，我们愣是把它升格为"世界语"或全球通用语。也不难看出，在 20 世纪前半叶，英语作为全球通用语的地位仍不巩固，或者说，还不是无可置疑的头号全球通用语，因为有"希望语"与其竞争，有法语、德语、西班牙语等与其竞争。

但无论有"世界语"与否，都不可能改变一个基本事实：一种对欧洲人来说非常容易学的共同语，对于中国人——尤其是仍未学过任何一种欧洲语言的中国人——来说，却并不容易学，甚至可以说非常难学，因为汉语与欧洲语言分别属于完全不同的语系，相互间的语言距离非常大。[1] 何况即使在欧洲推广一种基于欧洲语言的人造语，也并非易事。一百多年来 Esperanto 在欧洲的遭遇，清楚地证明了这一点。今天，欧洲人中还有几个"世界语"爱好者？非要在全世界，即真正意义上的"国际"上——非洲、阿拉伯世界、日本、朝鲜、中国，以及十多个东南亚国家等——推广，更是

---

[1] 事实上，汉语与"世界语"或英语、法语等的关系远非像同属于印欧语系的法语与西班牙语，或英语与德语那样，相互之间有着非常密切的"血缘"关系，以这些语言为母语的人们学习彼此的语言因而相当容易。

异想天开。

　　但是，也不能说"希望语"毫无用处，毫无希望。它给必须考"二外"却又不愿花太多精力的外语人带来了希望——三十天内包你学会，帮助你摆脱"二外"的麻烦。它甚至给任何不得不一次又一次考外语的中国人带来了希望——三十天内包你学会，助你摆脱外语的纠缠。这里不存在商业欺诈，有的只是"希望"。

四　Mission："外国使团"还是"外国传教团"？

　　2020 年 8 月 14 日，外交部发言人赵立坚主持例行记者会。有记者提问，蓬佩奥发表声明称，美国国务院将孔子学院美国中心列为"外国使团"，确认其为推动中国政府在美校园进行宣传和恶意影响活动的实体，是中国共产党扩大全球影响力宣传机构的一部分，中方对此有何评论？赵立坚表示，美方有关做法是对中美合作项目正常运作的妖魔化、污名化，对此中方表示强烈不满，坚决反对。本文认为，在汉语中用"外国使团"翻译（foreign）mission 虽无不可，却失去了原文固有的文化与宗教色彩，故作以下讨论。

　　据 *Cambridge English Dictionary*，Mission 作为名词指人时，指 a group of people whose job is to increase what is known about their country, organization, or religion in another country or area, or the place where such people are based。[1] 据《英汉大词典》，Mission 指

---

[1]　*Cambridge English Dictionary*, https://dictionary.cambridge.org/dictionary, "Mission"词条。

人时有"外交使团，代表团，传教团"的意思；当然还有"外交使团（或代表团）之驻所，传教团驻地"这层意思。[1]简单说来，Mission 有两个基本意思：一，（一个国家在国外建立的一个代表其利益的永久性）驻外机构或驻外使团；[2]二，（由宗教组织派往国外驻留一段时间，以争取信徒或皈依者的）传教团体。

问题是，如何在这两个词义中作选择？在这次外交事件中，Mission 并非不可以采取第一个词义，即"驻外使团"或"驻外机构"。即使是这个义项，也并非中性，同样是不友好的——把一个教育机构指为某外国政府派驻的政治机构，等于认定其可疑，甚至非法。但理解 Mission 一词还可选择另一个义项，即"驻外传教团"或"驻外传教机构"。

在世俗化、现代性思维早已成为西方主流的情况下，说某种语言文化教学活动是"传教"，而相应的教学机构是"传教团"或"传教机构"，不可能是友好的，而有文化侵略的联想，其不友好和敌意的程度比"外国使团"有过之而无不及。自从我国在海外开办孔子学院以来，某些西方人以其地方性的狭隘思维来附会中国的做法，认为进行汉语教学的孔子学院所从事的工作，实质上是基督教式的"传教"。但是，无论译为"驻外使团"还是"外方传教团""外方传教机构"，这个词在蓬皮奥的语言中都是敌意的，都会产生政治化、妖魔化中国驻外教学机构的作用。任何以英语为母语者或熟悉英语者，都应该能注意到 Mission 的上述两个含义，而且很可能选择第二个义项，至少不对一二两个义项进行区分。

---

[1] 陆谷孙主编：《英汉大词典》，上海：上海译文出版社，2007 年，"Mission"词条。

[2] 按，在西方语境下，宗教组织通常指基督教教会。

问题是，译成"外方传教团"或"外方传教机构"合适不？如果这样译，可能会增加中国人理解此事件的难度，但优点是，西方人对中国的不公就更能完整地传达出来。几百年来西方人往欧洲以外其他大洲和地区不知派遣了多少传教团，不仅整个南美洲、中美洲基督教化了，而且中国也有大量基督徒，大约有六七千万人。相比之下，中国刚刚在欧美国家办了一些教授汉语言文化的孔子学院，某些西方人就以为自己遭到"文化侵略"，受到了莫大的伤害。只准自己对外传教，不许外国人在西方教授自己的语言文化。这是什么逻辑？中国人何曾传教了？就算教授了一些儒家文化理念，那也是学习汉语所必需的，怎么就成了传教，传孔子之教？如此这般，全世界的英语教学或法语教学等岂不都成了传教——传西方的基督教或自由民主之教？显然，中国人和西方人对宗教有着非常不同的理解，西方人很可能是以己之心度人之腹了。所以，使用"外国使团"之译名，虽然能传达美方将中方教学活动政治化这层含义，但也丧失了中西文明理念冲突的一个重要信息，尽管使用这个译名，中方仍多少能表达己方的义愤。

另一方面，考虑到中西之间不仅有文化理念的冲突，还有政治上的龃龉，而中国以国家名义搞孔子学院，甚至免费送课上门，难免不让西方人生疑。事实上，现在的反弹已经非常大，欧美很多孔院已经被迫停办。几年前，笔者在朋友圈子里就讨论过，如果不以国家名义办孔院，而以个人或企业的名义办，甚至不以"孔子"名之，情况会好很多。若冠以"孔子"之名，以西方固有的传教传统，以西方人固有的宗教思维，孔子难免被附会成一个教主，一个东亚的"耶稣"或"穆罕默德"，孔子学院很容易被猜疑为中国派驻西方的传教机构。同样需要注意的是，西方人尤其是英语民族本来就不信任国家和政府，以为政府生来高高在上，有压迫个人、限制个人自由的倾向，所以对自己的政府从来都持怀疑和批评的态度，更何况是某个外国政府——一个他们眼里跟西方不友好甚至敌对的外国政府——的派出机构。这样一个机构，怎么可能不执行其政府的政治意图，怎么可能只搞纯粹的语言教学活动？而中国方面在涉台、藏、港、疆等问题上，政府及派驻人员有一个基本定调，不接受在汉语课堂或汉语教学场所讨论相关问题，甚至视之为敌对。这怎么可能不让西方人生疑？

所以，看似一个简单的外交和翻译问题，至少存在两个层面的冲突。一是文化理念层面的冲突：西方人不可能不以自己的宗教思维来附会中国文化。二是政治层面的冲突：中国人对政府的依赖、信任与西方人对政府的不信任甚至怀疑反差太大。两种因素加在一起，就造成了孔院目前的尴尬与困境。从长远效果看，中国文化走向世界，应该是自发的，应更多凭靠经济实力和其他软实力，政府应尽量少作为。这是应汲取的教训。几年前，瑞典关闭了该国所有孔院，美国、英国、澳大利亚和其他西方国家的孔院也关闭了不少，尚未关闭者也面临着所在国方面很大的压力。其实，孔子学院缩小规模甚至大量撤离并不是什么大事，就算交学费吧。从长远看，不仅中国政府，而且全体中国人甚至海外华人，都应该提升自信。足够自信了，遇到不同意见就能包容，中华文化的空间自然就能顺利扩大。

"外国使团"这个译名虽然并非不可以接受，却是有缺陷的。它抹去了中西理念冲突方面的重要信息，而且既有问题也决不会因此自动消失。很难说，由政府强力支持的孔子学院一点不带有政治色彩。另一方面，蓬佩奥之类西方政客对孔院的敌意也绝非单纯出于政治的考量，文化和宗教因素也肯定在起作用。有关方面似乎已经认识到了问题。至少"孔子学院大会"已于 2019 年更名为"国际中文大会"。这是一个聪明的举措。我以为，更干脆、彻底的解决办法，是将大多数孔子学院更名，改为平实的"中文学校"，甚至可以考虑，在西方国家停办所有官方中国语言文化学校，改由非政府组织或私人企业来办。如是，短期内看似会吃点亏，海外中文教育会受一些损失，但长远看，中国语言文化很可能会更有效、更可持续地走向世界。

五　美国的 States："州"还是"邦"？

在汉语中，美国的"国"即 States 的处理也是译不尽意。美国的全称是 United States of America，里边的 States 在"美利坚合众国"这个正式译名中，百分之百对应于"国"，可是在翻译具体各个"国"的国名时，States 统统变成了"州"。最初，中国人（或可能是台湾人）翻译 States 时，还曾用过"省"，如"纽约省""麻萨诸塞省""乔治亚省""新泽西省""北卡罗来纳省"等。更好笑的是，中国大陆现在虽通用"州"——如"纽约州""新泽西州""北卡罗来纳州"等——来翻译 the State of New York，the State of New Jersey，the State of North Carolina 等，唯独在 MIT 即"麻萨诸塞理工学院"的译名上，却采用旧时的（或者说台湾的）译法，即"麻省理工学院"。

似乎不能说以上的译法不对。译名一旦确定并流通，便约定俗成，逐渐被接受，若再加以修订使之更准确，似乎并无必要。但不

能因此说更准确的译名不存在。在以上例子中，更准确的译名是
"邦"。听上去，"邦"更像是一个国家，至少更像是一个享有较大
程度自治的政治体或行政体，而非被中央政府直辖的"州"或
"省"，却又不像"国"那么生硬，给人一种国际法意义上的"国"
即有充分主权、完全独立之政治体的印象。

　　事实上，汉语中并非不存在用"邦"来翻译联邦制国家的
States 的例子，印度的 States 就是用"邦"来翻译的。像美国一样，
印度也实行联邦制。印度共和国是由 28 个联邦主体即 States，8 个
联邦属地即 Union Territories（在法律上也是联邦主体）等构成的。
为什么在政体相同的情况下，翻译美国的 States 用"州"，翻译印
度的 States 却用"邦"？这种差异是如何产生的呢？是不是因为印
度的 States 人口太多——北方邦 2.4 亿人口，完全就是一个世界大
国的人口数量；马哈拉施特拉邦、比哈尔邦人口都在 1 亿以上，其
他各邦人口也同样动辄就是几千万——故而必须用"邦"来翻译其
States 呢？回答是否定的。印度权力集中的程度明显超过美国。印
度各邦的议会虽拥有公共秩序（包括警察机构）、地方自治、邦内
贸易、商业、文教卫生和水利灌溉等重要的立法权，但印度宪法明
文规定，各邦的立法只有在与联邦宪法及法律不相抵触的情况下才
有效；联邦（中央）与邦级行政职能，是通过总统与由总统任命的
邦长来行使的；财政方面，联邦政府有权确定拨给各邦的款项数
额。不仅如此，中央立法机构有权改变现有邦界和名称，在紧急情
况下甚至有权为全国或部分地区就《各邦职权表》中列举的任何事
项制定法律；除了印控克什米尔地区等外，各邦均无邦宪法。凡此
种种表明，联邦政府从立法、行政、财政等方面面对各邦实施可
谓中央集权式的控制。所以在某种意义，印度只在形式上是联邦制

国家，实质上却具有单一制国家的很多特点。故此，更有理由将印度的 States 译为"州"，而非"邦"。

美国情况不同，英国清教徒在新大陆建立的并非一个国家，而是其前身为 13 个殖民地即 13 个 states。将 13 个殖民地或 states 联合成一个统一国家——the United States 即"合众国"——的过程虽肇始于美国革命之初，但差不多在一百年里，13 个 states 的人们并不认为其属于一个统一的"合众国"，而倾向于认为其属于 13 国之一，如 the State of New York 或 the State of New Jersey 等。学者用大数据对"The United States are"与"The United States is"的使用频度变化进行了研究，发现晚至南北战争以后，统一的美国概念才逐渐被人们接受。[1] 显然，首先有众 states，然后才有将它们联合起来的"the United States"。既然有统一国家，就得有中央政府。美国的中央政府就是联邦政府。之所以采用联邦制（最初是更松散的邦联制），是为了解决统一国家建立所立即面临的"央地"关系问题。在这种制度下，联邦政府的关键权力由地方各"国"协议上交给中央，如国防与外交（包括缔结国际条约和对外宣战或议和）、银行（包括印钞）、联邦税收、联邦财政、出入境管理、邮政等。根据宪法，联邦政府制定和执行宪法授权的联邦法律，除了拥有上述权力以外，还有追缉和惩治跨州犯罪、实施国家专利法、移民法等权力。

除上述权力外，其他重要权力都在各邦。事实上，联邦政府下

---

[1] Erez Lieberman Aiden and Jean-Baptiste Michel, *Uncharted: Big Data as a Lens on Human Culture,* New York: Riverhead Books, 2013, 转引自刘知远、刘扬、涂存超、孙茂松：《词汇语义变化与社会变迁定量观测与分析》，载《语言战略研究》2016 年第 6 期，第 47—54 页。

每个"State"或邦都有自己的一套立法、司法、行政体系。它们选举自己的行政首脑和议会成员。它们通过自己的法律，成立自己的法院，任命自己的法官，拥有自己的行政、税收和预算等。最值得注意的是，在人事方面，联邦政府与地方州政府并非上下级关系；地方州长是选举产生，非联邦政府任命，自然也无权罢免。这与我国情况迥然不同。很明显，将国防、外交、银行等最重要的权力让渡给中央后，各国或邦仍拥有诸多重要的权力，甚至拥有自己的警察系统。相比之下，在与联邦制国家相对的单一制国家中，是先有中央政府，后有地方政府；地方行政首脑由中央任免，其权力由中央授予（既然如此，必然是有限的）或收回。在联邦制政体下，一个州或省如果出现意外紧急状态如飓风、地震等，其他州或者省并无救援义务，更不可能有规模可观且相当频繁的"转移支付"，如像我国那样。

能否将美国的 States 直接译成"国"，就像美国人无比心安理得地说 the State of New York, the State of New Jersey, the State of North Carolina 等那样？肯定不行。中国有历史悠久的大一统传统，所有中国人（包括台湾人和海外华人）都习惯于中央统辖地方上的省或州、府、道、县，而地方服从中央式的"央地"模式，如果将美国的 States 译为"纽约国""麻萨诸塞国""新泽西国""北卡罗来纳国"等，我们会觉得非常不自在。为了让自己感觉舒服，我们本能地用"州"或者"省"来附会美国的 States。毕竟美国联邦政府以下各个"国"并不享有真正意义上的主权，关键性的国防、外交、银行权力（包括货币发行权）早在建国之初，便已上交给联邦政府了。同样得注意的是，联邦宪法及法律优先于地方各"国"的宪法和法律；若二者间发生冲突，后者必须服从前者。换句话说，美国各 States 并非国际法意义上的主权国家。问题是，用"州"来译 State，会遮蔽或扭曲一个非常重要的事实，即美国是个联邦制国家，而非单一制或垂直管理型国家。联邦制也有弊端，如中央与地方之间相互扯皮、推诿，地方政府各自为政，各顾各家，不可能像在中国那样，一方有难，八方支援。但也有优点，最大的优点在于，既能保持一个统一而强大的中央政府，又能确保中央政府下面众 States 的自主性、灵活性、创造性。

综上观之，将美国的 States 译为"州"，并非最佳选择。完全可以译为"邦"，如"纽约邦""麻萨诸塞邦""新泽西邦""乔治亚邦""北卡罗来纳邦"……这样，我们才能更清楚、更准确地认识美国的政治制度，因而更清楚、更准确地认识美国本身。"州"是一个偷懒的译名，使用它，我们觉得舒坦、自在，但很明显，这是用一个我们熟悉的概念去理解一种差别非常大的政治形态，从而遮蔽和扭曲了一些重要事实，使中国人的认知长久停留在一个似是而非的层面。美国的 States 不是"州"，而是"邦"。

六 "龙"：Dragon 还是 Loong?

"龙"的外译历来就是一本糊涂账。在中国文化中，龙象征高贵、尊荣、吉祥、幸运和成功，一直以来却被译成英语的 Dragon。甚至晚至 2017 年，权威性的"中华思想文化术语传播工程"依然将其译为 Dragon。

可是据 *Cambridge English Dictionary*，Dragon 的定义是 a large, frightening imaginary animal, often represented with wings, a long tail, and fire coming out of its mouth。[1] 但凡有一点英文或其他西方语文知识的人都应知道，Dragon 通常指一个有鳞片、翅膀和爪子的蛇形巨怪，也指一个暴烈、好斗、非常严苛的人，还指某种可怕的、致命的、引起灾祸或毁灭的东西/事实或人。无论选择哪个词义，Dragon 所产生的联想都是负面的、不祥的，尽管在极少数情况下，Dragon 也可以是正面形象。

可是为什么这样译？从前，当中国还不那么强大时，这么译或许问题不大，西方人、中国人乃至全世界都不会太较真。可是现在，中国已然"崛起"，而且正在向全世界投射越来越大的影响力，日益被西方政客视为威胁，这么译问题就大了。这不是自讨麻烦主动给人提供炮弹，是什么？所以外语人——或者说有关权威机构的外语专家们——若想要为减轻中国发展的阻力作贡献，就得停止使用不正确的译名，用心用力纠正它。

这也是为什么近年来，出现了把"龙"音译为 Loong 的呼吁。用心良苦。尽管不知道能否被英语国家乃至整个西方世界接受，也不知道得花多长时间才能最终被其接受，但完全可以朝这个方向努力。做这种努力，首先权威新闻出版机构得统一，不能继续使用 Dragon 一词来对译"龙"了，而转而使用 Loong 一类词。假以时日，西方人是应能接受这个新译名的。问题是，当初汉语译者不可能不知道 Dragon 一词压倒性的负面含义，可为什么仍用它来译正能量的龙？不难想见，译者是业内之人，这么译未必十分心安理得，但因找不到更合适的词，只好将就。更何况这种翻译的最终责

---

[1] *Cambridge English Dictionary*, https://dictionary. cambridge. org/dictionary, "Dragon"词条。

任人，很可能不是中国译者。

　　据说，早在 13 世纪即马可波罗时代（暂且不论马可波罗其人究竟是否存在，或者说他如果真的存在过，则究竟来过中国与否，因为相似的游记故事也流传于伊朗以及其他西亚国家），西方人便用 Dragon 一词来翻译汉语中的"龙"了。可见在翻译上，人类心理是相通的。也不难想见，西方人当初用 Dragon 来翻译"龙"时，也未必心安理得，却同样因找不到更合适的词，便只好将就。问题是，将就主义必然导致文化信息的损失，这又必然导致不同语言间的交流不畅甚至误解，甚至可能造成不良后果。把 Dragon 译为"龙"便是典型的将就主义。同样，将西语中的 Dragon 一词译为汉语时，也不必再用"龙"来将就，而不妨考虑采取音译的路径，将其译为"杜拉更"或"得拉更"等。

七　乔伊斯最不想当的，就是圣人

　　本以为，人类文字游戏的登峰造极者，是詹姆斯·乔伊斯的著名天书《芬尼根的守灵夜》（*Finnegans Wake*），现在看来，非也。人类文字游戏之登峰造极者，很可能是该书的汉语翻译。译者虽然是中文出身，却花了七年时间，呕心沥血将这本疯疯癫癫的书以及其多家注释搜集起来并加以翻译，的确是精神可嘉。

　　笔者以为，为了追求最起码的阅读快乐，汉译者完全可以模仿英文原著，一个注释也不给；实在要给，也不妨采用金隄先生翻译《尤利西斯》的办法——尽量少给。顺便说一句，许多"注"或"解"其实并无必要，甚至是非常牵强附会的。例如"Anem 解为

amen，还可解为 Adam, anemos, onoma, ainm"云云。这是注解吗？不大像是。能带来正常阅读体验吗？当然不能。读这种文字不啻是受刑。这样做不会给作品增彩，只会给阅读添堵。

可问题是，《芬尼根的守灵夜》既然大玩文字游戏，那么不给注解，中文读者如何领略原文的妙处（假定原文妙处大于阅读所带来的痛苦的话）？这就是为什么说此书是天书，是疯书，不可译，反正原文本来就是一个狂人写给一小撮悠闲者玩玩儿的，反正汉语世界的西方翻译早已太多太滥，大大"入超"了。如此这般，多译不如少译，少译不如不译。在这种情况下，不翻译并不等于闭关锁国，而是一种智慧。

尽管如此，像 Bygmister 一类的词既然与 Bigamy（重婚、重婚罪）词形相近，发音相近，完全应该解为"重婚者"，而非什么"大师"。

Wielderfight his penisolate war 与其译成"再次发动他的半岛战争孤立的战争/阴茎之战"，不如直接译成"再打他那阴茎半岛战争"。

Unkalified muzzlenimiissilehims 与其译成"非法卡莉穆斯林教徒"，不如译为"无哈里发风度的穆鸣米斯林们"。

Commodius recirculation 与其译为"宽阔的康茂德回环"，还不如译为"广袤德回环"或"宽袤德回环"。

至于 Mastabatoom, mastabadtomm, when a mon merries his lute is all long，若一定要译成"男家阿门要是娶了兴高采烈/马利亚封泥鲁特琴，空坟坟墓/建筑大师阔墓就在那里"，不仅难以构成一家之译，还很不靠谱。或许更靠谱的一个译法是："巨壮短棍，巨骚雄猫，男客一娶，老婆就性致勃勃，他那把刮刀啊，真是那个长"

（按：Mastabatoom, mastabadtomm 这两个词与 masturbation 字形和发音相近，均暗示男性自慰）。接下来的 Shize? I should shee! 若要译为"多大裂开/大便/坟墓/伊茜？我得看看说/坟墓/妖精"，明显不如译为"多他妈长？靠！我得瞅瞅！"更能跟上文相扣。

诸如此类的例子不胜枚举。

如我们所知，乔伊斯虽是个了不起的小说家，却也天生是个下流坏子。既然如此，既然《芬尼根的守灵夜》中一词多义的情形比比皆是，则无论是英语国家的人们阅读此书，还是中国人翻译此书，都应往性、生殖、排泄的方向贴近、靠拢，否则便讲不通，便会辜负乔伊斯的一片苦心。事实上，读英文原文者，即便很难琢磨出一个大致连贯的情节，或者说"解码"出一些不可谓不细腻的心理描写，却能清楚地看见乔伊斯每一根赤裸裸的猥亵神经：他陶醉在脏话、俗话、粗话、下流话与爱尔兰、苏格兰市井土话、俚语、土音土语中难以自拔，享受得很呢！但这是乔伊斯的权利。在一个提倡表达自由的国度，至少在理论上，这种权利是神圣的，不可剥夺的；行使这种权利，既可能引起读者反感或不适，也可能博得读者——尤其是那些生性宽厚的读者——莞尔。的确有点下流，但不伤大雅，哈哈！

可是，经过汉译大掉书袋的处理，粗俗肮脏的原文被大大雅化，下里巴人的本味丧失殆尽，甚至不知所云。一个在污言秽语中扑腾翻滚、流连忘返的老顽童，一不小心被打扮成圣人。一生渎圣至死不渝的作者若地下有知，一定会怒不可遏：是可忍，孰不可忍！

最后但并非最不重要的一点：如果一定要坚持大量给注，也得详细给出注家信息，即某个"解"出自某个注家的某书（当然含出版社信息）某页。任何一个主要在中国接受教育的人，都不可能像译者那样熟悉多得令人眼花缭乱的欧洲各国各地的古语、现代语、方言、土语、俚语，也不可能拥有从一个词里读出如此繁多意思的非凡能力（或即便有此能力，也不屑于这么做）。不如此，译本就会缺乏说服力，对译者乃至出版社都不是好事。

人类语言的深层统一

第八章 有-在合一，Be-Have 不二：存在、处所、拥有义的纠葛与统一

引言

自然语言往往用同一个 be 型动词来表"存在、处所和拥有"3 种语义，或者说三者之间存在一种密切的内在关联。自 20 世纪 60 年代以来这一直被视为一种普遍规律。然而，目前西欧主要语言中表拥有却主要使用 have 型动词，似乎与"存在、处所、拥有"内在关联的命题相矛盾，对之构成严重挑战，而对动词"有"的类型学分析则表明，汉语中并不存在这种矛盾。对汉语动词"有"作一个类型学考察，可以为"存在、处所、拥有"语义内在关联的命题提供有力的支持，加深学界对 be 型与 have 型拥有动词深层统一性的类型学认知。

一 问题的提出

早在 20 世纪 60 年代，西方学者就已注意到，自然语言中表达 1) 存在、有、存有，2) 处所或地点以及 3) 有、领有、拥有这三种基本语义的语句，往往使用一个大致相当于英语 to be 的动词。

他们据此提出了一个语言类型学命题：自然语言中表"存在、处所和拥有"的语句相互间关联密切；此关联性又表现在这三种语义用同一个 be 动词来传达上。这种情形被视为一种"普遍规律"（Kahn 1966；Lyons 1967；Fillmore 1968；Verhaar 1968）。

如英语（印欧语系，西日耳曼语族）：

（1）a. There is a book on the table.（存在）

　　b. The book is on the table.（处所）

　　c. The book is John's.（拥有）（Lyons 1967：390）

俄语（印欧语系，东斯拉夫语族）（俄语中 be 动词即 est' 一般情况下被省略）：

（2）a. Na　　　　　stole　　　　　kniga（存在）

　　　PREP（on）　桌子 MASC SG LOC　书 FEM NOM SG（桌子上有一本书）；

　　b. Kniga　na　　　stole（处所）

　　　书　　PREP　桌子（这本书在桌子上）；

　　c. Kniga　moja　　（拥有）

　　　书　　SG GEN（这本书是我的，我有这本书）；

　　d. U　　　　　　menja　　　kniga（拥有）

　　　PREP（at/by）　1SG DAT/POS　书 FEM NOM SG。（书是我的；我有一本书）（Lyons：394）

以上两套例句中的 a. 与 b. 的相似性不言而喻——"书"都占

据了"桌子"这一特定空间；c. 不同于 a. 和 b.，因其"主题"（theme, Freeze 1992：557）是人。可如果把 John 和 menja 所表对象视为一种有意识的或"灵动"（animate）的处所，即由人这种特殊物理实体而非通常意义的处所来充当的空间（Lyons：391；Clark 1978：89），则三种语句的统一性立马凸显。问题是，如何解释英语除了用 be 还用 have 表拥有，且该词在词源上似乎与 be 了无干系？不仅如此，其他西欧语言与英语相似，除了在较少情况下用 be 动词表示拥有，在大多数场合都用 have 动词来表拥有。

如英语可用（1）c. 句式表拥有，但更常见的句式却是：

（1）d. John has a pen. （拥有）

又如法语（印欧语系，罗曼语族）：

（3）a. Le livre est à Jacque. （这本书是雅克的）
　　b. Jacque a un livre. （雅克有一本书）

再如拉丁语（印欧语系，意大利语族）：

（4）a.　Est　　Johanni　　liber.
　　　be 3SG　DAT　书 MASC NOM SG（约翰有一本书）
　　b. Johannes　habet　　librum.
　　　NOM　　有 3SG　书 MASC ACC SG（约翰有一本书）（Lyons：392；Clark：116）

除了英语的 have、法语的 avoir，西欧语言中还有德语的 haben、荷兰语的 hebben、西班牙语的 tener 和 haber、意大利语的 avere 等，还可以参照拉丁语的 habeo 和古希腊语的 ekho。所有这些语言中都有 be 型和 have 型两套动词，而后者似乎对从前者中归纳出来的普遍规律构成了挑战，也就是说二者是矛盾冲突的。

面对这种情形，西方学者似乎有点不知所措，不知如何解释这一难题。某些密切关注三种语句内在关联的学者，对"拥有"义非常关注，将之划分为两大类，即"拥有句 1"如 John has a book，和"拥有句 2"如 U menia kniga（我有一本书）（Clark: 104 - 21）。这么做并无不可。从词源上看，have 型动词原意为"领有""拥有""据有"等，基本上不用来表示存在和处所，也就是说，与 be 型动词没什么关系。笔者认为，可以把"拥有句 1"称为"Have 拥有"，而把"拥有句 2"称为"Be 拥有"。问题是，如此一来，20 世纪 60 年代西方学者从 be 动词中归纳出来存在、处所和拥有三种语义密切关联的普遍规律似乎就难以成立了。还有就是，表示存在、处所、拥有的语句既有如此密切的关联，与 be 动词看似无关却同样表拥有的 have 动词究竟有何类型学表现？或者说，如何解释 have 型语句与既表示存在、处所也表示拥有的 be 型语句的语义关系？"存在、处所和拥有"语句的内在关联性作为一种普遍规律是否因此被削弱了？西方学者虽然做了有价值的工作，却因在跨语视野上的局限性，对这一棘手问题并没能给出令人满意的答案。本文试图对主要西欧语言中的 have 型动词、be 型动词和汉语"有"动词作一个尝试性的类型学考察，[1]

---

[1] 本文只分析汉语动词"有"的两个基本语义即存在和拥有，不处理其诸多衍生语义。

以期回答 have 动词和 be 动词貌似矛盾冲突的问题，以期在消除前者对"存在、处所和拥有"语义的内在关联性所构成的威胁上提出一种新的思路。

二　"拥有"的四种类型

为了更深入地探讨汉语动词"有"的表现和性质，不妨对相关学者所做的研究作一个简单的介绍和评述。随着语言类型学的发展，越来越多非"主流"语言材料进入学者的视野，对三种语句内在关联性的探索也越来越深入（Verhaar 1968；Greenberg：1978；Clark 1978；Freeze 1992；Heine 1997）。但最能代表当今最前沿研究水平的，还是 Leon Stassen 的由牛津大学出版社出版的，利用各主要语系近 500 种语言的材料的《谓语拥有》（*Predicative Possession*，2009）一书。他把"谓语拥有"划分为四大类，即"处所拥有"（Locational Possessive）、"With 拥有"（With-Possessive）、"话题拥有"（Topic Possessive）和"Have 拥有"（Have-Possessive），并对其进行了周密的定义。

处所拥有：包含一个存在/处所谓语，谓语的主要成分为一个词义大致相当于 be 的动词。这里，Possessee 即被拥有者可理解为该谓语的语法主语，而 Possessor 即拥有者则具有一种间接的、状语性质的格形式（case form）。如（2）d. 。

With 拥有：包含一个存在-处所谓语，该谓语的主要成分为一个词义大致相当 be 的动词。拥有者可理解为语法主语，而被拥有者具有一种间接的、状语性质的格形式。从作者所给例句看，这种

拥有大多含一个大致相当于英语 with 的语词。（详下）

话题拥有：包含一个存在-处所谓语，该谓语的主要成分为一个词义大致相当于 be 的动词。被拥有者可理解为语法主语，而拥有者可理解为语句话题。如（5）a.。（详下）

Have 拥有：包含由一个核心及物动词所构成的谓语。拥有者可理解为主语，而被拥有者可理解为直接宾语，如"约翰有一支笔"（Stassen: 49 - 62）。

笔者认为，前三种拥有有这些共同特点：都包含一个存在-处所谓语，都有一个 be 动词或词义大致相当于 be 的动词，权称之为"Be 拥有"。Have 拥有不含 be 动词，却有前三者所没有的一个 have 动词。如果仅从拥有者和被拥有者所担当的语法角色来看，则处所拥有和话题拥有因主语为被拥有者，不妨归入一类，可称之为被拥有者主语型拥有；而 With 拥有和 Have 拥有因主语为拥有者，可划为另一类，或可称之为拥有者主语型拥有。

为了突显 Have 拥有与 Be 拥有的区别，Stassen 在正式定义之外又提出，Have 拥有的最根本特征在于其主语必须是执行句子所表动作的主体即拥有者；必须有一个 have 类型的及物动词；该及物动词必须有一个其所代表的行为-关系的对象作为宾语；不仅如此，该及物动词与 be 型动词不得有任何词源瓜葛，或者说不得是源自任何 be 动词的词。简单说来，Have 拥有的标准形式是 PR has a PE（Possessor has a Possessee 的缩略语），如 John has a pen（Stassen: 62）。不难看出，这个语义上的拥有是一种狭义的拥有，其核心成分 have 不仅不得与 be 动词有任何词源上的瓜葛，还不能是带抽象名词宾语的"有"，如汉语的"有理""有德""有精神"等。换句话说，have 动词的宾语必须是表示具体物件的词语。除此之外，

Stassen 还作了一些额外规定，如 have 不能是整体具有部分之"有"，如"这间屋有两扇窗"，而必须是拥有者与被拥有者可以分离的"有"，如"X 有一支笔"。Have 拥有中的拥有者与被拥有者的关系还不能是永久的，而必须是暂时的，例如父子貌似能够分离，但父亲有儿子之"有"并非真正的拥有，因为父子关系是永久而非暂时的（Stassen：62 - 65）。总之，PR has a PE 句式只有符合严格的形式定义并且满足了其他限定条件，方可视为严格意义上的 Have 拥有。最后，只有"张三有一支笔"之类的句子才是不折不扣的 Have 拥有句。因为"张三"是个严格意义上的拥有者或行为-关系主体，而"笔"作为一个具体物件，是一个严格意义上的行为-关系对象亦即被拥有者，而且不仅不是"张三"的一部分，还可与他分离，与他的关系也是暂时而非永久的。

　　Stassen 是一个集大成者，但其进路和结论并非无懈可击。为了从纷繁复杂的语言现象中归纳出规律来，他先入为主地营造出了一个理论，然后再用该理论的条条框框来取舍、解释材料，以服务于该理论（Aitchison，2002：180），由此竟得出了 Have 拥有只集中在日耳曼语、罗曼语、西部和南部斯拉夫语以及伊朗语等少数印欧语系语言里的错误结论。Stassen 还有其他一些问题，如认为话题语句"毫无争议地"是汉语的"选择"，仿佛汉语中根本不存在大量 Have 拥有句子似的（Stassen：246 - 7；刘丹青，2016）。[1]

---

　　[1]　尽管有争议，本文作者对 Stassen 对于种类繁多的自然语言所表现出的强烈好奇心和探究精神表示敬佩。他对处所、With、话题和 Have 四种拥有的分类所作的区分，是有价值的。他对 Have 拥有所作的极严格界定尽管缺乏说服力，却建立在对大量语言材料的分析之基础上，很有启发意义。

三 作为 be 动词的"有"

Stassen 对四种拥有的界定和分类虽不能说完全可靠，但大体上能成一家之言，故对其理论作出适当回应是必要的。跟以汉语为母语者的第一感觉不同的是，Stassen 将汉语北方话方言（汉藏语系，汉语族）归入话题拥有语言，所给例句为：

(5) a. Ta　　you　　san-ge　　haizi.
　　　 3SG　exist　three CLASS　child.（他有三个孩子）
　　(Stassen: 59)

如前所述，Stassen 为 Have 拥有设置了极严格的标准。一定程度上正因此缘故，可能也因不懂汉语，最后 Stassen 竟只选取例句 (5) a. 来证明其论点，而把汉语中完全符合标准且使用频率极高的 Have 拥有句统统排除在外。尽管如此，仍不妨接受他这一判断：(5) a. 是个话题语句。既然是话题语句，谓语动词只能是一个表存在的 be 动词，而非表拥有的 have 动词。这意味着，汉语中的确有一个表存在的 be 动词——这里"有"的句法功能跟西欧语言的 be 型动词相同。问题是，英语中除 (1) a. 以外还可以说：

(1) e. There is a kind of fish in the North Sea.

而汉语里不仅可以说：

（5）b. 北冥有鱼（其名为鲲）。（《庄子·内篇·逍遥游》）

还可以说：

（5）c. 桌子上有一本书。

对以上句子作一个比较不难看出，除了英语多出 there 一词且语序不同于汉语，英汉两种语言在句法结构上吻合度很高。或许正是因此缘故，Lyons 在 1967 年便提出，汉语的"有"是一个类似于 be 的"消极系词"（Lyons: 393）。既然"桌子上有一本书""北冥有鱼"和"他有三个孩子"这三个句子中的"有"均非 Stassen PR has a PE 句式中那种"拥有"，那么可以说汉语的"有"至少有两个基本词义，其中一义即以上两个例句中"有"的语义相当于英语的 there be。这与 Lyons 关于汉语"有"动词的观点是吻合的。这意味着，Lyons 的判断是成立的；汉语中的"有"除了表拥有，即在 PR has a PE 句式中充当核心动词外，还可以是一个表存在的 be 动词，具有类似于 be/there be 型动词的语义。[1]

问题又来了。英语中可以说 The book is on the table（（1）b.），

---

[1]　英语中表判断的 be 与表存在的 be 实际上是同音同形而语义并非内在关联的两个动词。自然语言无论用何种句法手段表判断，都不可能摆脱人类思维中 χ = /⊂γ 的先验结构（这里 χ 代表主项，γ 代表谓项，= 表同一，⊂ 表类属；χ = γ 之例有"那人是张三"等；χ⊂γ 之例有"马是动物"等），表判断的语义或语法功能都明显有异于表存在——如某物存在于何处，或处所，如某地有某事——的语义。所以完全应把印欧语系和乌拉尔语系里的 be 动词同时具有两种句法功能视为一种偶然而非普遍现象，把表达这两种功能的 be 类型动词视为同音同形而不同义的两个动词，即判断动词（或联系动词）be 和存有动词 be，而非实质上同一个词。参见阮炜，《"是"与"在"》，《浙江大学学报》2005 年第 3 期。

汉语北方话方言却不可以说：

　　（5）d. * 书有桌子上。

而只能说：

　　（5）d. 书在桌子上。（处所）

事实上，汉语北方话方言表存在和表处所，须分别使用两个动词，即"有"和"在"，而非像在英语和其他印欧语言中那样，只使用一个 be 动词即可。"在"和"有"在语义上虽密切关联，都表示存在-处所，但在词源上似乎并无瓜葛。更重要的一点是，（5）d. 的"在"与（5）b. 的"有"一样，都可视为 be 动词，二者共同执行着与印欧语言中表存在和处所的 be 型动词相同的语义功能。

　　这里必须回答的一个问题是，汉语中表存在的"有"如果真像 Stassen 所说那样，只是一个纯粹的 be 型动词，其所构成的拥有句只是话题拥有，就根本无法解释为何汉语中存在大量的 PR has a PE 句式。任何一个以汉语为母语或熟知汉语的语言学学者都应知道，汉语既有存在之"有"如（5）b. 和 c. 里的"有"，也有拥有、领有、据有、持有之"有"。如：

　　（5）e. 张三有一本书。

很显然，（5）e. 句式中的"有"是地道的 Have 拥有句式的核心成分，无可置疑地是及物动词之"有"，是携带的拥有者即主语和被拥有者即直接宾语之"有"。这种句式也绝非某种边缘现象，而在日常语言、正式文体乃至文学作品中出现频率都极高。用 Stassen 提出的标准来衡量，除"出身"外，它完全符合他对 Have 拥有的极严格的界定。

应看到，西方语言学者虽然早在 20 世纪 60 年代就注意到，汉语中作为 be 动词的"有"除了表存在语义以外，还能像西欧语言的 have 动词那样表 PR has a PE 语义，因此同印欧语相比能更清楚地说明存在、处所、拥有三种语句的内在关联性（Lyons: 393）。可是晚至 21 世纪 10 年代，一般西方语言学学者似乎仍未能充分意识到，汉语是用相互间并无词源瓜葛的两个"be 动词"即"有"和"在"来分别表达存在和处所的。20 世纪 60 年代以来，语言学界的类型学研究虽已有很大发展，在利用非"主流"语言（非洲语言、南岛语言、美洲语言等）材料方面更是有长足进步，但在对问题性质的认识上却没能取得进步。尽管早在 20 世纪 60 年代语言学者就已意识到，自然语言中的存在-处所-拥有语句语义之间有密切的关联性，但碍于 have 动词的干扰，也因在很多情况下不能充分利用非印欧语言材料，迄于今日，对这个命题的认知仍未能获得实质性推进，存在、处所、拥有语义的内在关联作为一种普遍规律所面临的挑战仍未能得到有意义的回应。也不难看出，最初提出该命题的语言学者对自然语言表层结构的多样性和复杂性认识不足，低估了问题的难度。

四 自然语言里的处所拥有句

为了更清楚地认识问题，不妨看看一些主要是处所拥有的语言里 be 动词的表现。事实上，依赖 be 动词表处所拥有是一种分布极为广泛的跨语系现象，是"欧亚大语系"[1]（Salmons，Joseph 331）——包括印欧语系、阿尔泰语系等等——诸多语言的标志性特征。

（6）满语（阿尔泰语系，通古斯语族）：

　　a. ula　　　　de　　nimaha labdu　bi
　　　　江　LOC/DAT　鱼　　　多　be EXI/LOC（江里有很多鱼）

　　b. mini　　　　boo　de　　　emu giyan hasa boo　bi
　　　　1sg GEN　家 LOC/DAT　一　间　　仓房　be EXI/LOC（我家有一间仓房）

　　（季永海 81、142）

（7）格陵兰爱斯基摩语（爱斯基摩-阿留申语系）：

　　ateqarpunga

　　ateq：名；-qar-：be LOC/GEN 词素；-punga：1SG 词尾（我有名叫…）

　　（Mey 1968：21；Mahieu 2000：47）

（8）泰卢固语（达罗毗荼语系，中部语族）：

　　pennu　　va: di-ki　　　　undi
　　　　笔　他-PREP（for, with）　be 3SG（他有一支笔）

　　（Bhaskararao 1968：163－4）

---

　　[1] 约瑟夫·H. 格林伯格 1987 年提出了"欧亚大语系"概念，包括印欧语系、乌拉尔语系、阿尔泰语系、爱斯基摩-阿留申语系、达罗毗荼语系、朝鲜语、日语、马来-波利尼西亚语系以及某些非洲语言（Greenberg 1987：332）。

（9）埃维语（尼日尔-刚果语系，克瓦语族）：

ga　　le　　é-　　sí

钱　be LOC　his　hand（他有钱）（Heine 1997:204-5）

（10）印度尼西亚语（马来-波利尼西亚语系）：

Ada　　pondok　di　　kaki bukit　　itu

be　　棚屋　LOC　　山脚　　DEF ART（山脚有

个棚屋）（Hopper 1968:134）

（11）蒙达里语（南亚语系，蒙达语族）：

Ain-a　　　　sadom　mena-i- a

1SG-DAT　horse　be- 3SG-INDIC（我有一匹马）

（Hoffmann 1903: xlvii, 转引自 Stassen:52）

（12）伊克语（Ik）（诸库利亚克语（Kuliak）之一）：

Iá　　　　　hoa　　　nci-k.

be LOC 3SG　house　1SG-DAT（我有一栋房子）

（Heine and Kuteva 2007:105）

（13）斯瓦西里语（尼日尔-刚果语系，班图语族）：

Juma　　　a-na　　　　pesa.

祖玛　be 3SG with　钱（祖玛有钱）（沈家煊 2016：

345）

（14）列兹金语（高加索语系，达格斯坦语族）：

Ada　z　　xtul-　　　ar　awa

She-DAT grandchild-PL be LOC（她有孙子）（Heine

and Kuteva: 105）

（15）豪萨语（非-亚语系，乍得语族）：

Ya-nàa　dà　gidda

he-be　　with　　house（他有一栋房子）（Heine 1997：

202）

(16) 爱沙尼亚语（乌拉尔语系，芬兰-乌戈尔语族）：

a.　　on　　　raamat　　　laual

　　be 3SG　书 NOM SG　桌子 ADE[1]（桌上有一本

书）

b.　　isal　　　　　on　　　raamat

　　父亲 ADE　be 3SG　书 NOM SG（父亲有一本书）

（Twardzisz 2012：9 - 10）

(17) 日语（阿尔泰语系，日语族）：

a. Tēburu-ni　Hon-ga　　aru

　桌　LOC　书 NOM　be EXI/LOC（桌上有一本书）

b. John-wa　　Hon-ga　　　aru

　约翰 TOP　书　　NOM　be EXI/LOC（约翰有一本

书）[2]

事实上，所有印欧语以及上列除汉语外其他语言，都具有处所拥有结构。这种结构除了有一个 be 动词以外，被拥有者通常表现为主语，拥有者通常为状语的一部分，即被拥有者＋be at/with/for＋拥有者。不仅如此，作为主语的被拥有者和作为状语一部分的拥有者大都具有相应的形态标记。恰成对照的是，在自然语言的Have 拥有句或 PR has a PE 句式中，存在一种朝利用语序来执行句

---

[1]　ADE 即 adessive case。在芬兰语、爱沙尼亚语、匈牙利语等乌拉尔语系语言中是诸方位格之一，基本含义为"在……上"，大致相当于英语的"on"。

[2]　此处日语例句为深圳大学日语系董国民先生所提供，在此对他谨表感谢。

法功能——像在汉语中那样——演化的倾向。例如，现代英语已不像中古英语、古希腊语、拉丁语和现代俄语等那样，是一种仍保持着充分句法形态变化的较为"原生态"的印欧语，而除 him、his、her、them、their 和 thy 等少数代词和名词所有格子遗外，已完全蜕去了句法形态变化，决定名词句法成分，现主要靠语序。西班牙语和法语情况类似。一般说来，印欧语系语言乃至所有自然语言的宾语更难确定，需更多依靠句法标记而非语序，但在 Stassen 所给属于多个语系的 40 个 Have 拥有例句中，只有塞尔维亚语和现代希腊语的宾语带句法标记，其他印欧语系语言如挪威语、罗马尼亚语和伊朗语的宾语都不带，遑论其他语系的语言了（Stassen：65 - 69）。这说明，利用语序来执行句法功能已是普遍的语言现象。同样能说明问题的是，现代俄语即使较完整地保留了原始印欧语的性、数、格及时态语态标记，语序也具有相当大的稳定性，也较大程度地承担句法功能。

五　汉语"有"动词与其他语言相关动词之比较

为了更好地理解存在、处所、拥有语句的内在关联性，不妨把汉语"有"字句中与"北冥有鱼"在形式和性质上完全相同的语句（本文将其称为"X 有 Y"句式，其中 X 指处所即某地或某处，Y 指事、物或人，但一般不指处所；下同）与西欧语言中用 Have 动词表同样语义的语句作一个简单比较。

汉语中可以说"北冥有鱼"，汉语北方话言可以说（5）f. "北京有很多公园"等。英语中可以说：

（1）e. London has more than 8 million people.（伦敦有八百多万人口。）

德语、意大利语和西班牙语：

（18）德语（印欧语系，东日耳曼语族）：

New York hat Wolkenkratzer.（纽约有摩天大楼。）

（19）意大利语（印欧语系，罗曼语族）：

New Jersey ha orsi neri.（新泽西有黑熊。）

（20）西班牙语（印欧语系，罗曼语族）：

a. París tiene muchos museumes.（巴黎有很多博物馆。）

以上汉语和西欧语言的例句之所以值得比较，是因为它们是用 have 动词来表达 X 有 Y 语义的。尽管汉语"有"的使用与西欧语言的 have 动词不完全相同，如汉语"有"字句明显比西欧语言的 have 句更多地是以处所名词为形式主语或话题主语，而西欧语言的 have 句却较少用处所名词作为形式主语。但没有疑问的是，在句法形式上，汉语的 X 有 Y 句式与英语和法语、德语、意大利语等西欧语言的 X 有 Y 句式是高度一致的。问题是，西欧语言除了用 have 动词表达存在语义外，还使用 be 动词。不仅如此，以上西欧语言例句所用的句式在日常语言中并不常用，甚至可以说，它们对于以相关语言为母语的人们来说有点别扭，仅可以接受。在很大程度上，这正是因为在绝大多数情况下，主要西欧语言是用 be 动词或

there be 之类的结构来表示某地存在某事、物或人的。

　　尽管不常用，以上西欧语言的例句是合乎语法的。它们在语感上之所以别扭，是因为大多数西欧语言是印欧语，从"出身"或"基因"上看，都是一些不仅压倒性地使用 be 动词来表达某地存在某事、物或人之语义，而且也会用 be 动词表拥有语义的语言，而原始印欧语更是排他性地只用 be 动词来表拥有，have 动词只是在"儿女辈"希腊语、拉丁语和近现代西欧语言中才兴起的（Grkovic: 36 - 9）。相比之下，汉语的情形更简单，在绝大多数情况下，用"有"表达 X 有 Y 只用一种句式。从"北冥有鱼"一类例句来看，汉语从古到今都使用这种句式。值得注意的是，汉语的 X 有 Y 句式或许由于与 SVO 这种强势语序[1]高度吻合，特别容易与 PR has a PE 句式（同样是 SVO 语序）相混淆，从而掩盖了该句式与西欧语言用 be 动词表存在的句式属于同一类型的事实。而实际上可以认为，"北冥有鱼""北京有国家博物馆""他有三个孩子"一类句子只是一种准 SVO 结构，这些句子中的"有"只是一个准及物动词或类及物动词，与之搭配的名词也只是形式宾语，若置于"欧亚大语系"语言表存在/处所的 be 动词结构中，完全可以视为主语。

　　或许因受西方语法理论的影响，我国研究界似乎并不把这个意义上的"有"视为 be 动词。在很多情况下，这种"有"的确表现得有点像 PR has a PE 句式中的 have。但只要思考一下在 X 有 Y 句式中，作为某地的 X 在何种意义上"有"Y，就不难明白，此"有"非彼"有"。"北冥有鱼"指一种叫作"鲲"的巨鱼存在于北

---

　　[1]　具有 SVO 语序的语言占世界语言的 42％（Aitchison: 121），其中恰恰包括英语、法语等影响巨大的欧洲语言，以及使用人数最多、影响也越来越大的汉语。

冥之地。它与"张三'有'支笔"大不相同，并非真指"北冥"这一广袤的区域拥有、据有甚或持有、执有"鲲"这种大型鱼类。因此并非不可以对"北冥有鱼""张三有支笔"之类语句作一个严格区分，将前者看作存在句，将后者视为拥有句；也可以仿照西方学者处理存在句的做法，将前者的"有"动词视为 be 动词。还可以像 Stassen 处理 Have 拥有那样，将后者的"有"视为一个严格意义上表据有、持有或执有语义的 have 动词。只要不被 X 有 Y 句式与 PR has a PE 句式形式上一致的表象所蒙蔽，把"北冥有鱼"的"有"理解为 be 动词应不是问题。

值得注意的是，在西欧语言的 Be 拥有句和 Have 拥有句中，不仅 be 动词和 have 动词有句法形态变化，表示拥有者和被拥有者的名词或代词也有句法形态变化。这从以上所给的有限例句就可以看得很清楚，在词尾变化较完整地保留了原始印欧语特征的拉丁语和俄语中看得尤为清楚（参例句（4）（2））。"欧亚大语系"其他语系的语言中存在同样的情形。恰成对照的是，汉语不使用任何语法标记，完全不像在典型的 Be 拥有语言中那样，为了区分拥有者和被拥有者，不得不使用五花八门的句法或"编码"手段，如在使用有数、时态和语态变化的 be 动词并以被拥有者为主格的同时，以拥有者为与格（（4）a.）或方位格（（15）b.）或与格/方位格（（6）b.），或以名词/代词所有格加方位介词来表示拥有者（（2）d.），或以名词与关系介词连用来表示拥有者（（8）b.）等，不一而足。"有"动词的使用，使汉语（除了用一个与其语义密切关联的"在"动词来表处所，故而不同于上文所给的处所句例句）表存在义和拥有义的词法句法构造也极简单："有"本身根本没有任何形态变化，且只用语序来区分拥有者和被拥有者。这就又与典型的

Be 拥有语言形成了鲜明对比。

但与印欧语和"亚欧大语系"其他语言相比，汉语的 X 有 Y 句式最值得注意的情形可能还在于：这里的 X 并非严格的 PR has a PE 意义上的主语，而是一种恰恰处在通常主语所在位置的形式主语，或者说具有一种引入话题的语法功能。这意味着，如果从"欧亚大语系"语言的视角来观照（5）f.，则不妨把其中的 X 亦即"北京"视为话题。如是，则可以将"北京有很多公园"改写为

（5）f. ＊a 北京（嘛、啊、吧、呢）有很多公园。

这里括号中的"嘛""啊""吧""呢"统统可视为话题标记（刘丹青，2016：262）。除了有点别扭，这个句子的意思与（5）f. 并无本质不同。如果从"欧亚大语系"语言的视角来观照（5）f.，还可以把"北京"视为一个方位状语：

（5）f. ＊b 北京那地方有（存在）很多公园。

事实上在"欧亚大语系"语言中，方位名词被用作状语是普遍现象。很明显，不仅（5）f. ＊a 和（5）f. ＊b 里的"有"完全可以视为 be 动词，而且这两个句子都属于 X 有 Y 结构，也完全可归入 Stassen 意义上的话题拥有和处所拥有类型。

我们甚至不妨采用爱沙尼亚语的句法形式和思维方式，像在（16）b. 中那样，把作为句子（5）a. 的主语的"他"也视为一个处所状语。不同之处在于，这是一个不带任何形态标记的处所状语。可为什么不能像 Lyons 等人那样，把作为人或行为-关系主体

的"他"看作一种有意识的或"灵动"的处所呢（Lyons: 391;
Clark 1978:89)? 若把句子（16）a.、（16）b. 与（5）a. 作一个比
较，这一点就更清楚了。采取这种思路，汉语中所有的 PR has a PE
语句同时都可以视为 X 有 Y 句式，Stassen 式的对 Be 拥有和 Have
拥有所作的极严格的区分也就被消解掉了。事实上，汉语似乎天生
就不使用任何形态标记来区分这两种拥有，X 有 Y 与 PR has a PE
句式在汉语中本来就没有语法形态上的区别。这个例子有力地证
明，自然语言的形态差异无论多么繁复多样，其深层结构是一
致的。

　　尽管如此，动词"有"在表层结构上毕竟有其特性，这使得它
的表现明显不同于其他语言。在 X 有 Y 这种句式中，X 因没有任何
语法形态变化，也不像在"欧亚大语系"的语言中那样必得有前置
词和后置词等与之搭配，或用其他五花八门的句法手段将其武装起
来，所以是一个非常简单和纯净的 X。再加貌似 SVO 的语序与 PR
has a PE 句式的语序完全一致，以上汉语例句中的 X 竟能堂而皇之
地充作一种行为-关系的主体或拥有者，与之搭配的 Y 也能堂而皇
之地装扮成一种行为-关系的对象或被拥有者，从而掩盖了 X 在深
层结构上的话题属性。西欧语言中虽也有 X 有 Y 句式，却因别扭而
在一定程度上被边缘化了。汉语对于"有"动词则是大加利用，使
用频率之高，构词功能或词汇生产力之强，远远超过西欧语言的
have 动词。事实上，除了 PR has a PE 句式意义上的"有书""有
房""有车"等常见的搭配以外，"有"更能与抽象名词结合，大量
生成动宾结构的形容词如"有情""有德""有才""有心""有理"
和"有精神""有思想"等不一而足。从表层结构的意义上讲，这
与西欧语言的 have 动词情形完全相同（详下）。这是一般西方语言

学学者很难想象的。

六　"Have 漂移"

如前所述，从印欧语言方面来看，因西欧语言中普遍存在 be 动词与 have 动词分裂的现象，即，主要用 be 动词表存在，主要用 have 动词表拥有，存在、处所、拥有句语义密切关联作为一种普遍规律便面临着挑战，似乎不能自圆其说了。汉语情况似乎也不那么乐观。北方话方言虽没有 be 动词与 have 动词的分裂和冲突，一个"有"字就能构成 X 有 Y 和 PR has a PE 两种句式，既表存在也表拥有，但也并非没有问题，即表存在和表处所得分别使用两个动词："有"和"在"。换言之，汉语有一个表存在的 be 与表处所的 be 分裂的问题。这是否挑战了存在、处所、拥有语句内在语义关联之普遍规律呢？应当看到，这一命题尽管被质疑，但其所包含的普遍规律的认知价值却并不因此而降低。"欧亚大语系"中绝大多数语言以及某些非洲语言都能用 be 型动词同时表达存在、处所和拥有三种语义，这本身就非常有力地证明了这一点。西欧语言中虽然有似乎制造了"麻烦"的 have 类动词，但是不难推断，在较早历史时期，仍然较为原始的西欧语言乃至作为整体的印欧语系并不使用 have 类动词，而只以存在-处所动词来表拥有。西欧语言的 have 动词是一种相对晚近才出现的语言现象，这在西方语言学学者中大体上已是共识。正如汉语的"有"字从"又"（即手，转义为"执""持"）从"肉"，以手持肉即为"有"或"拥有"那样，西欧语言中的 have 动词也是从表 get、take、grab、seize、obtain、take hold of 及

keep、hold 一类词义的词汇逐渐演变来的（Heine: 50）。

汉语表存在的"有"和表处所的"在"虽然是两个动词，但是表存在的"有"与表拥有的"有"即 PR has a PE 句式里的"有"之间却存在一种可谓无缝对接的关系，并没有横插进一个西欧语言式的 have 动词来制造麻烦。就此而言，汉语的优势很明显。为何这么讲？据 Stassen，自然语言中存在着一种由 Be 拥有朝 Have 拥有转变或"漂移"亦即"Have 漂移"的趋势（"Have Drift"，Stassen: 208-43）。Have 拥有不仅有一个及物动词充当其句法核心，而且拥有者是名正言顺的主语，被拥有者则无可置疑地是宾语。Be 拥有亦即其他三种拥有却并非如此。在处所拥有中，被拥有者是语法主语，拥有者则处于状语位置；在话题拥有中，除了动词必须是 be 动词而非及物性的 Have 动词外，被拥有者必须是语法主语，而拥有者看似处于主语位置，却只是一个话题；在 With 拥有中，拥有者虽然是语法主语，被拥有者却处于状语位置，且这里的动词是一个 be 动词，而非一个可与被拥有者相搭配的 have 动词。就自然语言有着朝结构简化的方向演化的总体趋势而言，这三种拥有类型都具有转变成 Have 拥有的内在动力。这便是"Have 漂移"现象的根本原因。Stassen 认为，在自然语言的 Have 漂移过程中，因话题拥有和 With 拥有具有朝 Have 拥有转变的"自然压力"，故而相对更容易实现这一过程，而处所拥有的转型难度最大。或许正是因为处所拥有转型难度最大，严格意义上的 Have 拥有语言中的 have 动词并非"漂移"或演变而来，而是新产生的一些与 be 动词并无关联的语词或语义。换言之，这里无"漂移"，只有突变。

相比之下，汉语中的"有"堪称自然转型的典范，如一定得有"转型"的话，因为无论是存在之"有"还是话题之"有"，都是在没有任何形态、语序或语义变化的情况下，在无形中便实现了向 Have 拥有的"漂移"。事实上，"有"动词这两种语义的对接如此天衣无缝，以至于 Stassen 的 Have 漂移说是否适用于汉语，完全是一个疑问。换句话说，汉语中不存在所谓"漂移"。历史上西欧语言既然无汉语"有"动词的优势，那就得另辟蹊径，发展出一套与 be 动词无关的 have 动词，以取得类似于 Have 漂移的效果，满足语言进化的总体需要（Stassen: 239）。

七　"有-在"合一、 Be-Have 不二

现在要问的问题是：在被认为属于地道的 Have 拥有型的西欧语言里，have 动词的表现如何？它们与汉语"有"动词相比，在语义和句法功能上有何异同？它们的使用究竟挑战了自然语言中存在、处所和拥有语义密切关联的命题，还是提供了支持该命题的新证据？不妨先看看以下法语和西班牙语例句。

（3）c. Il y a un livre sur la table.（桌子上有一本书）

　　　d. Il y avait un livre sur la table.（过去时）（桌子上有一本书）

（20）b. Hay un libro sobre la mesa.（桌子上有一本书）（西班牙语，属印欧语系罗曼语族）

　　　c. Había un libro sobre la mesa.（过去时）（桌子上有一本书）

如我们所知，法语 il y a 结构的语义相当于英语的 there is 或 there are 等。其中 il 相当于 it，y 相当于 there，而 a 语义为 has。这里最关键的是 a。它是 avoir 的第三人称单数形式，是一个典型的 Have 拥有动词，甚至有时态变化。可是，il y a 却又是现代法语中表存在的标准句式。如何解释这一现象？难道 avoir 经历了一个反向的 Have 漂移，似乎从及物动词"返祖"成为一个不及物动词？未必。如果直译为英语，il y a 等于 it there has（与 a 相搭配的语法主语不分单复数）。这里，a 不仅有一个形式主语，而且带一个相当于 there 的形式状语，故而至少从形态看仍然是一个 Have 拥有动词。然而 il y a 作为一个整体即作为一个词组动词，又确然是一个表存在的不及物动词。

同样，西班牙语的 hay 等于英语 there is 或 there are 等。与法语不同的是，西班牙语连相当于英语的 there 或法语的 il 也没有，只有光秃秃一个 hay。Hay 是西班牙语的 have 动词 haber 的第三人称单数现在时，相当于英语的 has。如上所述，法语 il a y 的字面义转译为英语即 it there has，是一个词组动词，而为了合乎 have 动词的语法规则，需有一个形式主语和形式状语与之搭配。西班牙语干脆不满足 have 动词的形式要求，径直用一个 hay 及其过去式 había 来表存在义，形式主义和形式状语都被省略。(20) b. 和 c. 若直译成英语，会得出 Has a book on the table 和 Had a book on the table 一类句子。

尤需注意的是，英语可以说 have fear（害怕，字面义为"有怕"）等；德语可以说 haben Lust（快乐，字面义为"有快乐"）等，意大利语可以说 avere ragione（正确，字面义为"有理"）等，而法语可以说 avoir chaud（觉得暖和，字面义为"有暖"）等，所有这些例子都属于 X 有 Y 句式，也都可以视为准 SVO 结构的一部分。不仅如此，这里所有西欧语言动词都是准及物动词，与之搭配的名词只是形式宾语，与汉语"北冥有鱼""他有三个孩子"之类语句并无本质上的不同，与"有情""有德""有理""有精神"等则更是形神兼似，尽管使用范围和构词功能、词汇生产力没法与汉语的"有"相比。

这表明，西欧语言在用 be 动词表存在、处所和拥有的同时，也能用 have、avoir 和 haber 之类动词来表拥有和存在。这种 have 动词与"有"的表现很相似，即既可构成严格的 PR has a PE 语句，也可构成 X 有 Y 句式。如此看来，即使在西欧语言中，Stassen 对 Be 拥有和 Have 拥有所作的极为严格的区分也难以成立，Have 漂移说应当修正。西欧语言并非完全另辟蹊径，"开发"出了一套与 be 动词毫无关联的 have 动词以满足语言进化的需要。暂且不论西欧语言中究竟发生过 Be 拥有朝 Have 拥有的漂移与否，可以肯定的是，在法语和西班牙语既表存在也表拥有的 have 动词内部，发生了从 X 有 Y 句式向 PR has a PE 句式即 Have 拥有的演变。仅就此而言，这些语言的 have 动词的历史表现与汉语"有"并无二致。

另一方面，汉语 X 有 Y 句式的"有"优点虽多，但北方话方言不得不使用两个 be 动词即"有""在"来分别表存在和处所，跟用一个 be 动词就能同时表存在、处所和拥有的语言相比，毕竟有点遗憾。尽管如此，据有关研究，在汉语的亲族语言藏缅语族（属于汉藏语系）中，"有"与"在"同形的语言在被调查的 63 种藏缅语言中竟高达 58 种，另外还有 4 种"有"类型动词也与"在"类型动词有明显的同源关系（余成林：56—58）。由于这些语言是汉语的近亲，因此不妨推断，它们中"有"动词的表现跟汉语"有"动词是相同或者相似的，即，既表存在也表拥有，既为 be 动词也为 have 动词，而非像在西欧语言中那样表存在、处所和拥有语义得使用两套动词——两套相互间看似并没有语义关联的动词。

令人惊叹的是，今日北方话方言的近亲大埔客家话中仍然存在"有-在"同形的情形：

> (21) 大埔客家话（汉藏语系，汉语族）：
>
> a. 佢**有**屋下。（他在家里）
>
> b. 屋下**有**人。（家里有人）
>
> c. 桌**有**厅下项。（桌子在厅里）（余成林：31）

这里，大埔客家话的"有"是 X 有 Y 意义上的"有"，完全可以视为一个像印欧语系语言中那样的表示存在和处所的 be 动词。不难想见，在表达 PR has a PE 和语义方面，大埔客家话的"有"也是一个 Have 拥有式的"有"，与北方话方言中相应的"有"并无不同。在此意义上，与西欧语言中的 have 动词相比，甚至与汉语北方话方言中的"有"相比，大埔客家话的"有"因克服了"有"与"在"的分裂，所以更完美地演绎了"存在、处所、拥有"语义的内在统一性。

基于既有藏缅语族语言乃至大埔客家话的证据，也不妨作这一推论：原始汉藏语很可能是用一个类似于 be 的动词来同时表达存在、处所和拥有三种语义的。就此而言，其与原始印欧语乃至"欧亚大语系"众多语言并无二致；不同在之处或在于，原始汉藏语的"有"动词可能是一个纯粹表存在、处所和拥有的 be 动词，而非像印欧语言的 be 动词那样，既表存在、处所和拥有，也表同一和判断。当然，此推论还有待基于具体语言材料的验证。

结语

存在是一切事物的表现或运动方式，而事物要存在，又必得在空间和时间中存在，这就必然涉及处所，或者说"在"某处。原始状态下的人类为了生存，必得与外部世界存在或发生着的事件产生密切的联系。某种事物是否存在，于何时何处存在，很可能关系到个人乃至其所属种群的生存。在这种情况下，be 动词"有"无论表存在、处所或拥有，都是表达个体与他人或集体、自我与外界发生联系的一个极其重要的语言手段。

因此，说 X 有 Y 不是白说，因为食物或其他生活资料是否存在或"有"，是否较为明确具体地就在近旁（be at/by），能否为我所"有"（be with/for），都是事关我的生存。说 Y 在 X 也不是白说，因为某种可能的食物或重要的生活资源需要到此地而非彼地去寻找，才能为我所"有"，被我据有及利用，而这同样事关我的生存。而只有在生产和生活资料私有制确立以后，严格意义上的 Have 拥有语义才可能成立，而对于已进入私有制社会的人类而言，任何与我或我所属集团关系密切的生活和生产资料是否归我所有或我所属集团所有，抑或归他人或其所属集团所有，同样事关重大。

正是在此意义上，严格意义上的 PR has a PE 句式才出现在人类语言中。但是这并非意味着，在这种句式与用一个 be 动词来表存在、处所和拥有的语言情形之间，存在着一种根本性的断裂，一种难以克服甚至无法解释的深层矛盾。千姿百态的自然语言在句式、句法构词等形态上或语义表达的路径方面无论多么繁复、多样，其深层结构一定是相似的，甚至是统一的；无论各种族、民族或族群的语言之间存在着多大的表层差异，当今人类作为一个有着共同的智人祖先的物种，其深层思维结构一定是相似的，甚至是统一的。以上存在、处所、拥有语义内在关联的类型学考察便多少证明了这一点。

缩略语表

ACC accusative 宾格 ADE adessive 方位格 ART article 冠词

CLASS nominal class marker 名词类别标记、量词

DAT dative 与格 DEF definite 定、限定 EXI existential 存在的

FEM feminine 阴性 GEN genitive 属格 INDIC indicative mood 指示语气

LOC locative 处所格 MASC masculine 阳性 NOM nominative 主格

PL plural 复数 POS possessive 所有格 PREP preposition 前置词

SG singular 单数 TOP topic 话题

参考文献

季永海、赵志忠、白立元．现代满语八百句［M］．北京：中央民族学院出版社，1989．

刘丹青．汉语中的非话题主语［J］．中国语文，2016（3）．

阮炜．"是"与"在"［J］．浙江大学学报，2005（3）．

沈家煊．名词和动词［M］．北京：商务印书馆，2016.

王利重孙晓薇．从俄汉语对比角度看汉语中的主语［J］．哈尔滨工
业大学学报，2003（1）．

余成林．汉藏语系存在句研究［D］．中央民族大学，2011.

赵元任．汉语口语语法［M］．北京：商务印书馆，1979.

朱德熙．语法讲义［M］．北京：商务印书馆，1982.

Aitchison, Jean. *The Seeds of Speech: Language Origin and Evolution*
［M］. Beijing: Foreign Language Teaching and Research Press, 2002.

Bhaskararao, Peri. On the Syntax of Telugu Existential and Copulative
Predications ［A］. In: W. M. Verhaar (Ed.), *The Verb'Be' and its*
Synonyms-Philosophical and Grammatical Studies (5)［C］.
Dordrecht (Holland): D. Reidel Publishing Company, 1968.

Clark, Eve V. Locationals: Existential, Locative, and Possessive
Constructions ［A］. In: Joseph H. Greenberg (Ed.), *Universals of*
Human Language, Vol. 1 ［C］. San Francisco: Stanford University
Press, 1978.

Fillmore, Charles J. The case for case ［A］. In: Emmon Bach, Robert
T. Harms (Eds.), *Universals in Linguistic Theory* ［C］. New
York: Holt, Rinehart and Winston, 1968.

Freeze, Ray. Existentials and Other Locatives ［J］. Language, 1992
（3）．

Greenberg, Joseph H. *Language in the Americas* ［M］. Stanford:
Stanford University Press, 1987.

Grkovic, Jasmina. The Development of Predicative Possession in Slavic

Languages ［OL］. http://www. academia. edu/6825686/The _ Development _ of _ Predicative _ Possession _ in _ Slavic _ Languages, 2014.

Heine, Bernd, Tania, Kuteve. *World Lexicon of Gramaticalization* ［M］.北京：世界图书出版公司北京公司，2007.

Heine, Bernd. *Possession: Cognitive sources, forces, and grammaticalization* ［M］. Cambridge: Cambridge University Press, 1997.

Hoffmann, J. *Mundari Grammar* ［M］. Calcutta: Bengal Secretariat Press, 1903.

Hopper, Paul J. Verbless Stative Sentences in Indonesian ［A］. In: John W. M. Verhaar（Ed.）, *The Verb 'Be' and its Synonyms-Philosophical and Grammatical Studies* 3 ［C］. Dordrecht（Holland）: D. Reidel Publishing Company, 1968.

Kahn, C. H. The Greek Verb "To Be" and the Concept of Being ［J］. Foundations of Language, 1966(3).

Lyons, John. A Note on Possessive, Existential and Locative Sentences ［J］. Foundations of Language, 1967(4).

Mahieu, W. M. , Marc, Antoine, Nicole, Tersis（Eds.）. *Variations on Polysynthesis: The Eskaleut Languages* ［M］. Amsterdam: John Benjamins Publishing Company, 2000.

Mey, Jacob. On the Notion 'To Be' in Eskimo ［A］, In: John W. M. Verhaar, *The Verb 'Be' and Its Synonyms (2)* ［C］. Dordrecht（Holland）: D. Reidel Publishing Company, 1968:21.

Okell, J. A. *Reference Grammar of Colloquial Burmese, vol. I - II* ［M］. London: Oxford University Press, 1969.

Salmons, Joseph C. , Brian D. , Joseph. The Convergence of Eurasiatic and Nostratic ［A］, In: Joseph H. Greenberg, William Croft (Eds.), *Genetic Linguistics: Essays on Theory and Method* ［C］. 北京：世界图书出版社，1998：331 - 340.

Stassen, Leon. *Predicative Possession* ［M］. Oxford: Oxford University Press, 2009.

Tessmann, G. Die Tschama-Sprache ［J］. Anthropos, 1929.

Twardzisz, Piotr. To be and not to have in Polish locationals ［J］. Rice Working Papers in Linguistics, 2012(3).

Verhaar, W. M. (Ed.). *The Verb 'Be' and its Synonyms-Philoso-phical and Grammatical Studies (3)* ［M］, Dordrecht (Holland): D. Reidel Publishing Company, 1968.

致谢： 在本文写作和完善过程中，湖南师范大学外国语学院陈敏哲教授为我提供了重要的修订意见，深圳大学外国语学院英语系彭宣维教授、高华博士和西语系谢珺老师，以及深圳大学文学院中文系梁立勇博士、哲学系赵东明博士也给予了本文写作以支持。笔者在此谨向以上各位同行表示诚挚的谢意。

图书在版编目（CIP）数据

英语的崛起：全球情境中的语言/阮炜著.

上海：上海三联书店，2025.4. —ISBN 978 - 7 - 5426
- 8855 - 2

Ⅰ. H310.9

中国国家版本馆 CIP 数据核字第 20251Y3Q75 号

英语的崛起：全球情境中的语言

著　　者 / 阮　炜

责任编辑 / 李天伟
装帧设计 / 一本好书
监　　制 / 姚　军
责任校对 / 王凌霄

出版发行 / 上海三联书店
　　　　　（200041）中国上海市静安区威海路 755 号 30 楼
邮　　箱 / sdxsanlian@sina.com
联系电话 / 编辑部：021 - 22895517
　　　　　　发行部：021 - 22895559
印　　刷 / 上海颛辉印刷厂有限公司

版　　次 / 2025 年 4 月第 1 版
印　　次 / 2025 年 4 月第 1 次印刷
开　　本 / 890mm×1240mm　1/32
字　　数 / 230 千字
印　　张 / 9.875
书　　号 / ISBN 978 - 7 - 5426 - 8855 - 2/H·151
定　　价 / 68.00 元

敬启读者，如发现本书有印装质量问题，请与印刷厂联系 021 - 56152633